Kloster der Metamorphose des Erlösers 270
Kloster von Vordonisi 269
Kohl und Okra 77
Konstantin Palaiologos und der Name des Stadtteils Vefa 107
Konvent der Inder 110
Konvent des Şazeli-Ordens 140
Konzil von Chalkedon 237
Königliches Wappen Frankreichs 192
Krokodil von Kadıköy 238
Kuppel der Marienkirche von Beşikta 138
Lesepult der Ahrida-Synagoge 88
Mantel des Propheten in der Hırka-i Şerif-Moschee 98
Martyrion der Sankt-Menas-Kirche 117
Mauer des Septimius Severus 58
Mausoleum von Baba Cafer 46
Mausoleum von Telli Baba 250
Minarett der Defterdar-Moschee 81
Moschee, auf der sich kein Vogel niederlässt 219
Museum Çukur Muhallebici 38
Museum des Gymnasiums Cağaloğlu 56
Obelisk für Graf von Moltke 257
Obelisken zum Gedenken an die Teams von „Kohl" und „Okra" 76
Odaliske Cevri Kalfa 75
Orgel der Kirche St. Peter und Paul 196
Osmanische Inschriften auf byzantinischen Särgen 74
Osmanisches Milion 14
Ovid-Turm von Uskumruköy 244
Ökumenische Patriarchat von Konstantinopel 95
Perili Köşk – die Villa der Feen 261
Pompeiussäule 246
Porträts auf dem Lettner der Krim-Gedenkkirche 178
Porträt in der Bäckerei Yedi Sekiz Hasan Paşa 136
Relikte des Großen Palasts neben dem Hippodrom 69
Relikte der Or-Hadash-Synagoge 206
Relikte der Tribünen der alten Pferderennbahn 64
Reste der Triumphsäule des Arcadius 112
Rezan-Has-Museum 104
Romanisches Kapitell der Kurşunlu Han 209
Runenartige Inschriften an der Hagia Sophia 70
Russische St.-Andreas-Kapelle 188
Russische Hospize von Galata 189
Russisches Denkmal im St.-Nikolaus-Kloster 280
Sabbatianer-Friedhof Bülbülderesi 220
Salomon und der Koran 28
Salzmühle von Tuz Baba 134
Sarg auf dem Dach der Kâtip-Sinan-Moschee 34
Sarı Saltuk 249
Säule der Rekruten 18
Säulen der Kılıç-Ali-Paşa-Moschee 180
Schädelvermessung zur Rettung von Sinans Ehre 20
Schwarze Madonnen 195
Schwarze Stein der Kaaba im Mausoleum Süleymans des Prächtigen 21
Seismografische Säulen der Şemsi-Paşa-Moschee 218
Siegel Salomons in der Türkei 28
Sir Edward Barton 232
Società Operaia 176
Springbrunnen im Café Kadırga 32
Statue des Grafen von Bonneval 190
Statue von Sultan Abdülaziz 224
Streit um den Schwarzen Stein aus Mekka 60
Symbolik von Kompass und Winkelmaß 31
Synagoge auf dem Dach 45
Syrisch-orthodoxe Marienkirche 164
Şakirin-Moschee 226
Tafel am Hammam der Verfassung 169
Teppich von Mustafa Kemal Atatürk 172
Theater in der Karawanserei Ali Paşa Han 13
Tulpenbrunnen 193
Tunnel des Ypsilantis-Palasts 254
Umstrittene letzte Tage von Sultan Abdülaziz 149
Unterwasserruinen des Klosters von Vordonisi 268
Ursprünge der Alchemie 275
Ursprünge des Sabbatianismus 222
Überreste des Leuchtturms von Bukoleon 66
Überreste eines Obelisken 116
Vampire im Osmanischen Reich 201
Verborgene Symbolik des Sechssterns 26
Vergessene Statuen der Offiziere Frunse und Woroschilow 166
Verschlossene Pforte des griechisch-orthodoxen Patriarchats 94
Versunkener Kirchturm? 281
Vier spirituelle Wächter des Bosporus 251
Wappen der Kirche Panagia Kaphatiani 186
Weitere monumentale Zisternen in Istanbul 101
Weitere Almosensteine in Istanbul 217
Weitere durchbohrte Steine in Anatolien 91
Weitere Relikte der Genueser in Istanbul 203
Weitere runenartige Inschriften in Venedig 71
Weitere Überreste des alten Hippodroms 65
Weitere Überreste der Kapitulationsgerichte 204
Weltreise wegen eines Traums 114
Wo findet man das Siegel Salomons in Istanbul? 29
Wo befindet sich der Leichnam Draculas? 200
Wo liegt das Grab von Kaiser Romanos Diogenes? 271
Woher stammt der Name „Rosenmoschee"? 103
Woher hat die *Selanikliler Sokak* (Straße der Saloniker) ihren Namen? 221
Yalı der Scherifen von Mekka 258
Zelle des Patriarchen Methodios 272
Zisterne des Sultans 100
Zwei weitere russische „Dachkapellen" 189
Zypresse der Sümbül-Efendi-Moschee 118
Zypresse des Sufi-Klonvents von Yahya Efendi 146

DANKSAGUNGEN

Prof. İlber Ortaylı, Prof. Baha Tanman, Prof. Nurhan Atasoy, Prof. Kimberley Patton, Prof. Adam Seligman, Jean –François Pérouse, Giovanni Scognamillo, Saro Dadyan, Père Claudio Monge, Yusuf Altıntaş, İlhan Eksen, Hülya Benlisoy, Yorgo Benlisoy, Cenk Keskin, Aylin Tekiner, Orhan Türker, Katina Proku Türker, Eti Varon, Gözlem Gazetecilik Basın Yayın A. Ş., Père Yorgo Kasapoglu, Bora Keskiner, Burak Çetintaş, Prof. İsmail Taşpınar, Père Vağarşag Seropyan, Père David Neuhaus, Père Giuseppe Gandolfo, Win Dayton, Bleda Kurtdarcan, Sinan Kuneralp, Deniz Akkuş, Holta Vrioni, Rita Ender, Mgr. Stéphane, Père Bartholomée, Mete Boybeyi, Çağrı Yalkın, Mustafa Alpsoy, Peter Wolrich, Lale Ayşe Platin, Malik Can Baki, Sedat Bornovalı, Prof. Haluk Dursun, Alexandre Toumarkine, Constantin Belalidis, Athanase Belalidis, Père Tatoul Anoushian, Mgr. Elpidophoros, Direction du Lycée Kabataş, Mgr. Nektarios, Père Minas Moskalli, Laki Vingas, Valentin Retornaz, Olivier Bouquet, Muriel Domenach, Betül Sözen, Şule Sökücü, Nurullah Özdem, Sait Süsin, Zeki Demir, Rabbi Mendy Chitrik, Prof. Remzi Sanver, colonel İlyas Gürtaş, colonel Zekeriya Türkmen, colonel-major Ömer Faruk Arslan, Kansu Şarman, Murat Serdar Saykal, Ensar Karagöz, Şule Gürbüz, Cansu Baş, Neslihan Şen, Maître Yiğit Okur, Pierre Gentric, Dominique Cornil, Serdar Güneysu, Alp Varanok, Bikem Ibrahimoglu, Manuela da Corta, Prof. Berlingeri, Mustafa Cambaz, Tuğçe Uğurlu, Süleyman Ertaş, Gökhan Karakaş, Matthieu Bardiaux, Saadet Ersin Arikgil, Sébastien de Courtois, Stefano Siviero, Paolo Girardelli, Owen Matthews, James Halliday, Pascal Cariou, Mgr. Klaus Wyrwoll, Ioannis Volanakis, Birol Özalp, Mustafa Alpsoy, Mikhail Paşa.

Unser besonderer Dank gilt Neslihan Sen und Cansu Bas vom Hotel Ciragan Palace Kempinski Istanbul.

Bahadir Kaleagasi, Murat Topaloglu, Olivier Hennebert, Olimpia Cavriani, Karin Paquay, Odette Swinnen, Oznur Koc, Marco Cespa. Memduh Ogur, S.E l'Ambassadeur Murat Ersavci und seiner Frau, Alexandre Varlik.

Texte auf den Seiten 30, 35, 197, 273 : VMA

BILDNACHWEISE

Mesut Tufan: Seiten 16, 17, 18, 20, 25, 26, 27, 28, 32, 33, 34, 41, 44, 46–47, 48–49, 50-51, 52–53, 58, 59, 60, 61, 62–63, 64, 65, 66, 69, 71, 73, 75, 79, 84, 86, 88–89, 90, 94–95, 100, 102, 104, 105, 106, 107, 108, 109, 110, 114, 115, 116–117, 120, 124, 125, 126, 128, 130, 132, 136–137, 138, 139, 142, 144, 147, 148, 150, 152, 154, 160, 160–161, 162, 163, 165, 166, 167, 168, 169, 171, 172, 174, 176, 181, 183, 184, 186, 192, 193, 194, 195, 196, 201, 209, 210, 212, 219, 222, 227, 230, 232, 233, 236, 237, 238, 247, 252, 254, 257, 258, 262, 269, 272, 274, 276, 277, 278, 282.

Letizia Missir: Seiten 22, 23, 38, 39, 76, 97, 99,113, 122, 140, 175, 178, 185, 188, 189, 190, 191, 198, 204, 206, 214, 220, 228, 240, 244, 245, 248, 251, 270, 280.

Olimpia Cavriani: Seiten 36, 40, 41, 42, 43, 44, 45, 46, 92, 209, 211, 234, 279.

Cover: Fresko von Boris Delchev (2007), inspiriert von Bosporus-Panoramen von Melling (18. Jahrhundert) – Ciragan Kempinski Palace Hotel.

Karten: Cyrille Suss – **Layout & Satz:** Emmanuelle Willard Toulemonde – **Übersetzung:** Tanja Felder – **Lektorat & Redaktion:** Christiane Manz – **Korrektorat:** Sabine Hatzfeld – **Konzeption:** Clémence Mathé

Pflichtexemplar: März 2022 – 1. Auflage

ISBN: 978-2-36195-478-9

Gedruckt in Bulgarien bei Multiprint

Kumköy
Karadeniz
Rumelifeneri
Çatağzı
Rumeli Kavağı
Anadolu Kavağı
Sarıyer
Büyükdere
Boğaz
Beykoz
Fatih Sultan Mehmet Köprüsü
S. 242
S. 130
Boğaziçi Köprüsü
O-2
O-1
Üsküdar
Ümraniye
O-4
Sancaktepe
D-100
Kadıköy
S. 214
Ataşehir
O-4
Sultanbeyli
S. 266
Maltepe
D-100
Kınalıada
Kartal
Heybeliada
Pendik
Burgazada
Adalar
Maden
D-100

INHALT

Historische Halbinsel

DAS GRAB VON BEKRİ MUSTAFA 12
DAS THEATER IN DER KARAWANSEREI ALİ PAŞA HAN 13
DAS OSMANISCHE MILION 14
DAS GRAB VON LALELİ BABA 16
DIE SÄULE DER REKRUTEN 18
INNENBESICHTIGUNG DES FEUERWACHTURMS VON BEYAZIT 22
DIE DAVIDSTERNE DER ALİ-PAŞA-MOSCHEE 24
DER GARTEN DES ARMENISCHEN PATRIARCHATS 30
DER SPRINGBRUNNEN IM CAFÉ KADIRGA 32
DER SARG AUF DEM DACH DER KATİP-SİNAN-MOSCHEE 34
DIE FRESKEN DER UNTERIRDISCHEN KIRCHE DER BODRUM-MOSCHEE 36
DAS MUSEUM ÇUKUR MUHALLEBİCİ 38
DER ADLER DES GROSSEN BASARS 40
DAS FLACHRELIEF AN DER ARNAVUT HAN 42
DIE GEHEIMNISSE DER KARAWANSEREI BÜYÜK VALIDE HAN 44
EINE SYNAGOGE AUF DEM DACH 45
DAS MAUSOLEUM VON BABA CAFER 46
DAS EISENBAHNMUSEUM 48
GRAFFITIS DER JANITSCHAREN 50
DAS GEWEIHTE WASSER DES HEILIGEN THERAPON 54
DAS MUSEUM DES GYMNASIUMS IN CAĞALOĞLU 56
DIE MAUER DES SEPTIMIUS SEVERUS 58
DER STREIT UM DEN SCHWARZEN STEIN AUS MEKKA 60
DAS BYZANTINISCHE MILION 62
RELIKTE DER TRIBÜNEN DER ALTEN PFERDERENNBAHN 64
ÜBERRESTE DES LEUCHTTURMS VON BUKOLEON 66
DER BRUNNEN AM FOUR SEASONS HOTEL 68
RUNENARTIGE INSCHRIFTEN AN DER HAGIA SOPHIA 70
DER BRUNNEN DER HENKER 72
OSMANISCHE INSCHRIFTEN AUF BYZANTINISCHEN SÄRGEN 74
DIE OBELISKEN ZUM GEDENKEN AN DIE TEAMS VON „KOHL" UND „OKRA" 76

Südwestlich des Goldenen Horns

DIE GRABSTEINE DER HENKER 80
DAS MINARETT DER DEFTERDAR-MOSCHEE 81
DAS GRAB VON KÖPEKÇİ HASAN BABA 82
DIE IKONOSTASE MIT DEM APOKRYPHEN WUNDER DER JUNGFRAU MARIA 84

DAS EINGANGSPORTAL DER KIRCHE SURP HREŞDAGABET 86
DAS LESEPULT DER AHRIDA-SYNAGOGE 88
DER DURCHBOHRTE STEIN DER TAKSİYARHİS-KIRCHE 90
DIE FREIMAURERSYMBOLE AM GRIECHISCHEN GYMNASIUM FENER 92
DIE VERSCHLOSSENE PFORTE DES GRIECHISCH-ORTHODOXEN PATRIARCHATS 94
DAS FLACHRELIEF DER HAND MOHAMMEDS 96
DER MANTEL DES PROPHETEN IN DER HIRKA-İ ŞERIF-MOSCHEE 98
DIE ZISTERNE DES SULTANS 100
DAS GRAB EINES APOSTELS 102
DAS REZAN-HAS-MUSEUM 104
DAS AGIASMA DER HEILIGEN MARIA VON VEFA 106
DAS GLAS VON MUSTAFA KEMAL ATATÜRK 108
DER KONVENT DER INDER 110
RESTE DER TRIUMPHSÄULE DES ARCADIUS 112
ÜBERRESTE EINES OBELISKEN 116
DAS MARTYRION DER SANKT-MENAS-KIRCHE 117
DIE ZYPRESSE DER SÜMBÜL-EFENDI-MOSCHEE 118
DIE KEULE IM SİLİVRİKAPI 120
DAS HYPOGÄUM BEIM SİLİVRİKAPI 122
DIE HEILIGE QUELLE VON BALIKLI 124
DAS FISCHMUSEUM 126
DER GÄNSEBRUNNEN VON KAZLIÇEŞME 128

Beşiktaş – Şişli (Ost)

DIE GRABSTÄTTE VON BARDAKÇI BABA 132
DIE SALZMÜHLE VON TUZ BABA 134
DAS PORTRÄT IN DER BÄCKEREI YEDİ SEKİZ HASAN PAŞA 136
DIE KUPPEL DER MARIENKIRCHE VON BEŞİKTAŞ 138
DER KONVENT DES ŞAZELİ-ORDENS 140
DIE ERHÖHTE MAUER DES YILDIZ-PARKS 142
DER HAMMAM DES ÇIRAĞAN-PALASTS 144
DIE ZYPRESSE DES SUFI-KONVENTS VON YAHYA EFENDI 146
DAS BÜRO DES DIREKTORS DES KABATAŞ-GYMNASIUMS 148
DIE HEILIGE QUELLE DER ST.-DEMETRIOS-KIRCHE 150

Beyoğlu – Şişli (Süd)

DER FRIEDHOF DER KARAITEN 154
DIE GRUFT DER FAMILIE CAMONDO 156
DER KATHOLISCHE FRIEDHOF VON PANGALTI 157

INHALT

DIE BYZANTINISCHE KETTE DES MILITÄRMUSEUMS *158*
EINE GEDENKTAFEL ZU EHREN VON BASIL ZAHAROFF *160*
DIE SYRISCH-ORTHODOXE MARIENKIRCHE *164*
DIE VERGESSENEN STATUEN DER OFFIZIERE FRUNSE UND WOROSCHILOW *165*
DAS GRAB VON HAGOP IV. *168*
DER FLÜGEL VON MARIA CALLAS *170*
DER TEPPICH VON MUSTAFA KEMAL ATATÜRK *172*
DIE SOCIETÀ OPERAIA *176*
DIE GEDENKTAFEL DER KIRCHE SANTA MARIA DRAPERIS *177*
DIE PORTRÄTS AUF DEM LETTNER DER KRIM-GEDENKKIRCHE *178*
DIE SÄULEN DER KILIÇ-ALI-PAŞA-MOSCHEE *180*
DAS BLEIDACH DES TOPHANE-BRUNNENS *184*
DIE WAPPEN DER KIRCHE PANAGIA KAPHATIANI *186*
DIE RUSSISCHE ST.-ANDREAS-KAPELLE *188*
DIE STATUE DES GRAFEN VON BONNEVAL *190*
DAS KÖNIGLICHE WAPPEN FRANKREICHS *192*
DER TULPENBRUNNEN *193*
DIE IKONE DER MADONNA HODEGETRIA VON CAFFA *194*
DIE ORGEL DER KIRCHE ST. PETER UND PAUL *196*
DIE GEDENKTAFEL AN DER VOYVODA HAN *198*
DAS ALTE GENUESER KAPITULATIONSGERICHT *202*
RELIKTE DER OR-HADASH-SYNAGOGE *206*
DIE GEDENKTAFEL ZU EHREN DES KAISERS VON ÖSTERREICH-UNGARN *208*
DAS ROMANISCHE KAPITELL DER KURŞUNLU HAN *209*
DAS GRAB VON KOYUN DEDE *210*
FREIMAURERSYMBOLE AN DER FASSADE DER LANDWIRTSCHAFTSBANK *212*

Üsküdar – Kadiköy

DER ALMOSENSTEIN DER İMRAHOR-MOSCHEE *216*
DIE SEISMOGRAFISCHEN SÄULEN DER ŞEMSI-PAŞA-MOSCHEE *218*
DER SABBATIANER-FRIEDHOF BÜLBÜLDERESİ *220*
DIE STATUE VON SULTAN ABDÜLAZİZ *224*
DIE ŞAKİRİN-MOSCHEE *226*
EIN GRAB FÜR EIN PFERD *228*
DER ENGLISCHE FRIEDHOF HAYDARPAŞA *230*
DIE HEMDAT-ISRAEL-SYNAGOGE *234*
DIE KIRCHE ZU EHREN DER HEILIGEN EUPHEMIA *236*

DAS KROKODIL VON KADIKÖY 238
DIE HEILIGE QUELLE DES RESTAURANTS KOÇO 240

Der nördliche Bosporus

DER OVID-TURM VON USKUMRUKÖY 244
DIE POMPEIUSSÄULE 246
DAS GRAB VON SARI SALTUK 248
DAS MAUSOLEUM VON TELLİ BABA 250
DAS GRAB VON JOSUA 252
DER TUNNEL DES YPSILANTIS-PALASTS 254
DAS GRAB DES MARSCHALLS VON DER GOLTZ 256
DAS YALI DER SCHERIFEN VON MEKKA 258
BORUSAN CONTEMPORARY 260
DER GRUNDRISS DER FESTUNG RUMELİ HİSARI 262
EIN BRUNNEN IN FORM EINES KOHLKOPFS 264

Prinzeninseln

DIE UNTERWASSERRUINEN DES KLOSTERS VON VORDONİSİ 268
DAS KLOSTER DER METAMORPHOSE DES ERLÖSERS 270
DIE ZELLE DES PATRIARCHEN METHODIOS 272
EIN ALCHEMISTISCHES SYMBOL 274
DAS GRABMAL DER FAMILIE KANGELARİS 276
DAS RUSSISCHE DENKMAL IM ST.-NIKOLAUS-KLOSTER 280
DAS GRIECHISCHE WAISENHAUS VON BÜYÜKADA 282
DIE FREIMAURERSYMBOLE AM SOMMERHAUS DER
FAMILIE SABUNCAKİS 284

REGISTER 286

Historische Halbinsel

① DAS GRAB VON BEKRİ MUSTAFA 12

② DAS THEATER IN DER KARAWANSEREI ALİ PAŞA HAN 13

③ DAS OSMANISCHE MILION 14

④ DAS GRAB VON LALELİ BABA 16

⑤ DIE SÄULE DER REKRUTEN 18

⑥ INNENBESICHTIGUNG DES FEUERWACHTURMS VON BEYAZIT 22

⑦ DIE DAVIDSTERNE DER ALİ-PAŞA-MOSCHEE 24

⑧ DER GARTEN DES ARMENISCHEN PATRIARCHATS 30

⑨ DER SPRINGBRUNNEN IM CAFÉ KADIRGA 32

⑩ DER SARG AUF DEM DACH DER KATİP-SİNAN-MOSCHEE 34

⑪ DIE FRESKEN DER UNTERIRDISCHEN KIRCHE DER BODRUM-MOSCHEE 36

⑫ DAS MUSEUM ÇUKUR MUHALLEBİCİ 38

⑬ DER ADLER DES GROSSEN BASARS 40

⑭ DAS FLACHRELIEF AN DER ARNAVUT HAN 42

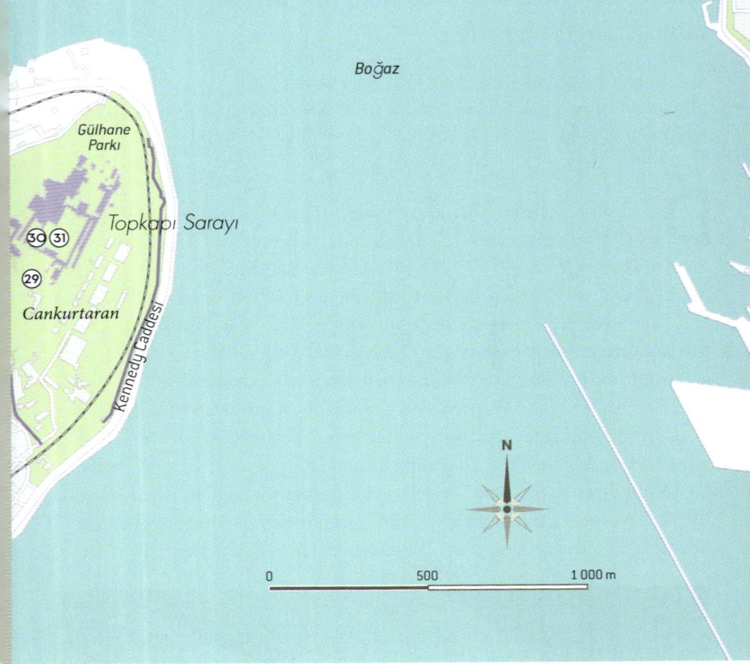

15 DIE GEHEIMNISSE DER KARAWANSEREI BÜYÜK VALIDE HAN 44
16 EINE SYNAGOGE AUF DEM DACH 45
17 DAS MAUSOLEUM VON BABA CAFER 46
18 DAS EISENBAHNMUSEUM 48
19 GRAFFITIS DER JANITSCHAREN 50
20 DAS GEWEIHTE WASSER DES HEILIGEN THERAPON 54
21 DAS MUSEUM DES GYMNASIUMS IN CAĞALOĞLU 56
22 DIE MAUER DES SEPTIMIUS SEVERUS 58
23 DER STREIT UM DEN SCHWARZEN STEIN AUS MEKKA 60
24 DAS BYZANTINISCHE MILION 62
25 RELIKTE DER TRIBÜNEN DER ALTEN PFERDERENNBAHN 64
26 ÜBERRESTE DES LEUCHTTURMS VON BUKOLEON 66
27 DER BRUNNEN AM FOUR SEASONS HOTEL 68
28 RUNENARTIGE INSCHRIFTEN AN DER HAGIA SOPHIA 70
29 DER BRUNNEN DER HENKER 72
30 OSMANISCHE INSCHRIFTEN AUF BYZANTINISCHEN SÄRGEN 74
31 DIE OBELISKEN ZUM GEDENKEN AN DIE TEAMS VON „KOHL“ UND „OKRA“ 76

DAS GRAB VON BEKRİ MUSTAFA ①

Das Grab eines Betrunkenen, der ungewollt zum Heiligen wurde

Vor der Apsis der Ahi-Çelebi-Moschee (Ahi Çelebi Camii)
Mitten auf einem Parkplatz, neben der Stiftung für Geschichte (Tarih Vakfı)
Ragıp Gümüşpala Cad. no:36, Eminönü, Sarıdemir/Fatih
Tram: Eminönü

Der legendäre Bekri Mustafa, bekannt für seinen Hang zum Alkohol, lebte zu Beginn des 17. Jahrhunderts unter der Herrschaft von Sultan Murat IV. (reg. 1623–1640), der mit unerbittlicher Strenge über die Einhaltung der öffentlichen Ordnung in der Stadt wachte. Nachdem er Cafés und Tavernen als beliebte Treffpunkte der Janitscharen ausgemacht hatte, die dort ein ausschweifendes Leben führten und Brände auslösten, verbot der Sultan kurzerhand den Genuss von Alkohol, Tabak und Kaffee. Verstöße wurden von den Ordnungskräften häufig mit der Todesstrafe geahndet, die von wandernden Scharfrichtern unmittelbar vor Ort durch Erhängen ausgeführt wurden.

Der Sultan begab sich, begleitet von seinen Schergen, oft inkognito in die Tavernen und stand den Exekutionen der Gesetzesbrecher vor – obwohl er selbst ein großer Trinker war. In Geschichten über Bekri

Mustafa wird dieser manches Mal vom Sultan in flagranti erwischt und entkommt der Strangulation mit raffinierten, schmeichelnden Worten.

Bekri Mustafa starb letztlich eines natürlichen, durch den Alkohol beschleunigten Todes und wurde nur wenige Meter von seinem heutigen Grab bestattet. Im Rahmen städtischer Bauarbeiten Anfang der 1980er-Jahre erwog man, das Grab aufzulassen. Das rief jedoch bei seinen Anhängern, die nachts gern aus den umliegenden Tavernen an diesen Ort kamen, um unter Tränen den Grabstein zu küssen und ihn mit Wein oder Rakı zu begießen, starke Proteste hervor. Tagsüber kamen bisweilen die Ehefrauen von Trunksüchtigen an das Grab, um ein wenig Erde zu holen, die sie zu Hause in das Essen ihrer Männer mischten, um diese dazu zu bringen, dem Alkohol zu entsagen.

Angesichts dieser Umstände wurde also zunächst eine Zwischenlösung für das Grab von Bekri Mustafa gefunden: Es wurde in die Nachbarschaft eines anerkannten Heiligen versetzt, Scheich Abdürraif Şamadani. Die frommen Besucher, die zum Beten an die letzte Ruhestätte von Scheich Şamadani kamen, schlossen nach und nach auch Bekri Mustafa in ihre Gebete ein, der schließlich begann, Blinde, Hinkende und Schielende zu heilen. So wurde Bekri Mustafa der Trunkenbold selbst zum Heiligen, ohne es überhaupt zu wollen.

IN DER UMGEBUNG

Das Theater in der Karawanserei Ali Paşa Han ②

Karawanserei Ali Paşa Han (Alipaşa Hanı), *Kıble Çeşme Cad. no:3, Eminönü, Sarıdemir/Fatih*

Gegenüber der privaten Hochschule İstanbul Ticaret Üniversitesi

Vorstellungen im Sommer jeden Donnerstag, Freitag, Samstag und Sonntag um 21 Uhr

0212 519 00 27 oder 0537 523 04 26

Jeden Sommer verwandelt Genco Erkal, eine legendäre Persönlichkeit des türkischen Theaters (er gründete 1969 das „Theater der Freunde", *Dostlar Tiyatrosu*), die alte Karawanserei Ali Paşa Han aus dem 18. Jahrhundert, deren Miterbe er ist, in ein sehenswertes Freilichttheater. In dieser Karawanserei, die heute teilweise Metallwerkstätten beherbergt, befindet sich hinter den weinüberwucherten Arkaden im zweiten Stock ein wahres Labyrinth aus Räumen, die Besucher vor der Vorstellung nach Lust und Laune erkunden können.

DAS OSMANISCHE MILION

③

Eine grüne Säule statt des byzantinischen Steins

Grüne Säule/Millennium-Stein (Yeşil Sütun/Milyon Taşı)
Şehzadebaşı Cad. (Ecke Dede Efendi Cad.), Kalenderhane/Fatih
In der Außenmauer des Şehzade-Moschee-Komplexes (Şehzade Camii),
an der südlichen Ecke, neben der Damat-İbrahim-Paşa-Moschee (Damat İbrahim Paşa Camii/Türbesi)
Bus: Şehzadebaşı

In einer Ecke der Außenmauer der Şehzadebaşı-Moschee entdeckt man bei genauem Hinsehen auf Bodenhöhe eine ungewöhnliche, hüfthohe Säule aus dunkelgrünem Marmor: *yeşil sütun,* „die grüne Säule". Sie markiert das geografische Zentrum der osmanischen Hauptstadt nach einer vom byzantinischen Milion (s. S. 62) abgeleiteten Tradition, mit dem seinerzeit Entfernungen gemessen wurden.

Rund einhundert Jahre nach der Eroberung Konstantinopels 1453 durch die Osmanen hatte Süleyman der Prächtige (reg. 1520–1566) den bedeutenden osmanischen Architekten Sinan (1489–1588) damit beauftragt, zur Messung der Entfernungen innerhalb der Stadt das genaue Zentrum von Istanbul zu bestimmen, und zwar nach Grundsätzen, die nicht auf das frühere Byzantinische Reich zurückgehen sollten. Sinan berechnete das Gravizentrum und kennzeichnete diesen Punkt mit einer grünen Marmorsäule, die er direkt in die Ecke der damals im Bau befindlichen Şehzadebaşı-Moschee integrieren ließ. Ursprünglich drehte sich die Säule, wie häufig auch in anderen Werken von Sinan (s. S. 180 und S. 218), um ihre eigene Achse.

Doch wie es das Schicksal so wollte, starb im Jahr 1543 – noch während des Baus der Moschee, die vermutlich als Teil eines größeren, dem Sultan gewidmeten religiösen Gebäudekomplexes gedacht war – Süleymans Sohn, der Thronfolger Mehmed. Süleyman widmete daher ihm den 1548 fertiggestellten Bau (*şehzade* = „Prinz") und gab seinen eigenen Namen erst neun Jahre später einem weiteren Prachtbau, der 1557 fertiggestellten Süleymaniye-Moschee.

Nähere Informationen über das byzantinische Million auf S. 62.

Die Herkunft des Begriffs „Milion"

Der Begriff „Milion" geht auf das *Milliarium Aureum* („goldener Meilenstein") zurück, eine vergoldete Säule, die Kaiser Augustus auf dem Forum Romanum als Ausgangspunkt für die wichtigsten Straßen hatte errichten lassen. Die Meilensteine entlang der Römerstraßen wurden aufgrund ihres Abstands von 1.000 Doppelschritten (lat. *mille passus*) als „Miliaria" bezeichnet. Das Milliarium Aureum markierte das Zentrum, von dem aus die Entfernungen in römischen Meilen gemessen wurden.

DAS GRAB VON LALELİ BABA

Eine Moschee für einen Furz

Laleli Babas Grab (Laleli Baba Türbesi)
Innenhof der Kemal-Paşa-Moschee (Kemal Paşa Camii), *Şirvanizade Sk. no:1, Kemalpaşa/Fatih*

Der im 18. Jahrhundert lebende Laleli Baba war ein Stadtstreicher und lokaler Heiliger, der in dem Ruf stand, Wunder zu vollbringen. Seit 1957 befindet sich seine Grabstätte auf dem Friedhof der Kemal-Paşa-Moschee, ganz in der Nähe der Laleli-Moschee, zu deren Namensgeber er der Legende nach (s. rechts) unter recht ungewöhnlichen Umständen wurde. Sein mit einer Tulpe (türk. *lale*), einer von ihm besonders geliebten Blume, verzierter Grabstein stand ursprünglich an der Ecke „seiner“ Moschee.

„Ich habe drei Moscheen erbaut ...“

Die Laleli-Moschee, erbaut zwischen 1760 und 1763 von den Architekten Mehmet Tahir Ağa und Hacı Ahmed Ağa, markiert den Wendepunkt der klassischen osmanischen Architektur hin zu einer barock beeinflussten Periode. Während der oktogonale Grundriss von der im 16. Jahrhundert von Sinan erbauten Selimiye-Moschee in Adrianopel inspiriert ist, zeigt sich in der Gesamtansicht sowie im Stil der Minarette und Dekorationen deutlich der europäische Einfluss. Die Laleli-Moschee ist eine der drei von Mustafa III. errichteten Moscheen, von denen keine seinen Namen trägt. Der für seinen Humor bekannte Mustafa III. soll sich über diesen Umstand gern wie folgt geäußert haben: „Ich habe drei Moscheen erbaut. Die erste musste ich meinem Ahnen [Fatih] schenken, die Mönche bemächtigten sich der zweiten [Ayazma] und ein Stadtstreicher nahm sich die dritte [Laleli].“

„Ich will dein Reich nicht, das du gegen einen Furz zu tauschen bereit bist.“

Sultan Mustafa III. (1717–1774) wünschte sich für seine neue Moschee den Segen von Laleli Baba. Dieser wurde in den Topkapı-Palast geladen, wo der Sultan ihn aufforderte, für seine erhabene Person zu beten. Der Heilige erwiderte: „Mein Sultan, ich wünsche dir, dass du dein Leben lang bei guter Gesundheit essen, trinken und furzen kannst.“ Empört wies der Sultan den Heiligen zurecht und ließ ihn aus dem Palast werfen. Da sprach Laleli Baba ein zweites Gebet: „Dann iss und trink, aber furze nicht!“ Am nächsten Morgen begann sich Mustafas Bauch aufzublähen, doch die besten Ärzte der Stadt konnten den Sultan nicht heilen, der fürchterlich unter den Blähungen litt. Einem langsamen Tode geweiht, begriff Mustafa seinen Fehler. Er lud Laleli Baba erneut ein, um sich zu entschuldigen und ihn zu bitten, für seine Heilung zu beten. Als Dank bot der Sultan ihm an, die Moschee nach ihm zu benennen. Laleli Baba ging nicht darauf ein; die Schätze, die der Sultan ihm anbot, ließen ihn kalt. Schließlich trug ihm der Sultan seinen Thron an. Laleli Baba antwortete betrübt: „Ich will dein Reich nicht, das du gegen einen Furz zu tauschen bereit bist. Dein Thron ist nichts als eine Blähung wert.“ Er strich dem Sultan über den Bauch, sprach seine Gebete, und der Sultan war geheilt. Die Moschee erhielt den Namen Laleli, den sie noch heute trägt.

DIE SÄULE DER REKRUTEN

⑤

Ein physischer Eignungstest für zukünftige Soldaten

Süleymaniye-Moschee (Süleymaniye Camii)
Prof. Sıddık Sami Onar Cad. no:1–46
Süleymaniye/Fatih
Besichtigung vom Morgengebet bis zum Abendgebet
Metro: Vezneciler

Wenn man vom Innenhof der Süleymaniye-Moschee mit ihren Arkaden aus in Richtung Goldenes Horn schaut, weist vor dem Eingang ins Innere der Moschee die letzte Säule links eine nur wenig bekannte, aber interessante Geschichte auf.

Der Legende nach soll sie dazu gedient haben, die physische Eignung der jungen Männer, die sich bei der osmanischen Armee verpflichten wollten, zu überprüfen: Sie mussten sich mit dem Rücken an die Säule stellen und von einer Seite zur anderen gehen, ohne von der Marmorplattform zu fallen.

Die Bewältigung dieser Aufgabe ist weitaus schwieriger, als man denken könnte, und setzt starke Bauchmuskeln voraus.

Angesichts der starken Abnutzung des Marmors auf beiden Seiten der Säule sowie der Nähe zum früheren osmanischen Kriegsministerium, in dem heute die Universität Istanbul untergebracht ist, könnte diese Legende durchaus wahr sein.

Schädelvermessung zur Rettung von Sinans Ehre

Das Mimar-Sinan-Grabmal an der neben der Süleymaniye-Moschee gelegenen Kreuzung Mimar Sinan Caddesi/Fetva Yokuşu wurde von dem berühmten Architekten für sich selbst entworfen. 347 Jahre nach seinem Tod im Jahr 1588 wurden drei Professoren aus Ankara am 1. August 1935 im Rahmen von Ausgrabungen hier fündig: Das Skelett, das sie in Sinans Grab vorfanden, war alles andere als unversehrt, doch der Schädel befand sich in gutem Zustand. Ein Anthropologie-Professor säuberte ihn und nahm mit einem Zirkel Maß. Er erklärte mit großer Erleichterung: „Liebe Freunde, Sinan ist ein Türke."

Zum besseren Verständnis muss dieses Rätsel in den historischen Kontext eingeordnet werden: Im Zuge des aufkommenden Rassismus im Europa der 1930er-Jahre hatte die physische Anthropologie mehr und mehr an Bedeutung gewonnen. Europäische Wissenschaftler wandten sich einer neuen Ausprägung der Schädellehre (Phrenologie) zu, der Kraniologie: Ihr zufolge lasse sich die Über- oder Unterlegenheit einer Rasse an den Proportionen des Schädels festmachen. Die arische Rasse mit eher länglichem Schädel (Dolichocephalie) galt als den asiatischen Rassen mit kürzerem Schädel (Brachycephalie) überlegen. Einzig Menschen mit Dolichocephalie könnten künstlerisches oder wissenschaftliches Genie an den Tag legen. Die asiatische und damit brachycephale Abstammung des türkischen Volkes wurde als Begründung dafür herangezogen, dass die großen Persönlichkeiten der türkischen Geschichte keinesfalls türkischer Herkunft gewesen sein konnten. Die junge und stolze türkische Republik zeigte sich empört und versuchte, anhand wissenschaftlicher Studien zu belegen, dass die Protagonisten der Glanzpunkte der türkischen Geschichte durch und durch türkisch waren. Als Bestätigung musste der Nachweis der Brachycephalie herhalten, was Exhumierungen unumgänglich machte. Tausende von Schädeln wurden zusammengetragen, darunter jene der Seldschuken-Fürsten und eben Sinans. Selbst ein anthropologisches Museum war im Gespräch.

Der Fall Sinan erwies sich jedoch als besonders heikel, da dieser vermutlich in Ağırnas (griech. *Agrianos* bzw. *Agioi Anargiroi*) geboren wurde und damit christlicher Abstammung war. Die Historiker sind sich bezüglich seiner Herkunft uneins: War er Armenier, Grieche, christlich-orthodoxer Türke (Karamanlı)? Vor dem Bevölkerungsaustausch zwischen Griechenland und der Türkei (1923) lebten in dem Dorf Ağırnas nur Muslime und orthodoxe Christen sowie, im 15. Jahrhundert, vielleicht einige Armenier.

Mustafa Kemal Atatürk wurde am Tag nach der Ausgrabung ein Bericht über den exhumierten (brachycephalen, damit eindeutig türkischen) Schädel Sinans vorgelegt. Wohl wissend, dass die Lehren der Kraniologie fehlgingen, begnügte sich der Gründer der Republik mit einer lakonischen Randnotiz auf dem Bericht: „Auftrag für die Gesellschaft für türkische Geschichtsstudien: Statue von Sinan anfertigen." Die Statue wurde 1957 im Garten der Fakultät für Linguistik, Geschichte und Geografie der Universität Ankara enthüllt. Jüngere Ausgrabungen im Grab von Sinan bestätigen, dass dem darin liegenden Skelett der Kopf fehlt.

IN DER UMGEBUNG

Der Schwarze Stein der Kaaba im Mausoleum Süleymans des Prächtigen

Im Zentrum des vor der Apsis der Süleymaniye-Moschee gelegenen Friedhofs befindet sich das Mausoleum Süleymans des Prächtigen. Erbaut wurde es auf Befehl von Süleymans Sohn und Nachfolger Selim II., nachdem der Herrscher 1566 während der Belagerung von Szigetvár (Ungarn) gestorben war. Süleymans Eingeweide wurden am Ort seines Todes in einem heute noch bestehenden Grab bestattet. Sein mumifizierter Körper wurde nach Istanbul überführt, wo er im Hof der Moschee die letzte Ruhe fand.

Aufmerksame Beobachter werden feststellen, dass oben am Eingangsbogen des Mausoleums ein Stück des Schwarzen Steins der Kaaba eingelassen ist: Bei der Reparatur der Kaaba durch die Osmanen im 16. Jahrhundert lösten sich einige Stücke des Schwarzen Steins. Eines von ihnen wurde an diesen Ort verbracht, die übrigen in die Sokollu-Mehmed-Paşa-Moschee.

Mehr Informationen über den Schwarzen Stein auf S. 60.

Mehr Informationen über das Mausoleum des Sinan und die Untersuchung seines Schädels, s. links.

Mehr Informationen über den Schwarzen Stein der Kaaba in Istanbul, s. S. 60 (Sokollu-Mehmed-Paşa-Moschee).

INNENBESICHTIGUNG DES FEUERWACHTURMS VON BEYAZIT

⑥

Eines der schönsten Panoramen in Istanbul

Beyazıt-Turm (Beyazıt Kulesi), *Garten der Universität Istanbul,*
Nähe Beyazıt-Platz (Beyazıt Meydanı), *Eminönü, Beyazıt/Fatih*
Freitag 14–15 Uhr. Andere Tage: gegen Vorlage eines Nachweises über das berufliche Interesse und/oder der Einschreibung an der Universität
Kontakt über die Abteilung Öffentlichkeitsarbeit der Universität iubasin@istanbul.edu.tr oder telefonisch unter 0212 440 00 00 (10054)
Metro und Bus: Vezneciler; Tram: Beyazıt

Der ehemalige Feuerwachturm von Beyazıt *(Beyazıt Kulesi)* ist recht berühmt. Wenige wissen hingegen, dass er am Freitagnachmittag besichtigt werden kann. Die Aussicht, die sich nach Erklimmen der Wendeltreppe mit ihren 180 Stufen bietet, ist die vielleicht schönste von ganz Istanbul. Bei klarem Wetter reicht sie von der historischen Halbinsel bis zur Mündung des Bosporus ins Schwarze Meer und den südlichen Küsten des Marmarameers. Die verglaste Plattform wurde in osmanischer Zeit als Feuerwachposten angelegt und erfüllt diese Funktion allen technischen Entwicklungen zum Trotz noch heute.

Die Decke der Plattform ist mit schwarz-weißen Fresken ausgestaltet, die den Bosporus, das Goldene Horn, die Küste von Kadıköy und die Prinzeninseln darzustellen scheinen – vielleicht, um bei Nacht den Ort eines Brandes genauer lokalisieren zu können.

Der erste hölzerne Wachturm wurde 1749 auf einem der sieben Hügel der Stadt am Standort eines byzantinischen Turms mit derselben Funktion errichtet. Dieser wurde 1756 bei einem Brand zerstört, wieder aufgebaut und 1826, nach Abschaffung des Janitscharenkorps, dessen Teil die frühere Feuerwehr gewesen war, abgerissen. Der heutige steinerne Turm wurde 1828 durch den Architekten Senekerim Balyan im Stil des osmanischen Barock errichtet und 1849 sowie 1894 auf eine Gesamthöhe von 118 Metern erhöht.

In dem Turm von Beyazıt waren im 19. Jahrhundert rund zwanzig Feuerwehrleute stationiert. Brände wurden tagsüber durch hängende Körbe und nachts durch Laternen angezeigt: Bei einem Feuer innerhalb der Stadtmauern und in den angrenzenden Regionen erschienen zwei Körbe bzw. rote Laternen beiderseits des Turms, für die asiatische Seite ein Korb auf beiden Seiten oder eine grüne Laterne auf einer Seite, für Pera ein Korb auf einer und zwei auf der anderen Seite oder eine neutrale Laterne auf beiden Seiten. Der Feuerwehrmann, der das Feuer bemerkt hatte, sagte im Berufsjargon: „Meister, du hast soeben ein Kind bekommen". Der Offizier fragte daraufhin: „Mädchen oder Junge?" Ein Junge stand für einen Brand innerhalb der Mauern, ein Mädchen für einen in den übrigen Stadtteilen.

Heutzutage dient der Turm mittels verschiedenfarbiger Laternen als Wetterstation: Blau steht für einen wolkenlosen Himmel, Grün für Regen, Gelb für Nebel und Rot für Schnee.

DIE DAVIDSTERNE DER ALİ-PAŞA-MOSCHEE

7

Ein großer osmanischer Diplomat im Zeichen des Davidsterns

Ali-Pasa-Moschee (Ali Paşa Camii), *Mercan Cad. 1a (Ecke Fuat Paşa Cad.), Eminönü, Mercan/Fatih (ggü. dem Osttor des Gartens der Universität Istanbul) Tram: Beyazıt*

Die Ali-Paşa-Moschee, die am Standort einer früheren steht, der von Yakup Ağa im 16. Jahrhundert erbauten Kasım-Ağa-Moschee, weist eine erstaunliche Besonderheit auf: Die oberen Fenster ihrer acht Fassaden zieren mehrere Davidsterne. Der Davidstern (Sechsstern) hat eine lange Geschichte. Seine Symbolik spielt im Christentum ebenso eine Rolle wie im Islam und im Judentum (s. folgende Doppelseiten).

In der Kasım-Ağa-Moschee wurden einst die Grabandachten für die Beamten des Alten Palasts abgehalten, an dessen Standort später das osmanische Kriegsministerium errichtet wurde, in dem heute die Universität Istanbul untergebracht ist. Die Moschee wurde bei einem Brand im 19. Jahrhundert zerstört. 1869 errichtete der italienische Architekt Bariori im Auftrag des Großwesirs Ali Paşa, eines Genies der osmanischen Diplomatie zu Zeiten der großen Reformen des 19. Jahrhunderts (s. rechts), die heutige Moschee. Der nicht mehr vorhandene Palast des Ali Paşa stand gegenüber seiner Moschee. Die Marmorinschriften der Moschee stammen aus der Feder von Mustafa İzzet Efendi, einem der großen Kalligrafen jener Zeit.

Mehr Informationen über die Geschichte und Symbolik des Davidsterns (Sechssterns) auf der nächsten Doppelseite.

Ali Paşa – ein diplomatisches Genie, Zeuge der sozialen Mobilität des Osmanischen Reichs

Ali Paşa wurde 1815 als Mehmet Emin als Sohn eines Pförtners des Ägyptischen Basars *(Mısır Çarşısı)* geboren. Im Alter von 15 Jahren trat er in die Schreibstuben des Großherrlichen Staatssekretariats ein und erlernte die französische Sprache. Mit 23 Jahren war er Erster Sekretär des Osmanischen Reichs in London, 1841 wurde er im Alter von gerade einmal 26 Jahren Botschafter. Als sein Mentor Reşid Paşa 1848 zum Großwesir ernannt wurde, übernahm Ali Paşa den Posten des Außenministers – mit 33 Jahren. 1852 wurde er, erst 37-jährig, zum jüngsten Großwesir des Osmanischen Reichs befördert. Nach dem Krimkrieg vertrat er 1856 beim Kongress von Paris das im politischen und wirtschaftlichen Niedergang gefangene Osmanische Reich und handelte dessen Anerkennung als europäische Großmacht aus.

Als Außenminister des Großwesirs wurde Ali Paşa mit den Revolutionen von 1848, den kretischen Aufständen und den Unabhängigkeitsbestrebungen des ägyptischen Vasallenstaats konfrontiert. Gebrochen unter der Last seiner Aufgaben starb Ali Paşa 1871 an Schwindsucht. Er wurde auf dem Friedhof der Süleymaniye-Moschee beigesetzt.

Ali Paşa war schmächtig, zerbrechlich, großzügig und äußerst höflich. In Fragen der Etikette war er dennoch kompromisslos und zögerte nicht, den Sultan diesbezüglich zu tadeln: Er fand, dass das Osmanische Reich von Europa nicht nur alles Moderne, sondern auch seine protokollarischen Traditionen übernehmen sollte.

Anlässlich seines Todes erklärte Bismarck einem türkischen Journalisten gegenüber: „Die Türken haben einen Großwesir verloren und Europa einen großen Mann." Er zeigte ihm einen handschriftlichen Brief von Ali Paşa, in dem dieser Preußen und Frankreich im Krieg von 1870 zu einem sofortigen Waffenstillstand aufforderte. Der erste Versuch, Frieden zwischen den beiden Ländern zu stiften, kam also von dem osmanischen Diplomaten.

In seiner Staatsführung bietet Ali Paşa ein gutes Beispiel für den Grundsatz, der im Osmanischen Reich herrschte: Danach hing der Aufstieg eines Bürokraten einzig und allein von seinen persönlichen Qualitäten ab, egal welcher sozialen Schicht er entstammen mochte.

Die verborgene Symbolik des Sechssterns

Das Hexagramm, auch Sechsstern oder Davidstern genannt, wird aus zwei ineinander verwobenen gleichseitigen Dreiecken gebildet, die für die spirituelle und die menschliche Natur des Menschen stehen. Seine sechs Zacken entsprechen den sechs Richtungen des Raums (Norden, Süden, Osten, Westen, Zenit, Nadir) und symbolisieren die sechs Tage der Schöpfung; am siebten Tag ruht der Schöpfer. In diesem Kontext ist das Hexagramm zum Symbol des Makrokosmos (seine sechs 60-Grad-Winkel ergeben in der Summe 360 Grad) und der Einheit des Menschen mit dem Schöpfer geworden.
Das Hexagramm findet sich zwar in der Synagoge von Kafarnaum (3. Jahrhundert), doch in der rabbinischen Literatur taucht es erst 1148 auf, und zwar im Eschkol Hakofer des karäischen* Weisen Judah Hadassi. In Kapitel 242 erhält es einen mystischen, beschützenden Charakter und wurde daher häufig in Amulette eingraviert: „Und die Namen der sieben Engel wurden auf die Mesusa geschrieben. Der Ewige schützt dich und dieses Symbol, das ‚Davidschild', enthält am Ende der Mesusa die geschriebenen Namen aller Engel."
Im 13. Jahrhundert wurde das Hexagramm zudem zum Attribut eines der sieben magischen Namen des Engels Metatron, der mit dem Erzengel Michael, dem Gott am nächsten stehenden Fürsten der himmlischen Heerscharen, verbundenen Präsenz.
Die Identifikation des Judentums mit dem Davidstern begann im Mittelalter. 1354 gestand König Karl IV. *(Karel IV.)* der jüdischen Gemeinschaft von Prag das Privileg zu, ihre eigene Fahne zu führen. Die Juden entwarfen daraufhin ein goldenes Hexagramm auf rotem Grund, genannt *Magen David* – „Schild Davids" –, das zum offiziellen Symbol für Synagogen der jüdischen Gemeinschaft wurde. Im 19. Jahrhundert war dieses Symbol weit verbreitet.
Die jüdische Mystik sah den Ursprung des Hexagramms direkt in den Blumen, welche die Menora** in Form einer Lilie mit sechs Blütenblättern zieren. Ihre Anhänger glaubten daran, dass es direkt aus den Händen des Gottes Israels stammte; die Lilie mit ihren sechs Blütenblättern ähnelt in ihrer Form dem Davidstern und wird im Hohelied Salomons auch mit dem Volk Israel gleichgesetzt.
Neben seiner beschützenden Funktion soll das Hexagramm auch über magische Kräfte verfügen – dieser Glaube geht auf den *Schlüssel Salomons (Clavicula Salomonis)* zurück, eine Reihe von König Salomon zugeschriebenen magischen Schriften, die jedoch vermutlich aus dem Mittelalter stammen – wahrscheinlich aus einer der vielen kabbalistischen Schulen, die es seinerzeit in Europa gab.

Der Text ist klar von den Lehren des Talmud und der jüdischen Kabbala inspiriert. Er umfasst 36 Pentakel (Pentagramme im Kreis, Zeichen voller magischer bzw. esoterischer Bedeutung), über die eine Verbindung zwischen der irdischen Welt und den Ebenen der Seele hergestellt werden können soll. Von dem Text gibt es verschiedene Fassungen und Übersetzungen, deren Inhalt zum Teil stark variiert. Die meisten der heute noch vorhandenen Originalschriften stammen – abgesehen von einer griechischen Übersetzung aus dem 15. Jahrhundert – aus dem 16. und 17. Jahrhundert.

Auch im Buddhismus und Hinduismus in Tibet und Indien wird das universelle Symbol des Hexagramms verwendet. Hier gilt es als Symbol des Schöpfers und der Schöpfung, für die Brahmanen ist es das Zeichen des Gottes Vishnu.

Die beiden verschlungenen Dreiecke waren ursprünglich in Grün (oberes Dreieck) und Rot (unteres Dreieck) gehalten. Später wurden diese beiden Farben durch Weiß (Materie) und Schwarz (Geist) ersetzt. Im Hinduismus verweist das obere Dreieck des Hexagramms auf Brahma, Vishnu und Shiva (was im Christentum Vater, Sohn und Heiligem Geist entspricht) und das untere Dreieck auf Shiva, Vishnu und Brahma (Heiliger Geist, Sohn und Vater). Der Sohn (Vishnu) befindet sich dabei stets in der Mitte: Er ist Mittler zwischen dem Göttlichen und dem Irdischen.

Ebenso häufig findet es sich auf den Fenstern und Giebeldreiecken christlicher Kirchen, gleich einem symbolischen Verweis auf die universelle Seele, die hier durch Jesus bzw. durch Jesus und Maria gemeinsam (oberes bzw. unteres Dreieck) dargestellt wird. Beide sind eng miteinander verschlungen und bilden im Ergebnis den allmächtigen ewigen Vater. Oft findet man das Hexagramm auch abgewandelt als sechszackiger Stern und sechsblättrige Rosette.

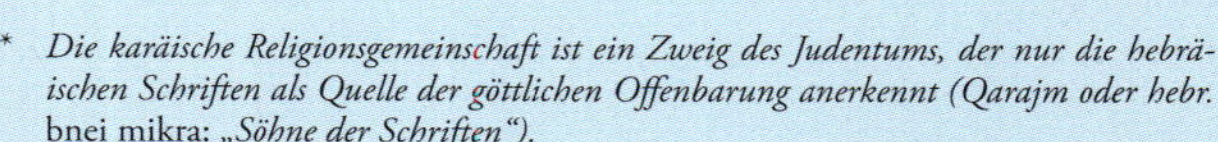

* *Die karäische Religionsgemeinschaft ist ein Zweig des Judentums, der nur die hebräischen Schriften als Quelle der göttlichen Offenbarung anerkennt (Qarajm oder hebr.* bnei mikra: *„Söhne der Schriften").*

** *Menora: siebenarmiger Leuchter, dessen Arme auf die sieben Tage der Woche – inklusive Sabbat – und auf die Weisheit Gottes hindeuten.*

Das Siegel Salomons in der Türkei

Das Salomonssiegel (*Mühr-ü Süleyman* bzw. *Hatem-i Süleyman*), die muslimische Entsprechung zum jüdisch-christlichen Davidstern (s. S. 26), existierte bereits in der türkisch-mongolischen Kultur und fand auch in den autochthonen Kulturen Anatoliens und des Nahen Ostens regen Gebrauch, so beispielsweise auf dem schönen Eingangsrelief der armenischen Kirche Surp Asdvadzadzin.
Auch in der islamischen Kunst findet der Sechsstern häufig Anwendung, insbesondere in der Architektur, aber ebenso auf Papier, Stoffen und Objekten aus Metall, Holz, Keramik und Glas.
Dem Volksglauben nach kann der Teufel Räume, in denen das Siegel Salomons zu sehen ist, nicht betreten. So wurde es oft als Schutzsymbol dargestellt – nicht nur in Kuppeln und Gewölben sowie über Türen und Eingängen von Moscheen und Derwischkonvents, sondern auch auf Brunnen, Grabsteinen, Küchenutensilien sowie Helmen, Kalligrafie-Hemden, unter der Rüstung getragenen Gewändern und auf Standarten wie jener Barbarossas.

Ab der zweiten Hälfte des 19. Jahrhunderts (und dem Bruch mit der alten architektonischen und dekorativen Tradition zugunsten des europäischen Stils) findet sich der „Schild Davids“ immer seltener auf osmanischen Bauwerken, bis er im 20. Jahrhundert, vermutlich infolge der mehr und mehr jüdisch besetzten Symbolik (s. S. 26), schließlich ganz verschwindet.

Salomon und der Koran

Der alttestamentarische König Salomon findet im Koran als Prophet Suleiman Erwähnung. Er wird darin für seine Gerechtigkeit gepriesen (21:78–79) und als Träger esoterischen Wissens beschrieben (27:16, 19), der Wind gehorcht ihm (21:81, 38:36), und er befehligt Heerscharen der Dschinn (27:17, 31:82, 38:37).
In seiner Betrachtung Salomons als Symbol einer geheimen, mächtigen Weisheit schuf der muslimische Volksglauben schon bald Legenden um seine Person, die über das Wort des Koran und die darauf bezogenen Hadithe (Überlieferungen) des Propheten hinausgehen. So soll Salomon einen Ring mit eingraviertem Sechsstern getragen haben, ohne den er seiner übernatürlichen Kräfte beraubt war. Darauf geht die noch heute geläufige türkische Redensart zurück, „Der Träger des Siegels ist Salomon“: Die Macht einer Person hängt von der ihr verliehenen Kompetenz ab.

Wo findet man das Siegel Salomons in Istanbul?

Ali-Paşa-Moschee *(Ali Paşa Camii)* – Fatih (historisch) (s. S. 24)
Altes Gebäude in der Mercan Camii Çıkmazı – Fatih (historisch)
Topkapı-Palast *(Topkapı Sarayı)*: Raum der Beschneidung *(Sünnet Odası)*, Eingang zum Pavillon des heiligen Mantels (s. S. 99 unten): Leuchten – Fatih (historisch)
Jungengymnasium Istanbul *(İstanbul Erkek Lisesi)* – Fatih (historisch) (s. S. 56)
Postmuseum *(PTT Müzesi)* – Fatih (historisch)
Rosenmoschee *(Gül Camii)* – Fatih (West) (s. S. 103)
Mausoleum Mehmeds II. des Eroberers *(Fatih Sultan Mehmet Türbesi)* – Fatih-Moschee *(Fatih Camii)* – Fatih (West)
Grabmal Lala Mustafa Paşas *(Lala Mustafa Paşa Türbesi)*– Eyüpsultan
Zal-Mahmut-Paşa-Moschee *(Zal Mahmut Paşa Camii)* – Eyüpsultan
Emetullah-Gülnuş-Sultan-Brunnen *(Gülnuş Emetullah Sultan Çeşmesi)*, im Basar – Beyoğlu
Kemankeş-Mustafa-Paşa-Moschee *(Kemankeş Kara Mustafapaşa Camii)* – Beyoğlu
Barbarossas Standarte – Seefahrtsmuseum *(Deniz Müzesi)* – Beşiktaş
Barbarossa-Mausoleum *(Barbaros Hayrettin Paşa Türbesi)* – Beşiktaş
Gitter an der Galatasaray-Universität – Beşiktaş
Dolmabahçe-Palast *(Dolmabahçe Sarayı)*: architektonische Marmorelemente aus dem Çırağan-Palast (im Garten) – Beşiktaş
Hammam des Çırağan-Palasts (Badewanne) – Beşiktaş
Armenische Kirche *Surp Asdvadzadzin*: Marmorrelief im Eingangsbereich – Beşiktaş
Emetullah-Valide-Sultan-Moschee *(Yeni Valide Camii)* – Üsküdar
Atik-Valide-Moschee *(Atik Valide Camii)*: alter Leuchter unterhalb der Kuppel – Üsküdar
Kirche des Klosters St. Georg *(Aya Yorgi Manastırı)*: Christus-Ikone – Heybeliada – Prinzeninseln (Adalar) (s. S. 276)

DER GARTEN DES ARMENISCHEN PATRIARCHATS

8

Die Symbole der Freimaurer auf dem Grabstein von Kirkor Ağaton

Armenisches Patriarchat (Ermeni Patrikhanesi), *Sevgi Sk. no:7–9*
Kumkapı, Muhsinehatun/Fatih
Montag bis Freitag 9–17 Uhr, am Wochenende geschlossen

Gleich rechts nach dem Eingang zum Garten des armenischen Patriarchats liegt die letzte Ruhestätte von Kirkor Ağaton Paşa mit ihrem monumentalen Grabstein. Dieser zeigt die weithin bekannten Freimaurersymbole Kompass und Winkelmaß, die auf die Mitgliedschaft des Verstorbenen bei den türkischen Freimaurern verweisen. Das Leben von Kirkor Ağaton Paşa endete spektakulär: Er starb vor Freude, als ihm seine Ernennung zum Pascha verkündet wurde (s. rechts).

IN DER UMGEBUNG

Das Museum des armenischen Patriarchats

Im Untergeschoss des armenischen Patriarchats von Istanbul zeigt ein kleines Museum eine schöne Sammlung von Objekten, die über das gesellschaftliche, aber vor allem das geistliche Leben der armenischen Gemeinschaft in der Türkei Zeugnis ablegen.

Die Symbolik von Kompass und Winkelmaß

In der Symbolik der Freimaurer steht der Kompass für den Geist und das Winkelmaß als Symbol der Materie für ein aufrechtes Leben. Beide Instrumente übereinandergelegt verweisen auf das Gleichgewicht zwischen den geistigen und den materiellen Kräften. Diese Erleuchtung wird in der Freimaurerhierarchie durch die dritte Stufe, den Meistergrad, dargestellt, wobei der Kompass auf dem Winkelmaß liegt und den Sieg der Spiritualität über die Materie symbolisiert.

Kirkor Ağaton Paşa

Kirkor Ağaton Paşa, der am Tag seiner Ernennung zum ersten nicht muslimischen Pascha verstarb, führte ein außergewöhnliches Leben. Bis in die Tanzimat-Zeit, eingeläutet durch das Edikt von 1839, blieb nicht muslimischen Bewohnern des Osmanischen Reichs der Zugang zu öffentlichen Ämtern verwehrt; Ausnahme war das Amt des Gouverneurs bestimmter autonomer Regionen wie der Donauprovinzen. Nach Anerkennung der Gleichheit aller Osmanen, unabhängig von ihrer Religion, erhielten Nichtmuslime 1842 das Recht, in den Rang eines Obersts der Armee erhoben zu werden. Mit dem kaiserlichen Edikt von 1856 wurden ihnen schließlich alle in der imperialen Hierarchie vorgesehenen Aufstiegsmöglichkeiten zugesprochen.

Es vergingen jedoch noch weitere zwölf Jahre, bis Sultan Abdülaziz einen Nichtmuslim, Kirkor Ağaton, zum Minister für öffentliche Bauvorhaben ernannte. Die Nachricht seiner Ernennung erreichte ihn in Paris, wo er das Reich auf dem Weltpostkongress vertrat. In einem Telegramm dankte er dem Großwesir Ali Paşa (s. S. 25) überschwänglich. Dies sollte seine letzte Handlung als Beamter des Osmanischen Reichs sein: Die gute Nachricht erregte Kirkor Ağaton derart, dass er einen Herzinfarkt erlitt und verstarb. Die Tragödie wog umso schwerer, da Ağaton als achtbarer Bürokrat galt. Als Kind einer armen Arbeiterfamilie hatte er die Aufmerksamkeit des armenischen Bankiers des Großwesirs Mustafa Reşid Paşa auf sich gezogen, der ihn zum Studium der Landwirtschaft auf das Collège Grignon nach Paris schickte. Anschließend wurde er dem französischen König Louis-Philippe als einer der größten Landwirtschaftsexperten des Osmanischen Reichs vorgestellt. Nach seiner Rückkehr nach Istanbul wurde er Mitglied des Rechnungshofs und vertrat das Reich auf mehreren internationalen Landwirtschaftsausstellungen. Er wurde Post- und Telegrammdirektor und begab sich in dieser Funktion 1868 nach Paris.

DER SPRINGBRUNNEN IM CAFÉ KADIRGA

9

Das letzte Café der Feuerwehrleute

„Café Kadırga am Wasserbecken" (Kadırga Havuzlu Kahvehane)
Kadırga Limanı Cad. no:2, Şehsuvarbey/Fatih
Tram: Çemberlitaş
Zug: Kumkapı

Das traditionelle (und somit ausschließlich männlichen Besuchern vorbehaltene) Café Kadırga ist das letzte der von den Feuerwehrmännern des Viertels frequentierten und geführten osmanischen Cafés,

das noch heute existiert. Die Ursprünge dieser Cafés reichen bis in die Zeit der Janitscharen (der Elitetruppe der osmanischen Armee) zurück. Das alte Becken mit dem marmornen Springbrunnen zeugt von seiner pittoresken Vergangenheit: Die Marmorelemente, aus denen die Wasserspeier hervorragen, erinnern an die Enden von Pumpenrohren.

Nach dem als „kleine Apokalypse" bezeichneten Erdbeben im Jahr 1509 begann man damit, Häuser ausschließlich aus Holz zu errichten. Dieses Baumaterial erwies sich zwar als äußerst widerstandsfähig gegenüber Erdbeben, leider jedoch auch als wenig feuerbeständig. In Ermangelung einer institutionellen Feuerwehr organisierten sich die Bewohner selbst, um Bränden, die teilweise ganze Stadtviertel zerstörten, mit Fässern und Eimern entgegenzutreten. Anfang des 18. Jahrhunderts führte ein Mann namens Davud Ağa neuartige Pumpen ein, die von vier Männern auf dem Rücken getragen werden konnten. Sein Gerät bildete den Kern der später dem Janitscharenkorps angegliederten Feuerwehr. Da die Janitscharen zudem innerhalb der Stadtmauern für den Polizeidienst zuständig waren, erhielt jede Polizeistation eine Pumpe sowie in deren Benutzung eingewiesene Mitarbeiter. Es ist somit kein Zufall, dass neben dem Café Kadırga ein Polizeiposten die Jahre überdauert hat.

Die Korruption der Janitscharen griff auf die Feuerwehrmänner des Korps über: Brände wurden zu einer gern gesehenen Gelegenheit, sich durch Plünderungen der evakuierten Gebäude zu bereichern. Die Anführer der Janitscharen, die zu jener Zeit alles Mögliche andere taten, als Krieg zu führen, eröffneten immer mehr Cafés – in der osmanischen Gesellschaft zentrale Orte der Zusammenkunft –, die zu Treffpunkten für die dem Janitscharenkorps unterstellten Feuerwehrleute wurden. Diese übernahmen nach und nach die Kultur der Janitscharen.

Mit der Auflösung des Janitscharenkorps im Jahr 1826 wurden seine Cafés geschlossen. Die Feuerwehr wurde zunächst wieder der regulären Armee, später den Bezirksverwaltungen unterstellt. Gleichzeitig begann die Jugend der Stadtviertel, sich in freiwilligen Gruppen zu organisieren und die Tätigkeit der Feuerwehr als eine Art Sport auszuüben. Es entstand ein Gemeinschaftsgeist, der selbst Intellektuelle, hohe Beamte und religiöse Würdenträger des Stadtviertels anzog.

Die vielen gut organisierten Feuerwehrmänner aus den christlichen Teilen der Stadt verwahrten ihre Pumpen in ihren Kirchen. Einige Feuerwehrkorps waren jedoch religiös gemischt. Kam es wie so oft zu Streitigkeiten, zählte letztlich die Solidarität unter Feuerwehrleuten mehr als die Religionszugehörigkeit.

Brände wurden über einen der beiden Feuerwachtürme der Stadt angezeigt: den Galata-Turm und den Turm von Beyazıt (s. S. 22) im Garten des früheren Kriegsministeriums, heute Universität Istanbul.

DER SARG AUF DEM DACH DER KATİP-SİNAN-MOSCHEE ⑩

Die Moschee des fliegenden Sarges

Katip-Sinan-Moschee (Katip Sinan Camii), *Eingang über Çoban Çavuş Sk. no:8*
Der Sarg ist besser von der İkbal Sk. zu sehen.
Nişanca/Fatih
Tram: Beyazıt

Wer an der İkbal Sokak den Kopf Richtung Katip-Sinan-Moschee hebt, wird sich vielleicht über eine seltsame Auswölbung des Dachs an der Stelle zwischen dem achteckigen Tympanon unterhalb der Kuppel und der Mauer wundern. Diese Auswölbung erinnert in ihrer Form an einen Sarg – und sie enthält auch tatsächlich den Sarg des Erbauers der Moschee, der nach dem Ende seiner Tage anstatt in dem eigens zu diesem Zweck vorbereiteten Grab im Garten seiner Moschee lieber auf dem Dach ruhen wollte.

Die Moschee wurde von Sinan Bey, Schreiber (oder Sekretär) der Küchen des Reichs, 1496 unter der Herrschaft von Sultan Bayezid II. errichtet. Nach dem Tod von Sinan Bey wurde dieser ohne langes Zögern im Garten bestattet. Am Tag nach der Bestattung sahen die zum Morgengebet erschienenen Gläubigen mit großer Bestürzung, dass der Leichnam offenbar dem Grab entstiegen und nun auf der Kuppel zu finden war. Man holte ihn herunter, um ihn ein zweites Mal zu bestatten, doch das Phänomen wiederholte sich auch in der folgenden Nacht. Nach einem dritten Versuch begannen der Imam der Moschee und die Gemeinde ein Wunder zu vermuten und beschlossen, am Rand der Kuppel eine Art Sarkophag anzulegen. In diesen legten sie den Leichnam – der sich nun seit fünfhundert Jahren nicht mehr von dort fortbewegt hat.

DIE FRESKEN DER UNTERIRDISCHEN KIRCHE DER BODRUM-MOSCHEE

(11)

Eine christliche Prinzessin unter einer Moschee

Mesih Paşa/Bodrum Camii, *Mesihpaşa Cad. no:25, Laleli, Mesihpaşa/Fatih*
Unterirdischer Markt: 10–19 Uhr (schwankend je nach Jahreszeit)
Unterirdische Kapelle: freitags zum Mittagsgebet. An den übrigen Tagen bei der Moschee-Verwaltung anfragen
Tram, Bus: Laleli

Die inmitten moderner Bauten gelegene *Bodrum Camii* (wörtl. „Keller-Moschee") befindet sich am Standort zweier früherer christlicher Kirchen, die übereinander angeordnet waren: Die obere Kirche wurde um 1500 in die heutige Moschee umgewandelt; die untere Kirche verfügt über eine unterirdische Zisterne, welche die Jahrhunderte überdauert hat und der Moschee zu ihrem Namen verhalf.

Die Zisterne mit ihrem Säulenlabyrinth wurde in einen überdachten Markt umfunktioniert. Auf der linken Seite der Apsis der unteren Kirche ist ein Fresko zu erkennen: Es zeigt eine Prinzessin, die der Jungfrau Maria eine Opfergabe darbringt. Hierbei handelt es sich um Theodora, die Ehefrau des hier bestatteten Romanos I. Lakapenos.

Anfang des 10. Jahrhunderts hatte Romanos I. Lakapenos als *Drungarios* (Admiral) der byzantinischen Flotte den Myrelaion-Palast („Myrrheöl-

Palast") gekauft. Als Kaiser gestaltete er seinen persönlichen Palast in einen Kaiserpalast um und ließ die Myrelaion-Kirche als Kapelle für das gleichnamige Kloster neben dem Palast erbauen. Zugleich beschloss Romanos I. Lakapenos, die Kirche als Grabkapelle für seine Familie zu nutzen. Damit brach er eine sechshundert Jahre alte Tradition, wonach die Mitglieder der Kaiserfamilien in der Krypta der Apostelkirche beigesetzt wurden, an deren Standort sich heute die Fatih-Moschee befindet.

Nach der Eroberung der Stadt durch die Osmanen wurde die Myrelaion-Kirche von Großwesir Mesih Paşa um das Jahr 1500 in eine Moschee umgewidmet. Den Namen *Mesih* (arab. „Messias") nahmen viele Griechen namens *Christos* (griech. „Messias") nach der Eroberung durch die Osmanen an – auch Mesih Paşa, der der Neffe des letzten byzantinischen Kaisers Konstantin XI. Palaiologos war.

Von diesem Moment an trug das Gebäude den Namen *Mesih Paşa Camii* oder *Bodrum Camii* (s. oben). Die Moschee überstand zwei Brände (1782 und 1911). Nach dem zweiten Brand wurde sie lange Jahre ihrem Schicksal überlassen. 1965 begann man mit der Restaurierung, in deren Zuge bei Ausgrabungen die untere Kapelle zum Vorschein kam. Nach einer ungeschickten, aber soliden Sanierung in den 1980er-Jahren wurde die Moschee 1986 als muslimische Kultstätte eröffnet. Der Imam der Moschee führt Besucher freundlich und in ausgesprochen korrektem Englisch in die untere Kapelle. Die kleine Bibliothek der Moschee enthält zahlreiche Werke über die muslimische Theologie und die Geschichte von Byzanz.

Manche glauben, der Herrscher habe sich hier heidnischen Riten hingegeben. Dies scheint jedoch wenig wahrscheinlich, zumal Romanos I. Lakapenos eher für seine exzessive Frömmigkeit bekannt war. Gegen Ende seiner Herrschaftszeit umgab er sich meist mit Mönchen. Nach seiner Absetzung im Jahr 944 verbrachte er seine letzten Lebensjahre als Mönch auf der Insel Proti, der nördlichsten der Prinzeninseln, die heute den Namen Kınalıada trägt. Dort versammelte er einen Rat mit dreihundert Mönchen, vor dem er öffentlich seine Sünden beichtete und um Absolution bat, bevor er sich von einem jungen Novizen geißeln ließ.

DAS MUSEUM ÇUKUR MUHALLEBİCİ

⑫

Schmuck im Pudding

Çukur-Turm (Boybeyi Çukur Kule), *Großer Basar* (Kapalıçarşı),
Kalpakçılar Cad. no:151, Beyazıt/Fatih
boybeyi.com
Montag bis Samstag 8:30–19 Uhr
Tram: Beyazıt

Unter den Gewölben des Großen Basars verborgen liegt nahe dem Mahmud-Paşa-Tor ein winziges Holzgebäude mit einer kupfernen Kuppel, das gemeinhin Çukur Muhallebici („Puddinglokal im Graben“) genannt wird: *Çukur* bedeutet so viel wie „Graben“ (der Pavillon befindet sich in der Tat am niedrigsten Punkt des Großen Basars) und *muhallebi* ist ein traditionelles türkisches Dessert, eine Milchspeise, die mehr oder weniger an Pudding erinnert. Einst beherbergte der Pavillon tatsächlich ein auf diese Süßspeise spezialisiertes Lokal.

Am Standort des Çukur Muhallebici soll sich in früheren Zeiten einmal eine Zollstation des byzantinischen Markts befunden haben, dem Vorläufer des osmanischen Großen Basars, der ab 1461 hier eingerichtet wurde.

Damals kam dem Çukur Muhallebici eine wichtige Rolle zu: Die Haremsdamen, die für ihren Einkauf in Begleitung von Eunuchen und Wachen zum Großen Basar kamen, begaben sich über die kleine Außentreppe in das Obergeschoss des Pavillons und handelten dort, geschützt vor neugierigen Blicken, mit Schmuck und Stoffen. Die Wachen warteten im Erdgeschoss auf sie, und die Eunuchen blieben wie im Palast an der Seite ihrer Damen. Anfang des 19. Jahrhunderts beschloss Sultan Mahmud II., der 1826 die Janitscharen zerschlagen ließ (s. S. 52), im Harem für Zucht und Ordnung zu sorgen. Einen derart intimen Kontakt zwischen seinen Odalisken und den ehrbaren Händlern des Basars hielt er für unsittsam. Er unterband die Damenbesuche im Großen Basar und widmete den Pavillon um: Das Erdgeschoss wurde zu einer Polizeistation, das Obergeschoss eine Art Wachturm für die Feuerwehr.

Gegen Ende des Osmanischen Reichs wurde der Pavillon verkauft. Die neuen Eigentümer eröffneten in den Räumen das oben beschriebene Lokal. 1970 wurde es an die Familie Boybeyi verkauft, die seit 1881 im Juweliergeschäft tätig war. Heute befinden sich im Erdgeschoss die Ausstellungsräume des Juweliers Boybeyi. Das Obergeschoss beherbergt ein kleines Familienmuseum mit persönlichem Schmuck, alten Kalligrafien und historischen Fotos von Istanbul und verschiedenen Familienmitgliedern. Zu den Exponaten zählen juwelenbesetzte Waffen, gold- und silberbestickte Seidenschals, Uhren aus Edelmetall, eine ebenfalls juwelenbesetzte Miniatur-Kutsche, Gebetsketten mit Edelsteinen und alte Navigationsinstrumente.

DER ADLER DES GROSSEN BASARS ⑬

Eine historisch-architektonische Kontroverse um einen Vogel

Eingangstor (İnciciler Kapısı) *zum Großen Basar* (Kapalıçarşı), *Beyazıt/Fatih*
Am Ausgang des Cevahir Bedesteni *(Schmuckmarkt) zur Kuyumcular Cad.*
in Richtung Ağa Sk./Mahmutpaşa-Moschee
Tram: Beyazıt/Kapalıçarşı

Das İnciciler-Tor des Großen Basars *(Kapalıçarşı)* besteht in Wirklichkeit aus zwei aufeinanderfolgenden Toren. Das innere Tor ist schlecht beleuchtet, und so bemerken nur wenige Besucher das Flachrelief des byzantinischen Adlers, der sie aus den Tiefen der Geschichte betrachtet. Der österreichische Historiker Joseph von Hammer-Purgstall (1774–1856), Autor der zehnbändigen *Geschichte des Osmanischen Reiches,* schloss aus der Präsenz dieses Adlers, dass der Schmuckmarkt *(Cevahir Bedesteni)*, um den herum der Große Basar entstand, bereits in byzantinischer Zeit existierte. Anfangs wurde diese Annahme nicht von anderen türkischen und internationalen Historikern hinterfragt. Irgendwann kamen jedoch Zweifel an der These des byzantinischen Ursprungs auf und die Kontroverse schaukelte sich in einem türkisch-griechischen Kulturkonflikt über die tatsächlichen Ursprünge des Komplexes immer weiter hoch.

Eingehende Recherchen in den Archiven belegen, dass Mehmed der Eroberer den *Cevahir Bedesteni* und den Tuchmarkt *Sandal Bedesteni* – zusammen das Herz des Großen Basars – kurz nach Eroberung der Stadt quasi aus dem Nichts errichten ließ. Im Gründungsakt der Stiftung, die der Sultan für den Erhalt der zur Moschee umgewandelten Hagia Sophia einrichtete, ist von zwei neuen Märkten die Rede, deren Einkünfte dieser Stiftung zufließen sollten. Und auch der (post)byzantinische Historiker Kritovoulos beschreibt detailliert die von Mehmed dem Eroberer nahe seinem Palast am heutigen Standort der Universität Istanbul errichteten Märkte. Architektonisch sind beide Märkte typisch für die osmanische Bauweise des 15. Jahrhunderts und weisen Ähnlichkeiten mit den Märkten in Edirne auf. Çelik Gülersoy zufolge, der als Vorsitzender des Türkischen Touring- und Automobilclubs zahlreiche bedeutende Kunstdenkmäler Istanbuls vor der Zerstörung rettete (z. B. die Soğuk Çeşme Sokak zwischen der Hagia Sophia und dem Topkapı-Palast, das Viertel um die Chora-Kirche/Kariye-Moschee), wiegen diese Argumente schwerer als der Vogel im Eingangstor.

Bleibt die Frage, woher dieser Vogel stammt, dessen byzantinischer Ursprung unzweifelhaft ist. Die Antwort ist möglicherweise einfacher als gedacht. So klar osmanisch der Große Basar ist, so byzantinisch ist seine Infrastruktur: Überall befinden sich Zisternen und Unterführungen aus der Zeit der *Basileis,* der oströmischen Kaiser ab dem 7. Jahrhundert. Der Cevahir Bedesteni wurde vermutlich dort errichtet, wo sich einst ein offener Markt oder ein zerstörter überdachter Markt befunden hatte, dessen Ornamentik von den Osmanen in gewisser Weise „recycelt" wurde. Es wäre nicht der erste Fall einer Wiederverwendung byzantinischer Bauelemente durch osmanische Bauherren, ähnlich wie sich in byzantinischen Monumenten unzählige Elemente römischer und hellenistischer Tempel finden.

DAS FLACHRELIEF AN DER ARNAVUT HAN

14

Die albanische Nation auf der Suche nach ihrem Alphabet

Karawanserei Arnavut Han (Arnavut Hanı), *Mesih Mehmet Paşa Sk. no:2 (Ecke Kürkçüler Pazarı Sk.), Mollafenari/Fatih*
Tram: Beyazıt oder Çemberlitaş. Weiter zwischen beiden Haltestellen über die Kürkçüler Pazarı Sk. am Großen Basar entlang Richtung Norden. Der Eingang zur Arnavut Han befindet sich in der zweiten Straße rechts.

Der schöne Giebel oberhalb des Haupteingangs der 1882 als Renditeobjekt errichteten Arnavut Han (*han* bezeichnet eine alte Karawanserei) zeigt deren Gründer: Zu sehen sind die beiden albanischen Brüder Lazar (Lazaros) Tanos und Manolis Tanos, umgeben von Schafen, gestützt auf eine Schreibschatulle. Vermutlich spielt diese Darstellung auf eine Tätigkeit im Viehhandel an. Die Brüder sind in typisch albanischer Tracht gekleidet. Ihr Name steht zweimal geschrieben: in griechischen ebenso wie in kyrillischen Buchstaben. Zum Zeitpunkt der Errichtung der Arnavut Han besaß die albanische Sprache kein einheitliches Alphabet; die Standardisierung erfolgte erst 1908 auf dem Kongress von Monastir (Bitola).

Im osmanischen Albanien waren mehrsprachige Inschriften in verschiedenen Alphabeten (osmanisch, griechisch, slawisch) auf öffentlichen Gebäuden oder Denkmälern verbreitet, um den Angehörigen der unterschiedlichen Ethnien des Landes das Verständnis zu erleichtern. Für die Istanbuler Öffentlichkeit sind an der Fassade der Arnavut Han

so neben griechischen und kyrillischen Inschriften auch deren osmanische und armenische Fassung sichtbar – wenngleich nicht zu entziffern.

Die ersten Versuche, ein Alphabet für die albanische Schriftsprache zu entwickeln, unternahm Şemseddin Sami (Frashëri) (1850–1904), osmanischer Linguist, Schriftsteller und Enzyklopädist albanischer Herkunft. Neben seinen linguistischen Arbeiten in albanischer Sprache verdanken wir ihm den ersten Roman in osmanischer Schrift (*Taaşşuk-ı Tal'at ve Fitnat,* 1872), die erste Enzyklopädie in türkischer Sprache (*Kamusu'l A'lam,* 1889–1898), das erste nach europäischen Standards verfasste türkische Wörterbuch (*Kamus-ı Türki,* 1901) sowie ein hervorragendes Wörterbuch Französisch–Türkisch (*Kamus-ı Fransevi,* 1905). Nach seinem Tod wurde Şemseddin Sami in Istanbul bestattet. Der albanische Politiker Enver Hoxha forderte die Übergabe seiner sterblichen Überreste. Für ihn war Sami ein Nationalheld.

Albanien, Istanbul, das Osmanische Reich und die Türkei

Albanien war mehr als vierhundert Jahre lang (1506–1912) Teil des Osmanischen Reichs. In dieser Zeit knüpfte das Land enge Bande mit der heutigen Türkei. Viele Türken sind trotz fehlender Kenntnisse ihrer Landessprache albanischer Herkunft.

Einige Beispiele: Der Sohn von Şemseddin Sami, Ali Sami Yen, ist Gründer des Fußballvereins Galatasaray Istanbul; König Zogu von Albanien besuchte das Galatasaray-Gymnasium; der Autor der türkischen Nationalhymne, Mehmet Akif Ersoy, ist väterlicherseits albanischer Abstammung.

Historisch betrachtet ging die Assimilation der muslimischen Albaner an die türkische Kultur reibungslos vonstatten. Die orthodoxen Christen unter den Albanern wurden schnell hellenisiert. Die hervorragende Konditorei Baylan in Kadıköy gilt als Erinnerungsort für die bürgerliche griechische Tradition der Stadt. Inhaber ist eine alte orthodoxe albanische Familie.

In der offiziellen griechischen Geschichtsschreibung werden die Helden der griechischen Revolution gern als Nachkommen Homers dargestellt, die sich gegen das türkische Joch auflehnten. Für andere waren diese Helden vielmehr alte albanisch-orthodoxe Familien, die kein Wort Griechisch sprachen. Die Truppen, die zur Niederwerfung der Aufständischen entsendet wurden, bestanden zudem hauptsächlich aus (muslimischen) Albanern, sodass es sich bei der Revolution in Wirklichkeit eher um einen Bürgerkrieg zwischen orthodoxen und muslimischen Albanern handelte.

DIE GEHEIMNISSE DER KARAWANSEREI BÜYÜK VALIDE HAN

5

Ein verborgenes Panorama, ein Turm und eine byzantinische Kuppel …

Karawanserei Büyük Valide Han (Büyük Valide Hanı),
Çakmakçılar Ykş. no:31, Mercan/Fatih
Tram: Beyazıt, Kapalıçarşı

Nur wenige Gebäude erzählen so viel über die Kulturenvielfalt und das Weltbürgertum Istanbuls wie die Karawanserei Büyük Valide Han: Sie beherbergt auch eine schiitische Moschee und einen byzantinischen Turm, der einer Favoritin des Sultans und dreifachen Regentin des Osmanischen Reichs griechisch-serbischer Abstammung als Schatzkammer für ihre virtuosen Palastintrigen diente.

Anfang des 17. Jahrhunderts ließ Kösem Mahpeyker Sultan, Favoritin von Sultan Ahmed I. und Mutter der Sultane Murad IV. und Ibrahim, die Karawanserei Büyük Valide Han (wörtl. „Große Herberge der Mutter“) zur Finanzierung ihrer wohltätigen Stiftungen errichten.

Der Komplex besteht aus drei hintereinander angeordneten Innenhöfen. Die Eingangstür öffnet sich auf einen kleinen dreieckigen Hof, von dem aus eine zweite Tür Zugang zum Haupthof bietet, in dessen Zentrum eine schiitische Moschee steht. Die Karawanserei war nicht nur ein Ort des Handels, sondern diente zugleich Händlern aller Religionen und Glaubensrichtungen als Gasthof. Schließlich ließen sich Iraner in der Karawanserei dauerhaft nieder und richteten dort sogar eine Druckerei ein,

die von der Hohen Pforte verbotene Bücher und Korane veröffentlichte, bevor die religiöse Führung der Osmanen deren Reproduktion mit anderen als handschriftlichen Mitteln erlaubte.

Im Obergeschoss erhält man auf Nachfrage bei einem der Ladenbesitzer den Schlüssel zur Treppe hinauf zum Kuppeldach, das (vorsichtig!) betreten werden kann. Der Blick über das Goldene Horn bis nach Galata, zum Bosporus und auf die asiatische Seite der Stadt ist atemberaubend. Ganz hinten links im zweiten Innenhof führt ein enger, dunkler Durchgang in einen dritten Hof, in dem ein 25 Meter hoher Turm steht. Dieser Turm existierte bereits vor der Karawanserei; in byzantinischer Zeit wurde er als Gefängnis genutzt. Einigen Historikern zufolge soll er Teil des von Kaiser Arcadius an der *Makros Embolos* (wörtl. „Langer Portikus", einer langen, beiderseits von Torbögen gesäumten Straße) erbauten Gerichts gewesen sein. Im obersten Stock liegt das Zimmer, in dem Kösem ihre Schätze aufbewahrte. Heute dient es einem Künstler als Atelier, der Ihnen gern die darüberliegende byzantinische Kuppel mit Rippengewölbe und osmanischen Fresken zeigen wird.

Eine Synagoge auf dem Dach (16)

Mahmutpaşa Ykş. no:209–217 (Ecke Fincancılar Ykş.), Mercan/Fatih

Die im 16. Jahrhundert errichtete Büyük Çorapçılar Han („Große Karawanserei der Sockenfabrikanten") weist, ähnlich wie die russischen Hospize von Karaköy (s. S. 189) eine überraschende Besonderheit auf: Auf ihrem Dach befindet sich eine Synagoge. Erbaut wurde das Gebäude von Piyale Paşa, Admiral der osmanischen Marine unter Süleyman dem Prächtigen und Selim II., dessen Tochter er zur Frau nahm. In der Schlacht bei Mohács (1526) wurde der aus dem Gebiet des heutigen Kroatiens stammende Piyale Paşa gefangen genommen. Nach seiner Rekrutierung durch den Palast stieg er schnell in der militärischen Hierarchie auf und war von 1553 bis 1567 Admiral. Wie viele osmanische Staatsmänner ließ auch er Gebäude errichten, deren Einkünfte wohltätigen Zwecken zuflossen.

Heute befinden sich hier anstelle von Sockenfabrikanten Bekleidungsgeschäfte aller Art und Ausstatter für die Henna-Nacht. Eine Metalltür im ersten Stock führt in die Synagoge. Diese soll 1880 von russischen Juden mithilfe einer großzügigen Spende von Isaac de Camondo eingerichtet worden sein. Andere Quellen geben hingegen an, dass nach der Oktoberrevolution in die Türkei emigrierte russische Juden zwei Geschäfte im ersten Stock gekauft und für die Synagoge zusammengelegt haben sollen. Das Innere weist keine sehenswerten Besonderheiten auf.

DAS MAUSOLEUM VON BABA CAFER

⑰

Zwei heilige Muslime in der Gruft eines byzantinisch-osmanischen Gefängnisses

Baba-Cafer-Mausoleum (Baba Cafer Türbesi), *Ragıp Gümüşpala Cad no:28 (im Cafer-Baba-Turm* [Cafer Baba Kulesi] *neben der Zindan Han in Richtung Goldenes Horn)*
Eminönü, Sarıdemir/Fatih
Theoretisch täglich 10–19 Uhr
Tram: Eminönü

Hinter dem Steinturm neben der Zindan Han führt eine Glastür in eine weiß gekalkte Gewölbegruft. In dem schummrigen Halbdunkel dieses früheren osmanischen Gefängnisses von Baba Cafer ruhen zwei in Vergessenheit geratene Heilige, um die sich eine erstaunliche Legende rankt: ein nach Byzanz entsandter abbasidischer Botschafter, Namensgeber des Orts, und Ali Baba, sein zum Islam konvertierter byzantinischer Kerkermeister. Die um die Gräber angebrachten Eisengeländer und die Seilwinde des Brunnens (beides, wie es der Volksglaube will, in Dunkelgrün gestrichen) stammen aus später osmanischer Zeit, der Raum selbst aus dem Mittelalter.

Im 9. Jahrhundert entsandte der abbasidische Kalif Harun ar-Raschid (reg. 786–809) zwei Botschafter in das Reich des byzantinischen Kaisers Nikephoros I. (reg. 802–811). Einer von ihnen trug den Namen Cafer und stammte von Hussein, Sohn von Ali, dem Schwiegersohn und Vetter des Propheten Mohammed, ab. Während ihrer Mission kam es zwischen den

Byzantinern und den Mitgliedern der muslimischen Kolonie Konstantinopels zu blutigen Auseinandersetzungen. Den muslimischen Opfern wurde das Begräbnis verwehrt, die Leichen begannen, auf den Straßen zu verwesen. Voller Zorn sprach Cafer beim Kaiser vor – und landete im Kerker eines Turms am Goldenen Horn. Dem anderen Botschafter, Scheich Maksud, gelang es, den Kaiser zu überreden, den Toten ein würdiges Begräbnis zu gewähren. Cafer jedoch vermochte er nicht zu retten – der wurde in seiner Zelle vergiftet und starb. Während seiner Inhaftierung soll Cafer mehrere Wunder vollbracht haben, in deren Folge sein Kerkermeister zum Islam konvertierte. Er nahm den Namen Ali an, durchlitt ein Martyrium und wurde an der Seite von Cafer beigesetzt.

Bei der Eroberung Konstantinopels entdeckte Scheich Abdurrauf Samedani, der mit seinen Truppen auf dieser Seite in die Stadt einzog, das Grab von Cafer, erklärte sich zu dessen Nachfahren und wurde zu seinem Wächter.

Das byzantinische Gefängnis wurde weiterbetrieben. Sein Tor erhielt zunächst den Namen *Bab-ı Cafer* (das Tor von Cafer), woraus mit den Jahren *Baba Cafer* (Vater Cafer) wurde. Sein Nachbar bekam den Namen Ali Baba. Der Erde dieser vor allem von Schwangeren besuchten Gräber wurde eine therapeutische Wirkung nachgesagt. Ein Schluck Wasser aus dem Brunnen in der Zelle vervollständigte das Ritual. Die Tatsache, dass in einem Gefängnis in der türkischen Stadt Kütahya ein weiterer Baba Cafer ruht und es andere Heilige in Verbindung mit Gefängnissen, Kerkern und Zellen gibt, lässt auf einen verbreiteten Glauben an gefangene Heilige schließen.

Die Aufsicht über das Gefängnis von Baba Cafer wurde schließlich den Janitscharen übertragen, die diese schon bald für sich zu nutzen wussten. Die Versorgung des Gefängnisses war nämlich der Barmherzigkeit der Istanbuler überlassen, die regelmäßig kamen und Lebensmittel, Kleidung und Almosen brachten. Die Janitscharen begannen, für die Aushändigung der Gaben an die Häftlinge „Provisionen" zu erpressen. Schmiergeld wurde so zur wichtigsten Währung, um den Insassen die Haftbedingungen zu erleichtern. 1622 ließen die Janitscharen zur Feier der Thronbesteigung des neuen Sultans alle Gefangenen frei. Nach Auflösung des Janitscharenkorps 1826 wurde das Gefängnis von Baba Cafer zu einer Haftanstalt für Prostituierte und später zu einem Wachturm. Im 19. Jahrhundert wurde der Bau um einen Gebäudeteil in europäischem Stil erweitert, doch der Gefängnisturm neben dem Grab von Baba Cafer steht noch heute.

Seit seiner Sanierung ist das Gefängnis von Baba Cafer heute ein Investorenprojekt und beherbergt als Zindan Han einen Juwelier, einen Souvenirshop und ein Restaurant.

DAS EISENBAHNMUSEUM

Auf der Suche nach der verlorenen Zeit …

Eisenbahnmuseum (İstanbul Demiryolu Müzesi), *Bahnhof Sirkeci* (Sirkeci Garı), *nach dem Eingang links. Ankara Cad., Hocapaşa/Fatih*
Kostenlose Besichtigung Dienstag bis Samstag 9–17 Uhr
Tram und Metro: Sirkeci

Mitten im Istanbuler Bahnhof Sirkeci, Ankunftsort des sagenumwobenen Orient Express, zeigt das kleine Eisenbahnmuseum eine Sammlung, die die Herzen von Nostalgikern des Goldenen Zeitalters der Eisenbahn höher schlagen lässt: die Lok eines Vorortzugs, in der man am Handrad lenken kann, verschiedene Modellanlagen, einer der österreichischen Öfen, die einst den Wartesaal wärmten, alte Uniformen, Hüte, Uhren, Fahnen und Signalinstrumente, von den Eisenbahnern genutzte Telegrafiegeräte, Silberwaren und Besteck aus den Speisewagen …

Anschließend empfiehlt sich ein Besuch nebenan im Orient Express Restaurant, das einen mit alten Fotografien in vergangene Zeiten zurückversetzt. Restaurant 11:30–24 Uhr, Bistro 7:30–23 Uhr.

„Falls nötig, führt ihr sie sogar über meinen Rücken!"

Im Jahr 1850 wurde im Osmanischen Reich zum Zeichen der Modernisierungsbemühungen mit dem Bau der Eisenbahn begonnen. Der Bahnhof Sirkeci sollte europäische Besucher mit seiner Pracht in sprachloses Staunen versetzen. Der deutsche Architekt August Jasmund, der das Gebäude 1890 vollendete, scheute keine Kosten und Mühen, um dem Bahnhof das Antlitz eines orientalischen Palasts zu verleihen: ein Portal im seldschukischen Stil, osmanische Fenster, Granit aus verschiedenen Steinbrüchen Europas, Quadersteine aus Marseille, österreichische Öfen für die Wartesäle …
Errichtet wurde der prachtvolle Bahnhof an einem Ort, an dem bereits ein erster einfacher Bahnhof stand, in dem unter dem leidenschaftlichen Eisenbahnliebhaber Sultan Abdülaziz (reg. 1861–1876) eine Strecke endete. Der Legende nach soll dieser den Ingenieuren, die ihn um Erlaubnis baten, die Strecke von Sirkeci durch die Gärten des Topkapı-Palasts führen zu dürfen, geantwortet haben: „Falls nötig, führt ihr sie sogar über meinen Rücken!" So verlief die Strecke durch die Gärten, und alte byzantinische und osmanische Pavillons wurden ihrem Bau geopfert.

GRAFFITIS DER JANITSCHAREN ⑲

Die mafiösen Drohungen der Janitscharen

Neue Moschee (Yeni Cami), *Yeni Cami Cad. no:3/Eminönü-Platz* (Eminönü Meydanı), *Rüstempaşa/Fatih*
Besichtigung vom Morgengebet bis zum Abendgebet. Bekunden Sie Ihr Interesse oder versuchen Sie, mit dem Wachmann zu „verhandeln".
Tram: Eminönü, Metro: Sirkeci

An der Treppe, die (unter den drei winzigen östlichen Kuppeln hindurch) zu dem Balkon in der Kuppel der Neuen Moschee hinaufführt, befinden sich neben der Eingangstür zur Kuppel rätselhafte Graffitis, die im 17. und 18. Jahrhundert von den Janitscharen der 56. Kompanie in die Wand geritzt wurden. Zu erkennen sind vor allem Karaffen und Schiffe. Die Darstellungen vermittelten all jenen, die sie verstehen konnten (und sollten), deutliche Botschaften. So verweist die Galeere als Zeichen der 56. Kompanie (die als Ausrüster der Arkebusiere der Kriegsflotte fungierte) Experten zufolge darauf, dass das Gebiet ihrer Kontrolle unterstand und sich alle ihrer Autorität zu unterwerfen hatten. Die Karaffen (bei denen es sich in Wahrheit um Ölkännchen handelt) stehen für das Monopol auf den Ölverkauf für die Lampen dieser Moschee und sind durchaus als Warnung an mögliche Konkurrenten zu verstehen.

Nach dem Ende ihrer militärischen Glanzzeit hatten die Janitscharen die Stadt mit einem mafiösen Handelsnetz überzogen, in dem verschiedene Kompanien ihre jeweiligen Machtbereiche hatten (s. S. 52). Der Kommandant der 56. Kompanie, zu deren Aufgaben unter anderem die maritime Zollverwaltung der Ahi-Çelebi-Moschee

zählte, hatte sich neben der Neuen Moschee (1597–1665) niedergelassen und erpresste von dort aus im ganzen Viertel und in den Bordellen der „Straße, die die Engel meiden" (s. unten) Schutzgelder.

„Die Straße, die die Engel meiden"

Anfang des 19. Jahrhunderts war die Melekgirmez Sokak hinter der Istanbuler Handelskammer *(Istanbul Ticaret Odası)* zentraler Schauplatz der Ausschweifungen der Janitscharen. Hier betrieben sie Bordelle und hielten die von ihnen entführten Frauen gewaltsam fest. Ihr schrecklicher Ruf als Sündenpfuhl brachte der Straße den Namen *Melekgirmez Sokak* ein – die „Straße, die die Engel meiden". Die Straße war gesäumt mit sogenannten *bekâr odaları* (Junggesellenzimmern), in denen die Janitscharen ihre Zeit außerhalb der Kasernen in der Stadt verbrachten: Die 56. Kompanie der Janitscharen beherrschte in dieser Straße das Feld.

Lange vor der blutigen Niederschlagung der Janitscharen 1826 nutzte Sultan Mahmud II. eine Pestepidemie als Vorwand, um die Häuser des Viertels abreißen und 1813 die *Hidayet Camii* (die „Moschee des rechten Weges") errichten zu lassen. Der Erzählung nach sollen bei den Bauarbeiten für die Moschee zahlreiche Frauenskelette gefunden worden sein.

Die ursprüngliche Holzmoschee wurde 1887 unter Abdülhamid II. durch den heutigen Steinbau ersetzt. Sie liegt an der Kreuzung Yalı Köşkü Caddesi/Şeyhülislam Hayri Efendi Caddesi. Architekt war der in Istanbul geborene Franzose Alexandre Vallaury, der durch seinen ganz eigenen maurisch-ägyptischen Stil berühmt wurde.

Die Janitscharen

Die Janitscharen (türk. *yeniçeri* = neue Miliz) waren im Osmanischen Reich eine Elitetruppe der Armee, die ihre Gegner in Angst und Schrecken versetzte. Nach Auffassung des berühmten österreichischen Historikers Joseph von Hammer-Purgstall war ihre Erfindung „tausendmal verheerender als die des Schießpulvers".

Um 1360 erließ Murat I., dritter osmanischer Herrscher, das Pencik-Gesetz (wörtl. „Gesetz des Fünftels"), das vorsah, dass einer von fünf Kriegsgefangenen als Sklave in der Armee dienen musste. Nach ihrer Gefangennahme verbrachten diese Männer einige Jahre in muslimischen Familien in Anatolien, um sich mit der türkischen und muslimischen Kultur vertraut zu machen. Anschließend kamen sie in eine „Acemi-Kaserne" (*acemi* = Rekrut, Neuling) in Gallipoli (südlich von Istanbul am Ausgang der Dardanellen), wo sie eine militärische Grundausbildung erhielten und zu Janitscharen wurden. Die Janitscharen zeichneten sich vor allem im Einsatz der Arkebuse (einer Feuerwaffe) aus, die in Feldschlachten wie in Mohács 1526 eine entscheidende Rolle spielte: Unter ihrer Deckung brachte die osmanische Artillerie der ungarischen Armee eine vernichtende Niederlage bei. Die Janitscharen erwarben hohes Ansehen als Kriegsherren, das sie mehrere Jahrhunderte stolz vor sich hertrugen. Entgegen den Regeln des islamischen Glaubens durften Janitscharen nicht heiraten. Erst unter Selim I. Anfang des 16. Jahrhunderts wurde ihnen das Recht auf Eheschließung im Altersruhestand zugesprochen. Von diesem neuen Recht machten sie denn auch Gebrauch, sodass sich die Kasernen nach und nach mit den Söhnen von Janitscharen füllten. So verkam der Orden immer mehr zu einer Art Mafia, in der jeder mittels Schmiergeld mitmachen konnte (zeitweilig umfasste er bis zu 45.000 Mitglieder ohne kriegerischen Nutzen).

Auch zahlreiche Cafés der Stadt gehen auf die Janitscharen zurück. Dieser Umstand verlieh ihnen beträchtliche Kontrolle über das gesellschaftliche und wirtschaftliche Leben: Sie begannen, nicht mehr nur beim Feind Schrecken zu verbreiten, sondern in ganz Istanbul, selbst beim Sultan. Bei ihren zahlreichen Revolten stürzten sie mehr als nur einen der Herrscher; Osman II. wurde gar von Janitscharen ermordet.

Es bedurfte mehr als eines Jahrhunderts, bis ein Sultan es wagte, dieses Korps, das das politische, gesellschaftliche und militärische Leben im Osmanischen Reich vergiftete, zu zerschlagen. Mahmud II. gelang es 1826 mit Unterstützung des Volks und der Ulama (der Rechtsgelehrten), die Janitscharen mit der von ihm

persönlich nach europäischem Vorbild aufgebauten Artillerie in ihren Kasernen zu vernichten. Die Überlebenden dieser in der osmanischen Geschichtsschreibung als *Vaka-i Hayriye* („wohltätiges Ereignis") bezeichneten Operation wurden hingerichtet. Jegliche Erinnerung an sie wurde in die untersten Schubladen verbannt. Die Nutzung von Titeln oder Redensarten der Janitscharen wurde verboten, ihre Quartiere abgerissen und die von ihnen frequentierten Hammams als Orte des Sittenverfalls aufgelöst. Der Sultan instrumentalisierte gar eine Geschichte von Rückkehrern aus Tarnowo (im heutigen Bulgarien), um die Janitscharen des Vampirismus zu beschuldigen (s. S. 201).

Der Janitscharen-Orden bestand aus Kompanien *(orta)* mit je einem eigenen Symbol. Alle Janitscharen ließen sich das Symbol ihrer *orta* eintätowieren, das auch auf Dokumenten, Siegeln, Standarten, Waffen, Pulverfässern, Zelten und Utensilien wie Geschirr und Laternen sowie, nach der „Professionalisierung" des Ordens, in Cafés und anderen von den Janitscharen geführten Einrichtungen zu finden war. Nach Auflösung der Janitscharen ließ Mahmud II. alle an Gebäuden und Gräbern angebrachten Zeichen (darunter auch die traditionelle Kopfbedeckung *börk*) entfernen, wenngleich einige von ihnen die Zeit überdauert haben. Der Legende nach geht der Janitscharen-Orden auf den Mystiker Hadschi Bektasch Wali (*Hacı Bektaş-ı Veli,* 1209–1271) zurück, der rund ein Jahrhundert vor der Gründung der Janitscharen lebte und als Begründer des Bektaschismus gilt. Der tolerante muslimische Bektaşi-Orden mit schamanischem Hintergrund kam den Janitscharen, ebenso wie vielen anderen Gemeinschaften, die unversehens zum Islam konvertieren mussten und mit der Strenge der sunnitischen Doktrin zu kämpfen hatten, sehr entgegen. Die Auflösung der Janitscharen läutete zugleich das Ende des Bektaschismus ein. Mahmud II. ließ die religiösen Väter der Bektaşi-Bruderschaft in den Kasernen hinrichten und ihre Konvents schließen.

DAS GEWEIHTE WASSER DES HEILIGEN THERAPON

20

Ein heiliger Quell aus den Mauern des Topkapı-Palasts

St.-Therapon-Kirche (Agiou Therapontos), *Alemdar Cad. no:32, Cankurtaran/ Fatih (Das Gebäude steht gegenüber der Tram-Haltestelle an der Mauer des Topkapı-Palasts; Kirche mit Agiasma [s. S. 241] befindet sich im Untergeschoss) Tram: Gülhane*

Mit dem in griechischer Schrift im Marmor verewigten Palindrom erinnert der Heilige dieses fein gearbeiteten Brunnens den Besucher – vorwärts wie rückwärts gelesen – daran, nicht nur sein Gesicht, sondern auch seine Seele von Sünden reinzuwaschen: Νίψον ἀνομήματα, μὴ μόναν ὄψιν (*Nípson anomímata mi mónan ópsin* „Wasche deine Sünden, nicht nur dein Gesicht").

Der Brunnen selbst stammt aus der Zeit der Republik (1931) und wurde mithilfe von Spenden der griechischen Gemeinschaft unter dem Patriarchat von Photios II. errichtet. Passend zu den Wundern des heiligen Therapon und zu dessen Namen soll das Wasser aus diesem Agiasma therapeutische Eigenschaften haben.

Das Gebäude stammt aus dem 19. Jahrhundert. Die Legende des heiligen Therapon hingegen ist viel älter. Geboren um das Jahr 500, soll er als Bischof auf Zypern wundersame Heilungen vollbracht haben. Seine Reliquien wurden in einem Kloster aufbewahrt, das sich nahe dem Agiasma in den heutigen Gärten des Topkapı-Palasts befand und heute nicht mehr existiert. Unter der Herrschaft von Sultan Abdülmecid (reg. 1839–1861) trat aus den Palastmauern ein Quell hervor. Schon bald wurden die in der Stadt lebenden Griechen auf das Wunder des heiligen Therapon aufmerksam, auch wenn andere Stimmen das Ereignis auf einen Wasserschaden bei Reparaturarbeiten an der 1500 Jahre alten Zisterne Cisterna Basilica *(Yerebatan Sarnıçı)* in der Nähe zurückführten. Der Sultan gab dem Flehen der griechischen Gemeinschaft schließlich nach und genehmigte den Bau der Kirche an den Mauern seines Palasts.

DAS MUSEUM DES GYMNASIUMS IN CAĞALOĞLU ㉑

Ein Museum in einem Tresorraum

Istanbuler Jungengymnasium (İstanbul Erkek Lisesi), *Türkocağı Cad. no:4, Cağaloğlu, Hobyar/Fatih*
Besichtigung wochentags 9–17 Uhr
Anmeldung: 0212 514 1570
Tram: Gülhane oder Sultanahmet

Das deutsch-türkische Istanbuler Jungengymnasium (*İstanbul Erkek Lisesi),* das seit mehreren Jahrzehnten auch Mädchen aufnimmt, befindet sich seit 1933 an seinem heutigen Standort, dem früheren Sitz der „Osmanischen Staatsschuldenverwaltung“ (s. rechts).

Nach vorheriger Terminvereinbarung ist ein Besuch des Gymnasiums unter dem Vorwand möglich, das kleine Museum besichtigen zu wollen, das in dem von der Berliner Panzer AG angelegten früheren Tresorraum untergebracht ist. Zu sehen sind eine alte Löschwasserpumpe, verschiedene Exponate über die Pfadfinderbewegung, zu deren Pionieren das Gymnasium zählte, sowie persönliche Gegenstände von Schülern, die als Freiwillige im Ersten Weltkrieg fielen.

100 Jahre für die Rückzahlung der Schulden des Osmanischen Reichs

Seine ersten Auslandsschulden nahm das Osmanische Reich 1854 zur Finanzierung des Krimkriegs auf. In der Folge wurde diese Schuldenpolitik fortgeführt, um den Bau der Eisenbahn sowie den von Häfen oder neuen Palästen, die dem europäischen Protokoll genügten, voranzutreiben. Nach dem Russisch-Osmanischen Krieg (1877/78) fiel das Reich in eine tiefe Krise, die sich auch in der Finanzverwaltung offenbarte. 1879 schließlich erklärte sich das Reich nicht mehr in der Lage, seine Schulden zu begleichen, und überließ seinen Gläubigern für einen Zeitraum von zehn Jahren die Einnahmen aus Stempelmarken sowie die Steuern auf Tabak, Salz, Alkohol, Fisch und Seide. In einem Dekret wurde dieses Vorgehen 1881 festgeschrieben. Bei der im Zuge dessen gegründeten *Dette Publique Ottomane* handelte es sich um eine Art Privatgesellschaft mit einem Verwaltungsrat aus Vertretern englischer, holländischer, französischer, deutscher, österreichischer und italienischer Gläubiger sowie der Ottomanischen Bank und der Bankiers von Galata. Sitz der Verwaltung war bis zur Fertigstellung des heutigen Gebäudes des Architekten Vallaury (1897) das Haus Celal Bey Han.

Während der Vorbereitungen zum Vertrag von Lausanne (1923), der als „Geburtsurkunde" der Türkischen Republik gilt, erwies sich die Schuldenverteilung als eine der umstrittensten Fragen. Schließlich einigte man sich und die Schulden wurden unter der Türkei und den nach den Balkankriegen (1912/13) und dem Ersten Weltkrieg vom Osmanischen Reich abgetrennten Staaten aufgeteilt. Die Türkische Republik schloss ihre Zahlungen 1954 ab, exakt einhundert Jahre nach Aufnahme der ersten Schulden durch das Osmanische Reich.

DIE MAUER DES SEPTIMIUS SEVERUS

(22)

Überreste der Stadtmauer eines römischen Kaisers vor der Reichsteilung

Bab-ı Ali Cad. no:13
Cağaloğlu, Mollafenari/Fatih
Tram: Sultanahmet

Geht man unterhalb des Anatolischen Gymnasiums Cağaloğlu *(Cağaloğlu Anadolu Lisesi)* die Bab-ı Ali Caddesi entlang, kann man die lange Steinmauer nicht verfehlen, die die Straße hier über rund einhundert Meter säumt. Was kaum ein Passant weiß: Die Mauer ist eines der wenigen Relikte aus der Zeit vor der Gründung Konstantinopels.

Im Jahr 196 nahm Kaiser Septimius Severus (reg. 193–211) die Stadt Byzantion ein, eine kleinere Siedlung von etwa 20.000 Einwohnern unter dem Kommando von Pescennius Niger, einem Legaten aus Syrien, der 193 von seinen Anhängern zum Gegenkaiser ausgerufen worden war. Aus Wut darüber, dass Byzantion einer dreijährigen Belagerung stand-

gehalten hatte, ließ Severus die Stadt dem Erdboden gleichmachen und die Stadtmauern abreißen. Auf Fürsprache seines Sohnes Caracalla baute er die Stadt wieder auf und benannte sie in Augusta Antonina um.

Das alte Byzantion verfügte bereits über eine erste Mauer aus dem Jahr 657 v. Chr., die vor allem die Akropolis der Stadt schützte. Diese lag in etwa auf dem Hügel, auf dem sich heute der Topkapı-Palast befindet (die Westmauer des Topkapı-Palasts folgt vermutlich der Linienführung der ersten Stadtmauer Byzantions). Septimius Severus, der um die strategische Lage der Stadt wusste, ließ eine neue Mauer errichten, wodurch sich die Fläche der Stadt deutlich vergrößerte; diese Mauer führte in etwa von der Neuen Moschee *(Yeni Cami)* in Richtung Süden.

Das Einzige, was von ihr heute noch übrig ist, ist vermutlich dieses Stück – wenngleich einige Historiker anderer Meinung sind und diese Mauer eher für den Teil einer großen Zisterne oder die Erweiterung der alten Stadtmauer von Byzantion halten. Ihrer Hypothese nach wäre die Mauer des Septimius Severus schlicht derselben Linie gefolgt wie jene Mauer, die der Kaiser zuvor hatte einreißen lassen.

Die dritte Mauer wurde von Konstantin dem Großen (reg. 324–337) errichtet, die vierte und letzte von Theodosius II. (reg. 408–450).

DER STREIT UM DEN SCHWARZEN STEIN AUS MEKKA

23

Teile der Kaaba in Istanbul

Sokollu-Mehmed-Paşa-Moschee (Sokullu Mehmet Paşa Camii)
Şehit Mehmetpaşa Ykş. no:20–24, Kadırga
Küçükayasofya/Fatih
Zugang auch über die Su Terazisi Sk.
Tram: Sultanahmet

Die Sokollu-Moschee, nur wenige Schritte von der Sultan-Ahmed-Moschee (oder Blauen Moschee) entfernt, ist ein unscheinbares Meisterwerk des Architekten Sinan, die eine in der muslimischen Welt einzigartige Besonderheit aufweist: Unterhalb der Eingangstür, auf dem Mihrab (der in Richtung Mekka ausgerichteten Gebetsnische), auf dem Minbar (der Kanzel) und unter dem Baldachin des Minbar befinden sich vier Teile des Schwarzen Steins der Kaaba (arab. *al-Hadschar al-Aswad*, türk. *Hacerü'l-Esved*) in Mekka.

Der Schwarze Stein ist ein Kultstein mit einem Durchmesser von 30 Zentimetern, der in 1,5 Metern Höhe an der südöstlichen Ecke der Kaaba eingemauert ist, einem quaderförmigen Bau im Innenhof der Heiligen Moschee in Mekka. Dieser Stein soll durch den Propheten Abraham an seinen Platz gelegt worden sein. Der Legende nach war der Stein ursprünglich weiß und färbte sich nach der Sintflut über das durch die Sünden der Menschheit verschmutzte Wasser schwarz.

Im Jahr 605 wurde die Kaaba bei einem Brand beschädigt; durch die Hitze barst der Schwarze Stein. Nach dem Wiederaufbau entbrannte zwischen den Stammesführern in Mekka ein Streit darüber, wem die Ehre zuteilwerden sollte, den Schwarzen Stein wieder anzubringen. Schließlich gelang es dem jungen Mohammed, der, damals noch kein Prophet, bereits das Vertrauen der Menschen gewonnen hatte, den Streit zu schlichten: Er legte den Schwarzen Stein auf ein großes Tuch, das alle gemeinsam hielten, um so den Stein wieder an seinen Platz zu legen. Mit Aufkommen des Islam im frühen 7. Jahrhundert wurde der Schwarze Stein zu Ehren des Propheten Abraham und im Gedenken an das kluge Handeln des Propheten Mohammed aufbewahrt, der den Stein zum Zeichen seiner Unterwerfung unter den göttlichen Willen geküsst haben soll. Noch heute ist das Küssen des Steins durch die Pilger Teil der rituellen Verehrung des Steins.

Nach Eroberung der Heiligen Stätten des Islam im Jahr 1517 fanden die Osmanen die Kaaba in renovierungsbedürftigem Zustand vor. In der zweiten Hälfte des 16. Jahrhunderts wurden die Mauern Stück für Stück verstärkt und der Bau saniert. Im Zuge dessen gelangten Stücke des Schwarzen Steins, die sich von selbst gelöst hatten, nach Istanbul, wo sie an verschiedenen Stellen in der Sokollu-Mehmed-Paşa-Moschee eingesetzt wurden. Heute können türkische Pilger, denen es in Mekka aufgrund der großen Menschenmassen nicht gelungen ist, den Schwarzen Stein zu berühren, ihr Ritual in dieser Moschee vollenden.

Ein weiteres Stück des Schwarzen Steins befindet sich am Mausoleum von Süleyman dem Prächtigen auf dem Friedhof der Süleymaniye-Moschee (s. S. 21).

DAS BYZANTINISCHE MILION 

Das Zentrum Konstantinopels und der Welt

Millennium-Stein (Milyon Taşı), *Divan Yolu Cad. no:2, Alemdar/Fatih*
Beim Sultan-Ahmed-Platz, Ecke der Cisterna Basilica (Yerebatan Sarnıçı)
Tram: Sultanahmet

In der nördlichen Ecke des Sultan-Ahmed-Platzes *(Sultanahmet Meydanı),* ragt auf der Divan Yolu Caddesi, der Straße gegenüber dem Eingang zur Hagia Sophia, aus einer gemauerten Vertiefung eine rätselhafte steinerne Stele auf. Es handelt sich hierbei um ein Überbleibsel des Milions (s. unten), das in byzantinischer Zeit Ausgangspunkt für die Messung aller Entfernungen des Reichs war.

Das Milion existierte noch, als die Osmanen die Stadt eroberten, verschwand jedoch irgendwann und wurde erst bei Ausgrabungen im Jahr 1957 wiederentdeckt. Der kurz nach der Gründung Konstantinopels (im Jahr 324) durch Konstantin den Großen errichtete Kuppelbau mit vier Säulen war vom *Milliarium Aureum* in Rom inspiriert.

Manche Historiker glauben, das byzantinische Milion diente ursprünglich auch als Tempel zu Ehren von Tyche, griechische Göttin des Glücks und Schutzgöttin der Stadt. Ein solcher Polytheismus ist angesichts des religiösen Pluralismus, der in der neuen Hauptstadt des Reichs mit ihren unzähligen heidnischen Tempeln und mindestens ebenso vielen Kirchen herrschte, kaum verwunderlich. Konstantin selbst ließ sich erst auf dem Sterbebett taufen. Das Milion wurde in der Folge mit christlichen Abbildungen und Symbolen verziert.

Ebenfalls erst später wurden kaiserliche Zeremonien unter der Kuppel des Milions abgehalten, das nicht nur das Zentrum der Stadt markierte, sondern auch das Zentrum der Welt: Die gesamte bewohnte Welt (griech. *oikoumene*) gehörte zu jenem Reich, dessen Hauptstadt gern auch als Königin der Städte oder königliche Hauptstadt (*Vassilevoussa*) bezeichnet wurde. (Gemessen wurde in byzantinischen Meilen; 1 byzantinische Meile entsprach etwa 1.480 Metern.)

Zudem markierte das Milion den Beginn der *Mese* (altgr. Μέσος *[mésos]* = „die Mitte"), der Mittelstraße, die durch die Stadt zum Goldenen Tor *(Porta Aurea)* der Theodosianischen Mauer und von dort aus als Via Egnatia – eine im 2. Jahrhundert v. Chr. erbaute römische Straße, die durch die Provinzen Thrakien, Mazedonien und Illyrien bis nach Dyrrhachium an der Adria verlief – weiterführte.

Die Herkunft des Begriffs „Milion"

Der Begriff „Milion" geht auf das *Milliarium Aureum* („goldener Meilenstein") zurück, eine vergoldete Säule, die Kaiser Augustus auf dem Forum Romanum als Ausgangspunkt für die wichtigsten Straßen hatte errichten lassen. Die Meilensteine entlang der Römerstraßen wurden aufgrund ihres Abstands von 1.000 Doppelschritten (lat. *mille passus*) als „Miliaria" bezeichnet. Das Milliarium Aureum markierte das Zentrum, von dem aus die Entfernungen in römischen Meilen gemessen wurden.

RELIKTE DER TRIBÜNEN DER ALTEN PFERDERENNBAHN

(25)

Die letzte Steinbank aus dem Hippodrom des antiken Konstantinopel

Hof der Sultan-Ahmed-Moschee (Sultanahmet Camii), *rechts neben dem Haupttor, Sultan-Ahmed-Platz* (Sultanahmet Meydanı), *Binbirdirek/Fatih*
Tram: Sultanahmet

Im äußeren Hof der Sultan-Ahmed-Moschee (oder Blauen Moschee) fällt nur wenigen Besuchern die unauffällige weiße Steinbank auf, die gleich rechts neben dem Eingang steht. Und doch verdient sie durchaus

Beachtung: Sie ist das letzte Relikt des berühmten Hippodroms, in dem die Byzantiner die beliebten Wagenrennen verfolgen konnten.

Der Bau nach Vorbild des Circus Maximus in Rom wurde unter Septimius Severus (reg. 193–211) begonnen und unter Konstantin dem Großen (reg. 324–337) fertiggestellt. Das Hippodrom bildete den Mittelpunkt des gesellschaftlichen und politischen Lebens der Stadt: Die Kaiserloge (Kathisma) am heutigen Standort des Deutschen Brunnens grenzte unmittelbar an den Großen Palast an, der vom Hippodrom bis zum Meer hinunter reichte.

Zentrale Zirkusparteien waren die Rennställe der „Grünen" und der „Blauen", deren Rivalität sich auch unter den Anhängern zeigte, die unterschiedliche politische Positionen vertraten. Der Legende nach soll die Rivalität zwischen den beiden Istanbuler Fußballvereinen Fenerbahçe und Galatasaray ebenfalls auf diese beiden Parteien zurückgehen.

Als der Hof 1264 in den Blachernen-Palast umzog, traten von den Kreuzfahrern, die sich von 1204 bis 1261 in der Stadt aufhielten, inspirierte Ritterspiele an die Stelle der Wagenrennen.

Weitere Überreste des alten Hippodroms

Neben der weißen Steinbank, den Obelisken und der Schlangensäule in der Mitte der *spina* (Mittellinie) existiert mit der Sphendone, einer Art Stützmauer für die Südtribüne, noch ein weiteres, weniger bekanntes Relikt des Hippodroms. Einigen Historikern zufolge sollen die vier Pferdestatuen an der Loggia am Westportal des Markusdoms in Venedig, die der Doge Enrico Dandolo auf dem vierten Kreuzzug 1204 erbeutete, ursprünglich nicht wie allgemein anerkannt auf dem Kathisma (der Tribüne des Kaisers), sondern in den Arkaden der Sphendone gestanden haben.

ÜBERRESTE DES LEUCHTTURMS VON BUKOLEON

(26)

Relikt eines ausgeklügelten Spiegelsystems zur Übertragung von Leuchtsignalen aus Kilikien

Bukoleon-Palast (Bukoleon Sarayı), *Kennedy Cad. 40 (in der Nähe des Tors Çatladıkapı, zwischen Cankurtaran und Kumkapı), Küçükayasofya/Fatih*
Tram: Sultanahmet

Umgeben von Bewehrungen aus osmanischer Zeit bildete der viereckige Leuchtturm von Bukoleon den Schlusspunkt eines ausgeklügelten Spiegelsystems, das dazu diente, Leuchtsignale aus Kilikien, einer südlichen Provinz des Byzantinischen Reichs, zu übermitteln und Angriffe der Araber anzukündigen. Eine Kette aus acht Stationen soll eine Entfernung von fünfhundert Meilen überbrückt haben: die Burg Lulum bei Tarsus, der Berg Argaeus, Isamus, Aegilus sowie der Hügel Mamas, Cyrisus, Mocilus und der Hügel Aurentius (im heutigen Kayışdağı im asiatischen Teil von Istanbul). Den Abschluss bildete der Leuchtturm von Bukoleon. Das beeindruckende Signalsystem hatte lediglich

einen Nachteil: Es funktionierte nur bei gutem Wetter. Nachts oder an wolkenverhangenen Tagen musste auf weniger sichtbare und damit nicht so wirksame Feuersignale zurückgegriffen werden. Der Legende nach soll Kaiser Michael III. (reg. 842–867), genannt der Säufer, Warnsignale ignoriert haben, die ihn am Vorabend wichtiger Spiele im Circus erreichten, um nicht bei seinen Vergnügungen gestört zu werden.

Der Leuchtturm von Bukoleon, der heute als *Faros* bezeichnet wird, war Teil des gleichnamigen, von Theodosius II. (oströmischer Kaiser 408–450) errichteten Palasts. Der Name des Palasts stammt von dem Wort *bukolos* (altgr. „Rinderhirte") ab, was auf die Existenz eines heidnischen Heiligtums hinweist. Nach mittelalterlicher Etymologie geht der Name Bukoleon auf *bous kai leon* (altgr. „Rind und Löwe") zurück.

Im Hafen von Bukoleon vor dem Palast lagen die kaiserlichen Schiffe vor Anker. Er hatte nichts gemein mit dem kleinen Hafen, der heute hier existiert, sondern verschwand im 20. Jahrhundert unter der Kennedy Caddesi: Diese Küstenstraße wurde auf Land gebaut, das dem Meer durch Aufschüttung von Bauschutt aus städtebaulichen Maßnahmen abgerungen worden war, welche Istanbul in den 1950er-Jahren verwüsteten.

Die Partien des Palasts, die bis heute überdauert haben, sowie der Leuchtturm stammen vermutlich aus der Zeit von Theophilus (reg. 829–849). Ein russischer Pilger, der 1390 in die Stadt kam, sowie der Florentiner Kartograf Cristoforo Buondelmonti, der Konstantinopel im Jahr 1420 besuchte, berichten, dass der Turm bereits in Trümmern lag. Der ursprüngliche runde Leuchtturm wies um die Verglasungen, in deren Mitte das Leuchtfeuer brannte, vier Säulen auf. In einer hinter dem Leuchtturm gelegenen Kirche zu Ehren der Jungfrau Maria wurden wertvolle Reliquien aufbewahrt, darunter die Kleider, die Jesus am Tag seiner Kreuzigung getragen haben soll. Die Kirche wurde während des vierten Kreuzzugs 1204 geplündert.

DER BRUNNEN AM FOUR SEASONS HOTEL

27

Ein Brunnen ohne Auslass zum Gedenken an einen Märtyrer

Four Seasons Hotel Istanbul, Tevkifhane Sk. no:1
Sultanahmet/Fatih
Tram: Sultanahmet

Der Brunnen neben dem Haupteingang des luxuriösen Four Seasons Hotels mutet an wie ein klassischer osmanischer Brunnen (er datiert aus dem Jahr 1788). Interessantes Detail: Er hat keinen Wasserauslass. Dieser wurde nicht etwa gestohlen wie bei vielen anderen Brunnen der

Stadt – vielmehr war er nie vorhanden und nie geplant. Wer genauer hinsieht, stellt dann auch fest, dass die marmorne Rückwand keine Öffnung aufweist. Eine Inschrift hält folgende Erklärung bereit: Der Brunnen wurde zum Gedenken an die beinahe verdursteten Märtyrer in der Schlacht von Kerbela (im heutigen Irak) errichtet, einer Tragödie, die sich in Zeiten der Gründung des Islam abspielte.

Im Jahr 680 nach julianischem Kalender bzw. 61 der Hidschra wird Hussein, Sohn von Ali und Enkel des Propheten Mohammed, in der Schlacht von Kerbela von den Truppen des Umayyaden-Kalifen Yazid I. getötet. Dieses Ereignis markiert den Beginn des Schiitentums, dessen Anhänger alljährlich an Aschura, einem Feiertag, der in einigen Regionen eine Selbstgeißelung vorsieht, noch heute Husseins Tods gedenken.

Der Legende nach war Husseins Truppe in Kerbela einer langen, von Wassermangel geprägten Belagerung ausgesetzt. Dieser Durst soll Hussein schließlich dazu veranlasst haben, den Durchbruch zu wagen, der ihn zum Märtyrer machte.

Der hahn- und auf ewig wasserlose Brunnen des Four Seasons Hotels lädt Gläubige zum Gedenken an dieses Leid ein.

Die Bevölkerung der Türkei bekennt sich überwiegend zum sunnitischen Glauben. Sie ist den Schiiten (Abgrenzung zum arabischen Islam, starker persischer Einfluss zur Zeit der Seldschuken, Einfluss des auch sunnitischen Sufismus, der Ali und dessen Nachkommen aus esoterischen Gründen verehrt, usw.) jedoch wohlgesonnen und gedenkt der Tragödie von Kerbela am Feiertag Aschura mit Gebeten und einem gekochten Dessert namens Aschure. Dieses besteht aus Weizen, Trockenobst und für eine Süßspeise eher ungewöhnlichen Zutaten wie Bohnen und Kichererbsen.

IN DER UMGEBUNG

Relikte des Großen Palasts neben dem Hippodrom

Nördlicher Eingang: Café-Restaurant Palatium, Kutlugün Sk. no:31 (gegenüber dem Brunnen des Four Seasons Hotels, s. links)

Südlicher Eingang: Café-Restaurant Albura Kathisma, Akbıyık Cad. no:36–38

Das Palatium unterscheidet sich auf den ersten Blick kaum von den unzähligen anderen Restaurants in Sultanahmet. Über zwei gartenseitige Treppen gelangt man von hier aus jedoch in ein Labyrinth aus Gängen und Gewölben von beeindruckender Größe, bei denen es sich um Relikte des Großen Palasts neben dem Hippodrom handelt, der bis zur Eroberung der Stadt durch die Kreuzfahrer 1204 Sitz der byzantinischen Kaiser war (nach der byzantinischen Rückeroberung Konstantinopels 1261 residierten die Kaiser im Blachernen-Palast von Konstantin VII. Porphyrogenitus, dem „Purpurgeborenen“).

RUNENARTIGE INSCHRIFTEN AN DER HAGIA SOPHIA

28

Die selten erzählte Geschichte der Wikinger in Byzanz

Hagia Sophia (Ayasofya Camii)
Hagia-Sophia-Platz (Ayasofya Meydanı), *Sultanahmet/Fatih*
Täglich 9–17 Uhr (Winter) bzw. 9–19 Uhr (Sommer)
Letzter Einlass 1 Stunde vor Schließung
Tram: Sultanahmet

In der Hagia Sophia befinden sich an der Marmorbrüstung der Galerie der Frauen über dem Narthex einige nur schwer zu entziffernde, runenartige Inschriften. Einzig lesbar sind die Worte *„halvdan"* und *„are"*, die so viel bedeuten wie „halb-dänisch" und „Adler" Diese Inschriften in der Sprache und dem Alphabet der Wikinger zeugen von der nur wenig bekannten geschichtlichen Episode der Warägergarde der byzantinischen Kaiser.

Die ersten Wikinger kamen als Händler nach Konstantinopel: Die Byzantiner nannten sie Waräger, nach dem altisländischen Wort *Væringjar*, das auf das russische *Warjagi* (etwa: „Straßenhändler") zurückgeht. Russen und Wikinger lebten damals friedlich zusammen. Die Wikinger gelten vielen als Gründer des Russischen Reichs, und zur Erläuterung der Herkunft des Wortes „russisch" wurde sogar ein Wort aus dem Schwedischen herangezogen: *rossmen* – „Ruderer".

830 entsandte der Schwedenkönig Björn eine Botschaft zu Kaiser Theophilus. 950 beschrieb Kaiser Konstantin VII. Porphyrogenitus in seiner Schrift *De administrando imperio* die Handelsroute zwischen Skandinavien und dem Schwarzen Meer. Diese Route diente indes nicht nur dem Handel: Im Jahr 925 erreichte unter Romanos I. Lakapenos

eine ganze Wikingerflotte das Schwarze Meer und ging an den Ufern des Bosporus auf Beutezug. Um die furchtlosen nordischen Plünderer zurückzudrängen, sah sich die byzantinische Flotte zum Einsatz des „Griechischen Feuers", einer Brandwaffe, gezwungen.

Doch die Feindschaft endete in einer Zusammenarbeit: Als Bewunderer der kriegerischen Tugenden der Wikinger nahmen die Byzantiner diese um das Jahr 1000 in die kaiserliche Garde auf. Einheiten der Wikinger unterstützten das byzantinische Heer teilweise als Hilfstruppen. Diese waren im Ayios-Mamas-Palast (dem kaiserlichen Sommerpalast im heutigen Beşiktaş), in den Vororten der Stadt und, *intra muros,* nahe dem Palast von Konstantin VII. Porphyrogenitus stationiert. Warägische Söldner kämpften 1071 unter dem Kommando von Romanos IV. Diogenes in der dramatischen Schlacht bei Manzikert (heute Malazgirt) nördlich des Vansees, in der die Seldschuken die byzantinischen Truppen vernichteten und wo die türkische Ansiedlung in Anatolien eingeleitet wurde. Kaiser Alexios III. entsandte daraufhin Botschaften an die drei skandinavischen Könige, in denen er sie um Krieger für seine Warägergarde bat. Diese standen dem byzantinischen Kaiser 1204 im vierten Kreuzzug, der mit der Eroberung und Plünderung Konstantinopels durch die Kreuzfahrer endete, tapfer zur Seite. Die Waräger, auch „Barbaren mit Äxten" genannt, blieben bis Anfang des 13. Jahrhunderts, das den Niedergang des goldenen Zeitalters der Wikinger einläutete, in Diensten des Kaisers.

Die runenartigen Inschriften im Inneren der Hagia Sophia stammen vermutlich vom Dolch eines Wikingers, der die Galerie der Frauen bewachte, zu der Männer, bis auf wenige Ausnahmen aus der kaiserlichen Familie, keinen Zutritt hatten.

Weitere runenartige Inschriften in Venedig

Auch auf einem Löwen, der sich heute vor dem Arsenal in Venedig befindet, befinden sich runenartige Inschriften. Der Löwe hielt einst an der Einfahrt der griechischen Hafenstadt Piräus nahe Athen Wache und wurde 1687 bei einem venezianischen Angriff unter der Leitung des Dogen Francesco Morosini geraubt (bei dem Angriff explodierte durch einen Kanonenschuss der Athener Parthenon, der den Türken seinerzeit als Pulvermagazin diente). Die Inschriften des Löwen gehen vermutlich auf einen Befehl des späteren norwegischen Königs Harald III. Sigurdsson (1015–1066) zurück. Dieser war nach dem Tod seines Halbbruders Olav II. ins Exil nach Konstantinopel gegangen, wo er zum Anführer der Warägergarde aufstieg. Im Zuge der Niederschlagung eines Aufstands eroberte er Athen. Näheres dazu im Reiseführer *Verborgenes Venedig* im selben Verlag.

DER BRUNNEN DER HENKER

27

Auch ein Scharfrichter muss sein Werkzeug waschen …

Henkerbrunnen (Cellat çeşmesi), *Topkapı-Palast* (Topkapı Sarayı), *Cankurtaran/Fatih*
Erster Hof des Topkapı-Palasts, zwischen Bab-ı Hümayun *(Großherrliches Tor)* *und* Bab-üs selam *(Tor des Friedensgrußes) rechts an der Mauer*
Täglich außer Dienstag, 9–17 Uhr

Die aus dem Balkan rekrutierten Scharfrichter des Osmanischen Reichs unterstanden dem Bostancibaschi (türk. *Bostancıbaşı*), was wörtlich übersetzt so viel bedeutet wie „Chefgärtner".

Seinen untergebenen „Gärtnern" oblag jedoch nicht nur die Pflege der Grünflächen, sondern auch die Aufrechterhaltung der öffentlichen Ordnung. In dieser Funktion schnitten sie nicht nur Blumen und Büsche ab, sondern auch Hälse durch. Der Kopf des Verurteilten wurde auf den „Warnstein" *(İbret Taşı)* vor dem Brunnen gelegt und unter Aufsicht des *Bostancıbaşı* mit einem starken Schwerthieb abgeschlagen. Zur Abschreckung der Öffentlichkeit wurden die Köpfe der Enthaupteten auf dem *İbret Taşı* drei Tage lang zur Schau gestellt. Legendärer und unbestrittener „Meister" unter den Scharfrichtern war Kara Ali (17. Jahrhundert), der unter anderem einen entthronten Sultan und einen Großwesir hinrichtete.

Der Henkerbrunnen wurde 1889 auf Befehl Abdulhamids II. anlässlich des Besuchs des deutschen Kaisers Wilhelm II. ins Innere des *Bab-ı Hümayun,* des Großherrlichen Tors, verlegt: An dem Brunnen wuschen nämlich die Henker ihre „Arbeitsinstrumente", und vermutlich wollte der Sultan seinen hohen Gast nicht mit diesem makabren Anblick brüskieren.

1930 wurde der Brunnen von Halil Bey, dem Generaldirektor der Antikenmuseen, wieder an seinen ursprünglichen Standort versetzt.

Vom Volk verachtet, wurden die Scharfrichter auf einem eigenen Friedhof in Eyüpsultan beigesetzt. Ihre viereckigen Grabsteine blieben ohne Inschrift (s. S. 80).

Interessanterweise wurde anlässlich eines Besuchs von Kaiser Wilhelm II. auch das Jaffator in Jerusalem abgerissen. Es nahm jedoch ein weniger glückliches Ende als der Henkerbrunnen, denn es wurde nie wieder aufgebaut und ist heute eine Leerstelle in der alten osmanischen Mauer der Heiligen Stadt.

OSMANISCHE INSCHRIFTEN AUF BYZANTINISCHEN SÄRGEN

30

Erinnerungen an byzantinische Särge in einem osmanischen Palast

Topkapı-Palast (Topkapı Sarayı), *Cankurtaran/Fatih*

Gleich nach Betreten des Topkapı-Palasts weist rechts vor den Wasserbecken eine der Säulen zwei Inschriften übereinander auf. Sie erinnern daran, dass unter den Wurzeln der Platane, die noch heute vor dem Portal steht, einst zwei byzantinische Särge entdeckt wurden.

Die erste Inschrift aus dem Jahr 1847 berichtet von zwei byzantinischen Sargdeckeln, die zwischen den Wurzeln gefunden wurden, jedoch nicht geborgen werden konnten, ohne dass man den Baum beschädigt hätte. Die zweite Inschrift von 1919 besagt, dass die Deckel ausgegraben und unbeschadet in das Archäologische Museum befördert wurden. Sie stammt von İsmail Hakkı Altunbezer, führender Kalligraf seiner Zeit, was zeigt, dass dem archäologischen Fund offenbar eine hohe Bedeutung beigemessen wurde.

Auch wenn der Topkapı-Palast neben dem Dolmabahçe-Palast und dem Yıldız-Palast leicht übersehen werden kann, wurde er selbst 1919 noch von der Dynastie der Osmanen genutzt, als sich ihre Herrschaft dem Ende zuneigte.

Die Entdeckung solcher Särge indes überrascht wenig, befand sich am Standort des Topkapı-Palasts einst doch die Akropolis der antiken Stadt Byzantion. Funde aus byzantinischer Zeit, wie die noch heute im Garten des Palasts vorhandenen Zisternen, sind daher keine Seltenheit.

Die Odaliske Cevri Kalfa

Im Jahr 1807 war der durch seine Reformen berühmt gewordene Sultan Selim III. gestürzt und durch den jungen Mustafa IV. ersetzt worden, der sich von reaktionären Kräften und Janitscharen leicht manipulieren ließ. Ein Jahr nach dem Machtwechsel trommelte ein treuer Anhänger des früheren Sultans, Alemdar Mustafa Paşa, die Donautruppen zusammen, um mit ihnen nach Istanbul zu marschieren, Mustafa IV. ab- und den im Topkapı-Palast inhaftierten Selim III. wieder einzusetzen. Als Alemdar Mustafa Paşas Soldaten die Tore des Palasts stürmten, ordnete Mustafa IV. die Hinrichtung von Selim III. und dessen Neffen, dem Kronprinzen Mahmud, an. Eine Gruppe Eunuchen stürzte sich daraufhin mit Krummsäbeln und Dolchen auf den musikliebenden Selim, der sich vergeblich mit seiner (in der Sufi-Musik besonders beliebten) Nay-Flöte zu wehren suchte. Nach seiner Ermordung stand sein Neffe, Prinz Mahmud, als Letzter im Visier der Schergen. Sie fanden ihn mit einigen Angestellten des Harems und seinen Odalisken (Sklavinnen) auf einer Treppe in seinen oberen Gemächern. Als die jungen Eunuchen den gerade einmal 23-jährigen Prinzen fast erreicht hatten, ergriff Cevri Kalfa, eine Mahmud bis in den Tod ergebene tscherkessische Odaliske, die Initiative: Mit bloßen Händen bewarf sie die Angreifer mit heißer Asche aus dem Ofen des Hammams. Den Bediensteten des Harems befahl sie, den Kronprinzen über das Dach in Sicherheit zu bringen. Über eine improvisierte Leiter gelangte der Prinz von dort aus in den Innenhof des Harems. Er versteckte sich zwischen zusammengerollten Teppichen. Der inzwischen mit seinen Truppen in Istanbul angekommene Alemdar Mustafa Paşa ließ ihn unverzüglich in einer verkürzten Zeremonie zum Sultan ernennen.

Mahmud II. regierte bis 1838. Er prägte die osmanische Geschichte als großer Staatsmann und überzeugter Reformer und führte die von seinem ermordeten Onkel, Sultan Selim III., der ihn wie einen eigenen Sohn aufgezogen hatte, begonnene Politik fort.

Cevri Kalfa wurde von Mahmud II. zur Schatzmeisterin des kaiserlich-osmanischen Harems ernannt. Nach ihrem Tod 1819 ließ er ihr zum Gedenken die Grundschule Cevri Kalfa (Divanyolu Cad. no:14, Sultanahmet) erbauen. Auch die Cevri-Kalfa-Moschee in Üsküdar widmete er ihr. 1858 wurde die Grundschule zu einer Kunstschule für Mädchen, in der Republik schließlich zu einer Druckerschule. Nachdem 1933 der Justizpalast in Flammen aufgegangen war, beherbergte sie ab 1945 erneut eine Grundschule. Seit 1985 ist sie Sitz der Stiftung für Türkische Literatur. In dem Gebäude befindet sich neben einer Buchhandlung eine schöne Konditorei, die in historischem Ambiente traditionelle Desserts anbietet.

DIE OBELISKEN ZUM GEDENKEN AN DIE TEAMS VON „KOHL" UND „OKRA" (31)

Erinnerung an außergewöhnliche sportliche Leistungen

Garten des Topkapı-Palasts (Topkapı Sarayı), *Cankurtaran/Fatih*
Täglich außer Dienstag, 9–17 Uhr

Im Garten des Topkapı-Palasts (gleich rechts hinter dem Haupteingang in Richtung der Militärgebäude) begegnet man – wie auch an verschiedenen anderen Stellen in Istanbul, vor allem in Çengelköy und Paşabahçe (s. S. 264) am asiatischen Bosporusufer – seltsam anmutenden Säulen, auf denen obenauf die Gemüsesorten Kohl (türk. *lahana*) oder Okra (türk. *bamya*) thronen; Letzterer wird auch als „Gemüse-Eibisch" oder „Griechenhorn" (lat. *Hibiscus esculentus*) bezeichnet.

Das Denkmal im Topkapı-Palast weist zwei Säulen auf. Eine von ihnen, errichtet unter Sultan Selim III. (reg. 1789–1807), zeigt zu Ehren eines Schützen der „Lahancı", der mit dem Gewehr auf eine Entfernung von 434 Schritten ein Ei getroffen hatte, einen Kohlkopf (s. rechts).

Okraschoten sind in der Regel in Europa eher selten zu finden; in der türkischen Küche werden sie jedoch gern zu Hammel oder Huhn gereicht. Man trocknet sie für gewöhnlich in der Sommersonne und verzehrt sie im Winter.

Kohl und Okra

Kohl (türk. *lahana*) und Okra (türk. *bamya*) dienten den beiden Schwadronen des Topkapı-Palasts als Symbole, deren Ursprung bis zum frühen 15. Jahrhundert zurückgehen soll. Damals ließ der Gouverneur von Amasya (nordöstlich von Ankara), später Sultan Mehmed I., sportliche Wettkämpfe zwischen Reitern aus Amasya, berühmt für seine Okra, und dem nahe gelegenen Merzifon, einer Anbaugegend für Kohl, ausrichten. Die Lager institutionalisierten sich unter den Zeichen ihrer jeweiligen Gemüsesorte. Die Rivalität zwischen den „Lahancı" und den „Bamyacı" verlagerte sich zunächst nach Edirne (Adrianopel), später nach Istanbul, wo Mehmed II., genannt der Eroberer, im Garten des neu errichteten Topkapı-Palasts Sportspiele auszurichten begann. Diese osmanischen Versionen der grünen und blauen Mannschaften aus byzantinischer Zeit (s. S. 65) waren von da an Teil des kulturellen und gesellschaftlichen Lebens von Istanbul. Die Farben hatten sich ein wenig verändert: Die Anhänger der Lahancı kleideten sich in Grün, die Bamyacı bevorzugten Rot.

Nach und nach mischten sich die sportliche Rivalität immer mehr interne Palastintrigen. Eine Zeit lang unterstützten die auf dem Balkan rekrutierten (und als Palastpolizei fungierenden) weißen Eunuchen die Bamyacı und die (von Händlern in Afrika gekauften und z. T. in koptischen Klöstern in Ägypten kastrierten) schwarzen Eunuchen (denen im Harem wichtige Funktionen zukamen) ihrerseits die Lahancı. Die Rivalität verwandelte sich in Feindschaft, zumal die Sportspiele wie Bogen- oder Gewehrschießen einer Art Kriegsvorbereitung gleichkamen. Besonderer Beliebtheit erfreute sich das Spiel *Tomak,* bei dem die Gegner mit Keulen oder Filzgeißeln aufeinander losgingen.

Die Sultane sahen oft bei den Spielen zu und entlohnten die Gewinner großzügig. Manchmal griffen sie ein, um ein Spiel, das zu sehr ausartete, zu beenden. Nach den Spielen herrschten volksfestähnliche Zustände mit Musik, Tanz, Akrobaten und Taschenspielern. Selim III. und sein Neffe Mahmud II. (reg. 1808–1839) waren die leidenschaftlichsten und letzten Zuschauer der Spiele zwischen Lahancı und Bamyacı. Selim war ein solch glühender Anhänger der Lahancı, dass er sie sogar in einem Gedicht pries. 1812 ließ Mahmud II. Spiele in Büyükdere am nördlichen Bosporus (Distrikt Sarıyer) ausrichten, denen auch europäische Diplomaten aus den nahen Botschaften beiwohnten. Mahmud II., Anhänger der Bamyacı und großer Förderer der Spiele, war allerdings auch der, der letztlich ihren Untergang herbeiführte. Nach Auflösung der Janitscharen 1826 schaffte er 1832 die interne Palastverwaltung *(Enderun)* ab, zu der auch die Lahancı und die Bamyacı gehörten.

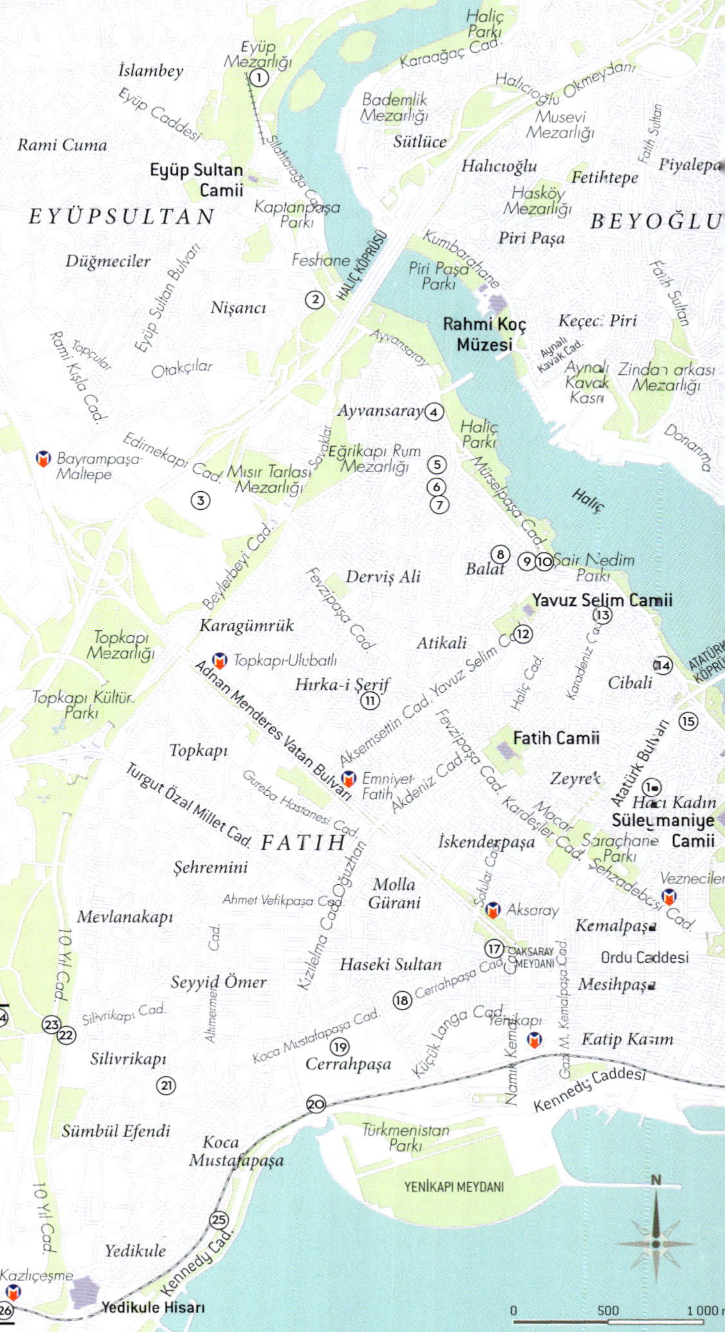

Haliç Parkı
Karaağaç Cad.
Eyüp Mezarlığı
İslambey
Eyüp Caddesi
Halıcıoğlu Okmeydanı
Bademlik Mezarlığı
Musevi Mezarlığı
Fatih Sultan
Rami Cuma
Silahtarağa Cad.
Sütlüce
Eyüp Sultan Camii
Halıcıoğlu
Fetihtepe
Fiyalepa
Hasköy Mezarlığı
EYÜPSULTAN
Kaptanpaşa Parkı
BEYOĞLU
Piri Paşa
Kumbarahane
Düğmeciler
Feshane
Piri Paşa Parkı
Eyüp Sultan Bulvarı
HALİÇ KÖPRÜSÜ
Fatih Sultan
Nişancı
Rahmi Koç Müzesi
Keçeci Piri
Rami Kışla Cad.
Topçular
Ayvansaray
Aynalı Kavak Cad.
Otakçılar
Aynalı Kavak Kasrı
Zindan arkası Mezarlığı
Ayvansaray
Haliç Parkı
Donanma
Edirnekapı Cad.
Bayrampaşa-Maltepe
Savaklar
Eğrikapı Rum Mezarlığı
Mısır Tarlası Mezarlığı
Mürselpaşa Cad.
Haliç
Beylerbeyi Cad.
Balat
Şair Nedim Parkı
Fevzipaşa Cad.
Derviş Ali
Yavuz Selim Camii
Karagümrük
Atikali
Yavuz Selim Cad.
Karadeniz Cad.
Topkapı Mezarlığı
Topkapı-Ulubatlı
Haliç Cad.
ATATÜRK KÖPRÜSÜ
Adnan Menderes Vatan Bulvarı
Cibali
Hırka-i Şerif
Topkapı Kültür Parkı
Aksemsettin Cad.
Fevzipaşa Cad.
Fatih Camii
Atatürk Bulvarı
Topkapı
Zeyrek
Emniyet-Fatih
Akdeniz Cad.
Hacı Kadın
Turgut Özal Millet Cad.
Gureba Hastanesi Cad.
Macar Kardeşler Cad.
Süleymaniye Camii
FATIH
İskenderpaşa
Saraçhane Parkı
Oğuzhan
Şehzadebaşı Cad.
Şehremini
Vezneciler
Molla Gürani
Ahmet Vefikpaşa Cad.
Sofular Cad.
Aksaray
Mevlanakapı
Kemalpaşa
Kızılelma Cad.
AKSARAY MEYDANI
Ordu Caddesi
10 Yıl Cad.
Haseki Sultan
Cerrahpaşa Cad.
Seyyid Ömer
Mesihpaşa
Silivrikapı Cad.
Ahmermer Cad.
Gazi M. Kemalpaşa Cad.
Küçük Langa Cad.
Yenikapı
Koca Mustafapaşa Cad.
Katip Kasım
Silivrikapı
Cerrahpaşa
Namık Kemal Cad.
Kennedy Caddesi
Sümbül Efendi
Türkmenistan Parkı
Koca Mustafapaşa
YENİKAPI MEYDANI
N
10 Yıl Cad.
Kennedy Cad.
Yedikule
Kazlıçeşme
Yedikule Hisarı
0
500
1 000 m
1
2
3
4
5
6
7
8
9
10
11
12
13
14
15
17
18
19
20
21
22
23
24
25
26

Südwestlich des Goldenen Horns

① DIE GRABSTEINE DER HENKER 80
② DAS MINARETT DER DEFTERDAR-MOSCHEE 81
③ DAS GRAB VON KÖPEKÇİ HASAN BABA 82
④ DIE IKONOSTASE MIT DEM APOKRYPHEN WUNDER DER JUNGFRAU MARIA 84
⑤ DAS EINGANGSPORTAL DER KIRCHE SURP HREŞDAGABET 86
⑥ DAS LESEPULT DER AHRIDA-SYNAGOGE 88
⑦ DER DURCHBOHRTE STEIN DER TAKSİYARHİS-KIRCHE 90
⑧ DIE FREIMAURERSYMBOLE AM GRIECHISCHEN GYMNASIUM FENER 92
⑨ DIE VERSCHLOSSENE PFORTE DES GRIECHISCH-ORTHODOXEN PATRIARCHATS 94
⑩ DAS FLACHRELIEF DER HAND MOHAMMEDS 96
⑪ DER MANTEL DES PROPHETEN IN DER HIRKA-İ ŞERIF-MOSCHEE 98
⑫ DIE ZISTERNE DES SULTANS 100
⑬ DAS GRAB EINES APOSTELS 102
⑭ DAS REZAN-HAS-MUSEUM 104
⑮ DAS AGIASMA DER HEILIGEN MARIA VON VEFA 106
⑯ DAS GLAS VON MUSTAFA KEMAL ATATÜRK 108
⑰ DER KONVENT DER INDER 110
⑱ RESTE DER TRIUMPHSÄULE DES ARCADIUS 112
⑲ ÜBERRESTE EINES OBELISKEN 116
⑳ DAS MARTYRION DER SANKT-MENAS-KIRCHE 117
㉑ DIE ZYPRESSE DER SÜMBÜL-EFENDI-MOSCHEE 118
㉒ DIE KEULE IM SİLİVRİKAPI 120
㉓ DAS HYPOGÄUM BEIM SİLİVRİKAPI 122
㉔ DIE HEILIGE QUELLE VON BALIKLI 124
㉕ DAS FISCHMUSEUM 126
㉖ DER GÄNSEBRUNNEN VON KAZLIÇEŞME 128

DIE GRABSTEINE DER HENKER

1

Nackter Stein ohne Zier und Inschrift

Friedhof Eyüp, Henkerfriedhof (Cellat Mezarlığı), *Karyağdı-Hügel, beim Derwischkonvent* Karyağdı Tekkesi *mit Grabmal* Karyağdı Baba Türbesi, *Karyağdı Sk. no:14 (nahe Café Pierre Loti), Merkez/Eyüpsultan*
Bus: Eyüpsultan Devlet Hastanesi/Teleferik Pierreloti, weiter mit der Seilbahn

Die Gräber der Henker befanden sich einst in einer eigenen Abteilung des riesigen Friedhofs Eyüp. Heute sind von ihnen nur noch einzelne in der Nähe des Derwischkonvents *Karyağdı Tekkesi* übrig.

Man kann diese Gräber leicht erkennen: Ihre Grabsteine sind leer. Sie tragen weder Namen noch Datum; dadurch sollten Vergeltungsmaßnahmen gegen ihre Familien verhindert werden. Henker genossen seinerzeit kein hohes Ansehen. Ihre Gräber wurden in osmanischer Zeit nur mit einfachen Stelen aus unbehauenem Kalkstein versehen, der vor allem auf Dächern zum Einsatz kam, während die Gräber „normaler" Verstorbener reich kalligrafierte Steine aus Marmor von der Marmara-Insel schmückten.

Paradoxerweise kamen die Henker so zu weniger huldvollen Bestattungen als jene, die durch ihre Hand den Tod fanden. Ein anständiges religiöses Begräbnis wurde ihnen gleichwohl nicht verwehrt.

Das Derwischkonvent *Karyağdı* (wörtl. „es hat geschneit") verdankt seinen Namen dem Umstand, dass es am nördlichsten Punkt der alten Stadt stand, an dem meist der erste Schnee des Jahres fiel.

Weitere Grabsteine von Henkern findet man in der Zal-Mahmut-Paşa-Moschee und der Cezeri-Kasım-Paşa-Moschee.

Im Topkapı-Palast gibt es außerdem einen Brunnen der Henker, an dem die Henker ihre Instrumente wuschen (s. S. 72).

DAS MINARETT DER DEFTERDAR-MOSCHEE

2

Ein Minarett mit Tintenfass und Feder

Defterdar-Mahmut-Efendi-Moschee (Defterdar Mahmut Efendi Camii),
Defterdar Cad., Nişanca/Eyüpsultan
Bus: Feshane

Für gewöhnlich schließt das Minarett einer Moschee oben mit einer metallischen Bekrönung *(alem)* in der Form eines Halbmonds ab. Das Alem der Defterdar-Moschee hingegen weist sechs konzentrisch angeordnete Halbmonde auf, über denen sich ein rundes Tintenfass und eine Feder befinden. Die Feder war im Original aus sorgfältig ausgewähltem und behandeltem Rohrgras gefertigt.

Die Defterdar-Moschee, die auf den berühmten Architekten Sinan zurückgeht, wurde 1541 von Nazlı Mahmut Efendi, Finanzminister *(defterdar)* unter Süleyman dem Prächtigen, in Auftrag gegeben. Er ließ die Kalligrafiewerkzeuge auf dem Minarett anbringen, um weithin sichtbar auf seine Reputation als berühmter Kalligraf seiner Zeit hinzuweisen.

Als ehemaliger Schüler von Scheich Hamdullah, dem Begründer der osmanischen Kalligrafieschule, hatte Mahmud Efendi seine Schreibkünste in freien Momenten auch noch als Finanzminister auf dem Höhepunkt der wirtschaftlichen Macht des Reichs kultiviert. Seinen Beinamen *Nazlı* („der Launische") soll er seiner Knauserigkeit als Herr über die Reichsfinanzen verdanken.

DAS GRAB VON KÖPEKÇİ HASAN BABA

③

Der Namenspatron der Hunde

Friedhof von Edirnekapı (Edirnekapı Mezarlığı), *Bereich* Mısır Tarlası Mezarlığı, *Grab von Köpekçi Hasan Baba* (Köpekçi Hasan Baba Türbesi), *Fethi Çelebi Cad. (Eingang gegenüber von Otakçıbaşı Cad. no:9)*
Edirnekapı, Defterdar/Eyüpsultan
Von Sonnenaufgang bis Sonnenuntergang
Metrobus: Edirnekapı

In dem *Mısır tarlası* (Maisfeld) genannten Bereich des Friedhofs von Edirnekapı, in dem auch das Mausoleum des Komponisten Itri liegt, befindet sich ein Grab, das häufig von einer Meute Hunden umgeben ist. Das Grab selbst weist keine Besonderheiten auf. Es beherbergt jedoch die sterblichen Überreste einer markanten Persönlichkeit.

Köpekçi Hasan Baba, Stadtstreicher im ausgehenden 19. Jahrhundert, war stets von Hunden umringt, weshalb er „Vater der Hunde" (arab. *Ebu-l Kilab*; türk. *köpek* = Hund) genannt wurde: Er fütterte sie alle, und wenn ein Hund einem anderen sein Fressen wegschnappte, wurde er drei Tage lang aus dem Rudel ausgeschlossen, eine Strafe, die von dem

betroffenen Hund erstaunlicherweise ohne Murren akzeptiert wurde. Begab sich Hasan Baba in einen anderen Stadtteil, versammelte er die dortigen Hunde um sich und nahm sie mit auf seinem Zug durch die Stadt. Wenngleich er sich auch um Katzen kümmerte, so baute er doch nie eine solch innige Beziehung zu ihnen auf wie zu seinen Hunden.

Als eine Art Altersvorsitzender der Istanbuler Stadtstreicher schlief er vor der Fatih-Moschee, wo er auch die fünf täglichen Gebete absolvierte.

In früheren Zeiten galt Hasan Baba vielen als Heiliger: Eines Tages soll er einen Passanten angebettelt haben. Als dieser auf der Suche nach Almosen in seinen Taschen kramte, brach aus einer Mauer ein Stein heraus, der den Mann mit Sicherheit erschlagen hätte, wenn Hasan Baba ihm nicht zu Hilfe geeilt wäre. Fragte man ihn um Rat, so konnte er in Versform die Zukunft voraussagen. Vor Beginn des Konflikts zwischen dem Osmanischen Reich und Griechenland 1897 hatte er exakt den Tag des Kriegsbeginns sowie dessen Ausgang vorhergesagt. Hohe muslimische Würdenträger zollten ihm Respekt und ließen ihn in den Moscheen predigen.

Eines Tages soll er gar indirekt den Sultan beeinflusst haben: Als sich die Christen bei ihm darüber beschwerten, dass ihnen im Genehmigungsverfahren für den Bau einer neuen Kirche Steine in den Weg gelegt wurden, schrieb Hasan Baba eilig einige Worte an den Herrscher: „Mein Sultan! Wenn du die Kirche nicht bauen lässt, kränkst du Jesus und Moses.“ Angesichts des Rufs von Hasan Baba genehmigte der Sultan den Bau der Kirche. Bei dieser handelte es sich vermutlich um die bulgarische Kirche St. Stefan, was durchaus plausibel erscheint, da diese Kirche zu Lebzeiten Hasan Babas unter Sultan Abdülhamid errichtet wurde.

DIE IKONOSTASE MIT DEM APOKRYPHEN WUNDER DER JUNGFRAU MARIA

④

Die abgehackten Hände ...

Griechisch-orthodoxe Kirche Agios Dimitrios Xyloportas (Aya Dimitri Kilisesi)
Kırkambar Sk. no:6
Ayvansaray/Fatih
Bus: Balat Hastanesi

Die Kirche Agios Dimitrios Xyloportas (türk. *Aya Dimitri Rum Ortodoks Kilisesi*) beherbergt eine sehr schöne Ikonostase (Ikonenwand). Der rechte Flügel zeigt eine *Entschlafung Mariens.* Darauf ist ein Rabbiner im Gewand eines osmanischen Würdenträgers zu sehen (die Kirche wurde im 18. Jahrhundert begründet), dessen abgetrennte Hände auf der Bahre der Muttergottes liegen.

Die Szene zeigt ein nur wenig bekanntes Wunder der Jungfrau Maria, von dem unter anderem Jacobus de Voragine in seiner *Legenda aurea* berichtet. Diesem Text zufolge soll sich nach der „Entschlafung" Mariens (laut der christlich-orthodoxen Überlieferung starb die Mutter-

gottes vor ihrer Himmelfahrt nicht, sondern schlief nur) auf dem Weg zur Grablegung ein gewisser Jephonias der Bahre genähert und sie zum Nachweis der unbestätigten Heiligkeit Marias berührt haben. Just in diesem Moment wurden jedoch unsichtbar durch das Flammenschwert des Erzengels Michael Jephonias' Hände abgehackt und er fiel zu Boden. Als er dieses Wunder sah, bereute er seine Sünden und wurde geheilt.

Die Kirche Agios Dimitrios Xyloportas (griech. *xyloportas* = „mit Türen aus Holz") wurde am früheren Standort einer byzantinischen Kirche errichtet, die den Namen des byzantinischen Patriziers Nicolas Canavis (Kanavi) trug, der zu Zeiten der Eroberung Konstantinopels 1204 lebte. Die alte Kirche diente dem griechischen Patriarchat in der Zeit zwischen der Umwandlung der Hagia Sophia in eine Moschee (15. Jahrhundert) und der endgültigen Niederlassung des Patriarchats an seinem heutigen Standort im Phanar (Anfang 17. Jahrhunderts) vorübergehend als Sitz. Der heutige Bau stammt aus dem Jahr 1730 und wurde über die Jahre mehrfach renoviert.

Die Kirche San Giacomo dall'Orio in Venedig besitzt ein Gemälde, auf dem die gleiche Szene dargestellt ist. Näheres dazu im Reiseführer *Verborgenes Venedig* im selben Verlag.

DAS EINGANGSPORTAL DER KIRCHE SURP HREŞDAGABET ⑤

Eine deutsche Inschrift in einer armenischen Kirche

Armenische Kirche Surp Hreşdagabet (Balat Surp Hıreşdagabet Ermeni Kilisesi), *Kamış Sk. no:2, Balat, Ayvansaray/Fatih*
Bus: Balat oder Köprübaşı

Die armenische Kirche Surp Hreşdagabet, am Goldenen Horn gelegen, verfügt über ein gusseisernes Portal, dessen schön gestaltete Flachreliefs von religiösen Begebenheiten berichten. Das Portal soll 1742 unter der Herrschaft von Mahmud I. bei Ausgrabungen auf dem Gelände des Topkapı-Palasts gefunden und vom leitenden Hofschmied Babik gekauft worden sein. Er selbst soll es zwischen dem Schiff und der linken Seitenkapelle der Kirche eingesetzt haben.

Lange Zeit galt das Portal aufgrund seiner vermeintlich lateinischen Inschriften als Relikt aus der Römerzeit. In Wahrheit handelt es sich jedoch um alte deutsche Schriftzeichen; heute wird das Portal daher auf das 18. Jahrhundert datiert. Die Inschrift auf dem linken Flügel – unter der Darstellung der Vertreibung der Händler aus dem Tempel – zitiert Verse aus dem Johannes-Evangelium (2,15–17). Auf dem rechten Flügel wird der Sieg des darüber abgebildeten heiligen Georg über den Drachen gepriesen.

Ein Agiasma (eine heilige Quelle, s. S. 241) wie hier findet man nur selten in armenischen Kirchen. Es scheint sich also um ein altes byzantinisches Gotteshaus zu handeln, das seinerzeit den Namen Agios Stratios oder Taksiyarhis trug (griech. Ταξιάρχης = „Erzengel", was dem armenischen Namen der Kirche entspricht).

Nach ihrem Verfall wurde die Kirche im 17. Jahrhundert per kaiserliches Edikt den Armeniern überlassen. Nach mehreren Bränden entstand 1835 der heutige Bau. Er beherbergt schöne Ikonen, darunter die *Tcharkhapan Surp Asdvadzadzin* (Heilige Muttergottes, die vor Unheil schützt) und die *Hyntragadar Surp Asdvadzadzin* (Heilige Muttergottes, die unsere Wünsche erhört).

Der Zugang zu dem Agiasma, das dem heiligen Artemios gewidmet ist (er erlitt sein Martyrium 363 unter Kaiser Flavius Claudius Iulianus), erfolgt über die Seitenkapelle. Zu den dort gezeigten Reliquien zählen die Gebeine der heiligen Peprone, die hier 2006 gefunden wurden.

Jeweils am zweiten Wochenende im September fand in der Kirche früher eine kuriose Messfeier statt: Dabei kamen Gläubige aller Religionen zusammen und erbaten Heilung durch schamanische Rituale und die Opferung von Hähnen. Diakone verteilten Gebetsteppiche an die Muslime, die ihre Waschungen vornahmen und anschließend zum Agiasma hinabstiegen, um Wasser daraus zu trinken. Entnervt von plakativen Fernsehbildern dieser Rituale entschied das armenische Patriarchat, diese zu unterbinden.

DAS LESEPULT DER AHRİDA-SYNAGOGE

6

Die Arche Noah oder ein Boot, das spanische Juden rettete?

Ahrida-Synagoge (Ahrida Sinagogu)
Kürkçü Çeşmesi Sk. no:7 (zwischen Kürkçü Çeşmesi Sk. und Gevgili Sk.), Balat, Ayvansaray/Fatih
Besichtigung mit Genehmigung des Oberrabbinats möglich
0212 293 8794
seheratilla@yahoo.com

Die Ahrida-Synagoge wurde im 15. Jahrhundert erbaut. Nachdem sie 1693 einem Brand zum Opfer fiel, wurde sie ab 1694 wiederaufgebaut und 1989 schließlich unter Denkmalschutz gestellt. Heute ist die Ahrida-Synagoge die größte und mit Sicherheit eine der ältesten Synagogen Istanbuls. Bemerkenswert ist insbesondere die prunkvolle Teva (das Tora-Lesepult, das an den Jerusalemer Tempel erinnert) in Form eines Schiffsbugs. Manche sehen darin einen Hinweis auf die Arche

Noah; für andere wiederum verweist der Bug schlicht auf die Schiffe der osmanischen Flotte unter Kemal Reis, der die spanischen Juden rettete und 1492 auf osmanisches Territorium brachte. Dem damaligen Sultan Bayezid II. wird folgender Ausspruch zugeschrieben: „Ihr nennt Ferdinand einen weisen König, obwohl er durch die Vertreibung der Juden sein Land ärmer und mein Land reicher gemacht hat."

Eine Sanierung von 1992 scheint eine alte Legende zu untermauern, wonach für den Bau der Synagoge eine Mauer abgerissen wurde, die zwei nebeneinanderliegende Synagogen trennte.

In der Ahrida-Synagoge soll Schabbtai Zvi (s. S. 222) vor der Istanbuler jüdischen Gemeinschaft gepredigt haben, um sie zu überzeugen, dass er der ersehnte Messias sei.

Juden in der Türkei: Sepharden, Romanioten und Aschkenasim

Die spanischen Juden, „Sepharden" genannt, stellen noch heute die große Mehrheit der jüdischen Gemeinschaft in der Türkei, zu der einst auch „Romanioten" zählten, Nachfahren der byzantinischen Juden, deren Ursprünge bis in die jüdische Diaspora des vorchristlichen Hellenismus zurückreichen und die später von den sephardischen Juden im Osmanischen Reich assimiliert wurden. Ihr Name definiert sie als Juden des Römischen Reichs. Tatsächlich bezeichneten sich die Byzantiner selbst als „Römer"; der Begriff „Byzantinisches Reich" wurde erst im 16. Jahrhundert vom Namen der Hauptstadt, „Byzanz", abgeleitet. Weiterhin gibt es eine sehr kleine aschkenasische Gemeinschaft, die durch Migration deutscher Juden entstand, welche vor dem institutionalisierten Antisemitismus der bayerischen Feudalherren im 15. Jahrhundert flohen, sowie Juden aus Zentral- und Osteuropa, die im 19. Jahrhundert aus wirtschaftlichen Gründen emigrierten. Viele Juden der heutigen Türkei fühlen sich Spanien noch heute eng verbunden und – vor allem die älteren – sprechen Judenspanisch, einen mit türkischen Wörtern durchsetzten Dialekt. Die jüdische Wochenzeitung *Şalom* bietet neben türkischen Texten auch solche auf Judenspanisch.

Die Ahrida-Synagoge verdankt ihren Namen ihren Gründern, die zu Beginn des 15. Jahrhunderts aus Ohrid in Nordmazedonien nach Istanbul kamen. „Ahrida" ist die Aussprache von Ohrid in Yevanik, dem von den Juden aus Byzanz seinerzeit gesprochenen griechischen Dialekt.

DER DURCHBOHRTE STEIN DER TAKSİYARHİS-KIRCHE

7

Eine Reminiszenz an den antiken Kult der „durchbohrten Steine“

Taksiyarhis-Kirche (Taksiyarhi Rum Kilisesi)
Ayan Cad. no:25, Balat, Ayvansaray/Fatih

Im Garten der Taksiyarhis-Kirche (auch griech. *Agios Stratios* oder türk. *Aya Strati* genannt) befindet sich ein Gebäude mit einem dem Erzengel Michael geweihten Agiasma (heilige Quelle). In der Mitte der Steinmauer, die den Bau grob in zwei Hälften teilt, soll diese der Legende nach in Bodennähe von der Lanze des Erzengels durchbohrt worden sein.

Geistig Schwache, die durch dieses Loch gehen, erfahren Heilung, Kinder bleiben von Kinderkrankheiten verschont. Wünsche werden ebenfalls erhört. So der Volksglaube. Die Ursprünge dieses heidnischen Rituals inmitten einer orthodoxen Kirche reichen bis weit in die Antike

zurück. Damals galt der Gang durch ein Loch im Sinne einer Initiation oft als ein Symbol für die Geburt und die geistige Wiedergeburt.

In antiken Texten findet sich für den Stein aus der Taksiyarhis-Kirche auch die Bezeichnung *Zurlopetra* oder *Zolohepetra*, was so viel wie „Stein der Verrückten" bedeuten und dem benachbarten Stadtteil seinen Namen verliehen haben soll: Zuropetra. Die Existenz der Kirche ist seit dem 16. Jahrhundert belegt. Der heutige Bau stammt aus dem Jahr 1833.

Die griechische Gemeinde des Viertels gibt es heute nicht mehr. Die Kirche befindet sich dennoch in sehr gutem Zustand und verfügt über eine schöne Sammlung alter Ikonen.

Weitere durchbohrte Steine in Anatolien

Anatolien ist reich an durchbohrten Steinen: In Solfasol (einem Dorf, das heute Vorort Ankaras ist) findet sich ein durchbohrter Stein im Keller eines Mausoleums. Nur Unschuldige sollen durch sein Loch hindurchpassen; Sünder, auch wenn sie schlank sind, bleiben stecken. In Nallıhan, nahe Gaziantep, werden Kinder mit Keuchhusten durch einen durchbohrten Stein geführt. In Mudurnu und Isparta gehen magersüchtige Jugendliche in der Hoffnung auf Heilung durch einen durchbohrten Stein. In Erzurum soll ein Stein mit Loch in einer Mühle Schielen, Husten und Heiserkeit heilen. Auch in Alaşehir (dem „Philadelphia" aus der Offenbarung des Johannes) soll ein Loch jene, die hindurchsteigen, von Husten heilen. Nahe Selçuk steigen Jugendliche mit Heiratswunsch durch ein Loch in einem Felsen. In Karaman soll dasselbe Ritual einen Kinderwunsch erfüllen.

Das bekannteste Beispiel eines durchbohrten Steins jedoch befindet sich drei Kilometer vor Hacıbektaş im Mausoleum des Hadschi Bektasch Wali *(Hacı Bektaş-ı Veli)*, Gründer des Sufi-Ordens Bektaşi, der von den Aleviten verehrt wird; sie veranstalten an seinem Mausoleum jedes Jahr ein großes Fest. Der durchbohrte Stein von Hacıbektaş liegt am Ende einer Grotte, in die sich der Heilige zur Einkehr und Meditation zurückgezogen haben soll. Auch hier können nur Unschuldige hindurch. Sünder, die stecken bleiben, kommen nur durch ein Versprechen an den Heiligen frei.

In Süditalien finden sich durchbohrte Steine, die mit ähnlichen Ritualen verknüpft sind, wie der Sacra Roccia di San Vito in Calimera (Apulien), der ebenfalls mitten in einer Kirche steht. Hier kriechen die Gläubigen einmal im Jahr am Ostermontag durch den Stein hindurch, um sich von ihren Sünden reinzuwaschen oder um Fruchtbarkeit bzw. die Heilung von Krankheiten zu erbitten.

DIE FREIMAURERSYMBOLE AM GRIECHISCHEN GYMNASIUM FENER

⑧

Eine patriarchale Schule mit Freimaurersymbolik

Griechisches Gymnasium Fener (Özel Fener Rum Ortaokulu ve Lisesi), *Sancaktar Ykş. no:36, Fener, Balat/Fatih; Besichtigung mit etwas Glück auf freundliche Nachfrage bei den Hausmeistern der Schule möglich*

Der prachtvolle Bau, der heute in der Sancaktar Yokuşu 36 in Fener zu bewundern ist, stammt aus den 1880er-Jahren. Mit seinen Mauern aus leuchtend roten Marseille-Ziegeln, seinen imposanten

Ausmaßen und seiner eklektischen, märchenschlosshaften Architektur beherrscht das Griechische Gymnasium Fener *(Özel Fener Rum Ortaokulu ve Lisesi)* das Panorama des Goldenen Horns. Nicht selten wird es mit dem griechischen Patriarchat verwechselt. Wer es ins Innere des Gebäudes schafft, dem verschlägt es angesichts der außergewöhnlich schönen Innengestaltung, der ausgeklügelten Raumanordnung und des fantastischen neoklassischen Dekors die Sprache. An den Wänden des großen Versammlungssaals hängt die Schulleitung, einem alten Brauch folgend, als Akt der Anerkennung Fotos aller früheren Lehrkräfte der Schule auf. Unter diesen befinden sich Persönlichkeiten wie Kenan Rifai, namhafter Vertreter des Sufismus zu jener Zeit, der Anfang des 20. Jahrhunderts die Rifai-Bruderschaft gründete und hier Französisch unterrichtete (was einen Eindruck von der offenen Geisteshaltung und dem intellektuellen Niveau des Gymnasiums vermittelt).

Wer bis in die Kuppelöffnung des Gymnasiums vordringt, die einst als astronomischer Beobachtungsposten diente, darf sich besonders glücklich schätzen und wird mit einer atemberaubenden Aussicht belohnt. Nach der Innenbesichtigung bietet es sich an, um das Gebäude herumzugehen und auf der Rückseite nach der Signatur des Architekten Konstantinos Dimadis Ausschau zu halten, der einst selbst in dieser ältesten weiterführenden Schule Istanbuls die Schulbank drückte.

Kurioserweise ist die Signatur des Architekten umgeben von Freimaurersymbolen, die keine Zweifel an Dimadis' Mitgliedschaft in dem Bund zulassen. Nun ist das Gymnasium Fener zwar keine ausgewiesene Ausbildungsstätte für angehende Kleriker. Nichtsdestoweniger handelt es sich, zumindest in seinen Ursprüngen, um eine religiöse Einrichtung und es ist bekannt, dass die orthodoxe Kirche keine großen Sympathien für die Freimaurer hegte.

Zudem fiel die Einweihung des Gebäudes mitten in die Regentschaft von Abdülhamid II., der ein Freimaurernetzwerk aufzulösen trachtete, dem sein Vorgänger, Murat V., angehört hatte.

In Fortführung der patriarchalen Akademie aus byzantinischer Zeit gründete der Patriarch Gennadios Scholarios kraft der ihm 1454, also ein Jahr nach Eroberung der Stadt, durch das *Ferman* (die Verordnung) von Mehmed dem Eroberer verliehenen Privilegien die Schule als Große Schule der Nation *(Rum Mekteb-i Kebiri)*. Zu ihren Absolventen zählen zahlreiche griechische Dragomane und Kleriker aus osmanischer Zeit. Pädagogische Grundlage bildete die Theologie; die Ausbildung umfasste jedoch auch Fächer wie antike und moderne Philosophie sowie antike Philologie und Literatur. Anfang des 19. Jahrhunderts zog die Schule nach Kuruçeşme (Xriokrinis) um, bevor sie in den 1850er-Jahren zurück nach Fener verlegt wurde. Ab den 1860er-Jahren wurde sie zu einem altphilologisch ausgerichteten Gymnasium.

DIE VERSCHLOSSENE PFORTE DES GRIECHISCH-ORTHODOXEN PATRIARCHATS

9

Ein gehängter Patriarch

Griechisch-orthodoxes Patriarchat (Rum Ortodoks Patrikhanesi),
Dr. Sadık Ahmet Cad. no:19, Fener, Yavuz Sultan Selim/Fatih
Ab Eminönü oder Unkapanı mit dem Bus oder Taxi in Richtung Eyüpsultan
Nicht zu verwechseln mit der patriarchalen Schule auf den Hügeln, die von den Ladeninhabern des Viertels gern als Patriarchat bezeichnet wird

Der Zutritt zum griechisch-orthodoxen Patriarchat *(Rum Ortodoks Patrikhanesi)* von Konstantinopel erfolgt über die Tür links neben dem Haupteingang. Der Haupteingang selbst ist seit 200 Jahren verschlossen und durch ein Eisengitter verriegelt – zur Erinnerung an die Hinrichtung des Patriarchen Gregor V., der mit den Bischöfen von

Nikomedia, Anchialos und Ephesos den griechischen Aufstand auf dem Peloponnes unterstützt haben soll und Ostern 1821 am Hauptportal (Petrus-Tor) gehängt wurde. Ein Jahrhundert später, im April 1921, wurde Gregor als Märtyrer der griechischen Unabhängigkeit heiliggesprochen. In der türkischen Geschichtsschreibung dagegen wird er als Archetyp des perfiden Griechen und Verräter des Reichs dargestellt.

Die orthodoxe Kirche stand der Französischen Revolution sowie den nationalistischen Ideen, die sie in die Welt exportierte, stets misstrauisch gegenüber. Das Patriarchat hatte freilich kein Interesse daran, die Entstehung von Nationalstaaten auf dem Balkan zuzulassen, denn dies hätte eine Ablösung von der Mutterkirche bedeutet.

Neben diversen Privilegien übte das Patriarchat in byzantinischer Zeit große Macht aus. In seinen Händen lag die religiöse und politische Macht der byzantinischen Kaiser, deren Insignien – den Doppeladler – und Titel es übernahm. Es hatte sich so gut in das Räderwerk des osmanischen Verwaltungsapparats eingefügt, dass nicht griechischsprachige orthodoxe Gemeinschaften des Balkans über eine Zwangshellenisierung durch den griechischen Klerus im Einvernehmen mit der Hohen Pforte (der osmanischen Regierung) klagten. Nach einem Jahrhundert beiderseitiger Selbstzensur brach der Delegierte und griechische Premierminister Eleftherios Venizelos auf der Konferenz von Lausanne 1923 das Schweigen; er hinterfragte die Rolle des Patriarchats in Istanbul. Seiner Meinung nach war Gregor V. während des griechischen Aufstands der Hohen Pforte treu geblieben und hatte über Osmanen, die sich daran beteiligten, sogar einen Kirchenbann verhängt. Dennoch war er als symbolischer Vorsitzender seiner Gemeinschaft für das Handeln der Mitglieder verantwortlich gemacht und hingerichtet worden.

Die Legende, wonach die verschlossene Pforte geöffnet werden soll, wenn Istanbul, von türkischem Einfluss befreit, wieder zu Konstantinopel wird, hält sich hartnäckig.

Das Ökumenische Patriarchat von Konstantinopel

Mit seinem Status als *Primus inter pares* („Erster unter Gleichen") gegenüber den übrigen orthodoxen Patriarchaten (Alexandria, Antiochien, Jerusalem, Moskau, Belgrad usw.) vertritt das griechisch-orthodoxe Patriarchat von Konstantinopel/Istanbul heute die rund 2.000 orthodoxen Gläubigen der Stadt. Als klerikale Institution ist das orthodoxe Patriarchat von Istanbul als „ökumenisch" anerkannt und verfügt über direkte Verwaltungsmacht über die orthodoxen Kirchen verschiedener anderer Länder, darunter die orthodoxen Gemeinschaften von Westeuropa sowie Nord- und Südamerika. Zugleich wird sie von den anderen autonomen oder autokephalen orthodoxen Kirchen als ökumenische spirituelle Autorität anerkannt.

DAS FLACHRELIEF DER HAND MOHAMMEDS

⑩

Ein orthodoxes Kloster unter dem Schutz des Propheten des Islam

Agiasma von St. Charalampos
Garten des griechisch-orthodoxen Patriarchats (Rum Ortodoks Patrikhanesi)
Dr. Sadık Ahmet Cad. no:19
Yavuz Sultan Selim/Fatih

Im Garten des griechischen Patriarchats versteckt sich zwischen den Ikonen und den Resten byzantinischer Architektur, die das kleine Agiasma zu Ehren des heiligen Charalampos verzieren, auch ein Flachrelief, das oft übersehen wird: Es zeigt eine marmorne Hand, flankiert von einer Art Mitra. Diese Darstellung befindet sich gleich neben der Treppe zur Bibliothek am Ende des Wegs, der rechts an der Mauer der patriarchalen Georgskathedrale entlangführt. Ihre Besonderheit liegt darin, dass es sich um den Propheten Mohammed handelt, der hier schützend seine Hand über ein altes orthodoxes Kloster, einen genuin christlichen Ort, hält.

Einst zierte die Hand die Tür eines monastischen Gebäudes gleich neben der Kirche Johannes des Täufers (*Ioannes Prodromos,* Mürselpaşa Cad. no:134; *prodromos* = „Vorläufer, Wegbereiter"). Es handelte sich dabei um ein *metochion,* eine Art Botschaft, des Katharinenklosters am Fuß des Berges Sinai in Ägypten.

Wie das Kloster, dem diese Kirche unterstand, weist sie die große Besonderheit auf, unter dem persönlichen Schutz des Propheten Mohammed zu stehen: Der Berg Sinai wird im Islam als der Ort anerkannt und verehrt, an dem Moses die zehn Gebote entgegennahm. Der Koran nimmt darauf in Sure 52 *at-Tûr* („der Berg") Bezug. Bereits in seinen Anfängen unterhielt der Islam wohlwollende Beziehungen zum Katharinenkloster. Im Jahr 623 soll ein vom Propheten eigenhändig unterzeichnetes Dokument so die Mönche des Klosters von der Steuer befreit und alle Muslime aufgefordert haben, ihnen gegebenenfalls ihre Hilfe anzutragen. Die Mönche dankten ihm dies, indem sie zu Zeiten der Fatimiden dem Umbau einer Kapelle in eine Moschee zustimmten – dies erleichterte muslimischen Reisenden das Leben, die bei der gefährlichen Überquerung der Sinai-Halbinsel in den Genuss der Gastfreundschaft der Mönche kamen.

Die Ursprünge dieser Kirche Johannes des Täufers reichen bis in das 14. Jahrhundert zurück. Damals trug sie den Namen „Heiliger Johannes der Jäger". Nach einer Sanierung im 17. Jahrhundert auf Grundlage eines osmanischen Reichsedikts wurde die Kirche dem Patriarchat von Alexandrien beigeordnet und später auf Ersuchen des russischen Botschafters aus politischen Gründen dem (orthodoxen) Katharinenkloster am Berg Sinai zugesprochen. Seitdem wurden Passanten mittels des Flachreliefs der Hand auf den Schutz des Propheten aufmerksam gemacht, der sich auf alle Nebenstellen des genannten Klosters erstreckte. Nachdem das Relief vor einiger Zeit aus seiner Verankerung fiel, beschloss man, es am kleinen Agiasma des Patriarchats anzubringen.

DER MANTEL DES PROPHETEN IN DER HIRKA-İ ŞERIF-MOSCHEE

(11)

Eine gebügelte Reliquie

Hırka-i Şerif-Moschee (Hırka-i Şerif Camii), *Akseki Cad./Ecke Kad. Sk. Muhtesip İskender, Hırkaişerif/Fatih*
Vom Morgengebet bis zum Abendgebet
Besichtigung der Reliquie während des Ramadan
Metro: Emniyet/Fatih

Die von Sultan Abdülmecid 1851 eigens zu diesem Zweck errichtete Hırka-i Şerif-Moschee ist Hüterin einer der heiligsten Reliquien des Islam: Hier wird der Mantel des Propheten aufbewahrt (*hırka-i şerif* = „der edle Mantel"). Vor nicht allzu langer Zeit wurde der Mantel jedoch Opfer exzessiver Hingabe: Er wurde gebügelt.

Uwais al-Qar(a)ni (türk. *Veysel Karani*), der zu Lebzeiten des Propheten zum Islam konvertiert war, Mohammed jedoch nie persönlich getroffen haben soll, hatte den Mantel einst als Geschenk erhalten. Aufgrund seines glühenden Wunschs, Mohammed zu begegnen, und des spirituellen Bandes zwischen ihm und dem Propheten wird er in der islamischen Tradition dennoch als *Sahabi* verehrt, als unmittelbarer Wegbegleiter des Propheten. Den Mantel erhielt Qarani von Ali, dem vierten Kalifen und Schwiegersohn des Propheten. Mehr als ein bloßes Geschenk

symbolisiert er die Übertragung der geistigen Erkenntnis, die wahre Gnosis. Die Nachfahren von Uwais al-Qarani brachten den Mantel Anfang des 17. Jahrhunderts auf Dekret Ahmeds I. nach Istanbul.

Der Familie Uwaisi kam das Privileg der Verwahrerin dieser Reliquie zu, die nicht nur als persönlicher Gegenstand des Propheten von größtem Wert ist, sondern auch, weil sie dessen esoterische Tradition fortführt; denn nach muslimischer Tradition identifiziert man sich mit einer Person, deren Kleidung man trägt. Noch heute tragen Scheichs Soutanen, die sich vor ihnen bereits im Besitz ganzer Generationen von religiösen Oberhäuptern befanden.

Zu den für die Aufbewahrung des heiligen Mantels bestimmten Gebäuden zählten eine Moschee, ein Wohnhaus für den Ältesten der Familie Uwaisi sowie eine kleine Kaserne für die zum Schutz der Reliquie abgestellte Wachkompanie, die heute eine Grundschule beherbergt. Der Gebäudekomplex mit seiner stark eklektischen, von dorischen Säulen sowie barocken und neugotischen Einflüssen im Empirestil geprägten Architektur umfasst wunderbare, mit einem *Kalame* (einer Rohrfeder) angefertigte Kalligrafien von Kazasker Mustafa İzzet Efendi.

Seit der Mantel nach Istanbul kam, erfuhr er seitens der Bewohner der Stadt große Verehrung. Konnten Gläubige dem Mantel einst während der letzten beiden Wochen des Ramadan die Ehre erweisen, wird er ihnen heute aufgrund der großen Menschenmassen den gesamten muslimischen Fastenmonat über präsentiert. Der 120 Zentimeter lange cremefarbene Mantel ist aus acht Teilen eines Stoffs zusammengesetzt, der aus dem feinen Haar vom Hals junger Kamele gewebt wurde.

2009 wurde die Besichtigung des Mantels aus ziemlich mysteriösen Gründen ausgesetzt. Eine von der letzten Konservatorin 2002 eingestellte, etwas übereifrige und sehr fromme Mitarbeiterin soll das wertvolle Stück mehrmals sorgfältig gebügelt haben. Von den religiösen Führern der Stadt wird diese Geschichte freilich vehement dementiert. Die Konservatorin soll nach einer Weile eine ihr unerklärliche Abnutzung festgestellt und die Reliquie eilig an einen Experten für die Restaurierung alter Stoffe übergeben haben.

Ein weiterer Mantel (aus Ziegenhaar), der dem Propheten zugeschrieben wird, befindet sich in der Abteilung „Heilige Reliquien" des Topkapı-Palasts im *Hırka-i Saadet Dairesi,* dem „Pavillon des heiligen Mantels". Der Dichter Ka'b ibn Zuhair hatte diesen zweiten Mantel vom Propheten als Geschenk erhalten. Durch Selim I. gelangte er nach der Eroberung Ägyptens unter den Mamelucken – den Hütern der Heiligen Reliquien des Islam (d. h. der Reliquien aus der Zeit des Propheten Mohammed) – zurück nach Istanbul.

DIE ZISTERNE DES SULTANS

⑫

Heiraten in einer römischen Zisterne

Sultan Sarnıç, Ali Naki Sk. no:4 (Ecke Yavuz Selim Cad.)
Ali Kuşçu/Fatih
0212 521 07 20
sultansarnic.com
Bus: Çarşamba

Mitten im konservativ-muslimischen Stadtteil Fatih liegt die „Zisterne des Sultans“ *(Sultan Sarnıç)*. Erbaut wurde sie jedoch bereits in römischer Zeit unter Kaiser Theodosius I. (reg. 378–395). Die Zisterne ist zwar deutlich kleiner als die berühmte Cisterna Basilica *(Yerebatan Sarnıçı)*, mit ihren mit unzähligen christlichen Kreuzen verzierten 28 Säulen (davon 21 aus Marmor und 7 aus Granit) jedoch nicht weniger spektakulär. Die Bautechniken und Verzierungen legen ein prächtiges Zeugnis von der Übergangszeit hin zum byzantinischen Stil ab. Die *Sultan Sarnıç* zählte einst zu den größten geschlossenen Wasserreservoirs der Stadt. In osmanischer Zeit wurde sie geleert und (wie viele andere Zisternen auch) aufgrund der für dieses Metier erforderlichen hohen Feuchtigkeit als Spinnerei genutzt.

Seit ihrer gelungenen Sanierung 2007 kann die Zisterne für Abendveranstaltungen und Hochzeitsfeiern in prickelnd-geheimnisvollem Ambiente gemietet werden.

Weitere monumentale Zisternen in Istanbul

Es gibt in Istanbul derart viele römisch-byzantinische Zisternen, dass im Zuge von Tiefbau- oder Renovierungsarbeiten auf der historischen Halbinsel immer wieder neue Überreste zutage treten. Drei Beispiele: Die berühmteste Zisterne ist die Cisterna Basilica oder *Yerebatan Sarnıcı* mit 336 Säulen (Yerebatan Cad. no:1/3, Sultanahmet). Sie stammt aus der Zeit Justinians I. (reg. 527–565). Ebenfalls in Sultanahmet liegt die Binbirdirek-Zisterne (auch unter dem Namen Philoxenos-Zisterne bekannt). Ihre Gewölbe ruhen auf 224 Säulen (İmran Öktem Cad. no:4).

Die von Theodosius II. (reg. 408–450) erbaute Theodosius-Zisterne *(Şerefiye Sarnıcı)* in Çemberlitaş (Piyer Loti Cad. no:2/1) verfügt über 32 Säulen.

DAS GRAB EINES APOSTELS ⑬

Ein christlicher Heiliger in einer Moschee

Rosenmoschee (Gül Camii)*, Vakıf Mektebi Sk. no:16/Gül Camii Sk. no:2–6, Yavuz Sultan Selim/Fatih (hinter der griechischen Kirche Aya Nicola Rum) Westlich der Atatürk-Brücke* (Atatürk Köprüsü)
Bus: Küçük Mustafapaşa

An dem Pfeiler zwischen der Apsis und dem rechten Schiff der Rosenmoschee führt eine schmale Treppe hinauf in eine winzige Zelle, in der ein typisch muslimisches Grab liegt. Eine osmanische Inschrift über dem Eingang verweist darauf, dass es sich hierbei um „das Grab eines Apostels, eines Gefährten Jesu" handelt.

Sowohl byzantinische als auch osmanische Quellen schweigen sich über den Namen des Apostels aus. Möglicherweise handelt es sich um einen wenig bekannten byzantinischen Heiligen, der in der Kirche bestattet und von den Osmanen als einer der Apostel übernommen wurde. Die Apostel sind in der islamischen Tradition anerkannte Persönlichkeiten und daher mit einem muslimischen Sakralbau durchaus vereinbar.

Eine weitere Besonderheit der Rosenmoschee ist die große Anzahl Salomonischer Siegel, die man an praktisch allen Wänden und Gewölben findet (mehr über die damit verbundene Symbolik, s. S. 28).

Die kleine Tür in der nahe der Rosenmoschee gelegenen byzantinischen Mauer trägt in einer Mischung aus Türkisch und Griechisch den Namen *Aya Kapı,* „Tür der Heiligen", und ist vermutlich eine Erinnerung an die der heiligen Theodosia gewidmeten Kirche.

Woher stammt der Name „Rosenmoschee"?

Ursprünglich war die Kirche der heiligen Euphemia gewidmet. Nach ihrem Verfall wurde sie von Basileios I. (reg. 867–886) renoviert und der heiligen Theodosia geweiht, die 729 ihr Martyrium erlitt. Deren Reliquien bewahrte man in der Kirche auf, die zu einer Art Grabkapelle für die Familie von Basileios I. wurde. Der Gedenktag der heiligen Theodosia wurde am 29. Mai gefeiert.

Der Legende nach fanden die Soldaten der osmanischen Armee, als sie die Stadt am 29. Mai 1453 eroberten, die Kirche mit Rosen bedeckt vor. Am Vorabend war dort das Fest der heiligen Theodosia gefeiert worden – nach byzantinischem Kalender beginnt der neue Tag bereits mit der Abenddämmerung. Die zur Dekoration in dem Bau verteilten Rosen waren noch ganz frisch; die Kirche erhielt den Namen „Rosenmoschee".

Diese Legende ist jedoch umstritten. Zum einen hatten die Bewohner der belagerten Stadt vermutlich anderes im Sinn, als am Vorabend des Sturzes des Byzantinischen Reichs frische Rosen zu sammeln und eine Kirche zu dekorieren.

Zum anderen wurde die Kirche der heiligen Theodosia nach der Eroberung lange als Flottenarsenal genutzt und erst gegen Ende des 15. Jahrhunderts in eine Moschee umgewandelt. Wie wahrscheinlich ist es, dass die Moschee in Erinnerung an ein mehrere Jahrzehnte zurückliegendes Ereignis benannt wurde?

Ihre endgültige Form erhielt die Moschee, die bei einem Erdbeben 1509 stark beschädigt worden war, unter Selim II. (reg. 1566–1574). Ihre Renovierung geht vermutlich auf den leitenden Architekten, den großen Sinan, zurück. Die heutige Kuppel liegt direkt auf Pendentifs und Gewölben auf, während der ursprüngliche Bau unter der Kuppel vermutlich einen mit Fenstern versehenen Tambour – häufiges Element der byzantinischen Architektur – aufwies.

DAS REZAN-HAS-MUSEUM

(14)

Ein Museum in einem alten Hammam, der von der Tabakfabrik zur Universität wurde

Rezan-Has-Museum/Kadir-Has-Universität (Rezan Has Müzesi/Kadir Has Üniversitesi), *Kadir Has Cad. 23a, Cibali/Fatih*
Täglich 9–18 Uhr (außer an nationalen und religiösen Feiertagen sowie an Neujahr)
0212 533 65 32 und 0212 534 10 34
Bus: Unkapanı-Kadir Has

Das Rezan-Has-Museum auf dem Gelände der Kadir-Has-Universität trägt den Namen der Frau des Industriellen, der die Hochschule (s. rechts) im Zug der Sanierung der alten Tabakfabrik 2002 gründete.

Heute befinden sich in dem Komplex neben der Universität Reste des osmanischen Hammams und der byzantinischen Zisterne, die unter dem Gebäude liegen und ein Museum beherbergen. Dieses umfasst eine archäologische Sammlung mit Exponaten bis aus dem Jahr 7000 v. Chr. sowie Archive und Objekte im Zusammenhang mit der Tabakfabrik.

Der zentrale Stein des Hammams sowie die Dampfleitungen stammen vermutlich aus dem 17. Jahrhundert und sind gut erhalten. Die sogenannte Seferikos-Zisterne, abgeleitet vom Namen des angrenzenden Stadtteils, stammt aus dem 11. Jahrhundert. Sie ruht auf 48 Gewölben, 15 Pfeilern und 20 Säulen. Während des Zweiten Weltkriegs diente sie

der Tabakfabrik und verschiedenen Lebensmittelhändlern als Lagerhalle. Ein Teil des Museums widmet sich den Erinnerungen und dem persönlichen Nachlass von Kadir Has. So ist er beispielsweise als Wachsstatue in seinen Originalkleidern an seinem Schreibtisch sitzend zu sehen. Die Statue ist so gelungen, dass sie im Dämmerlicht der Zisternengewölbe für den in seine Arbeit vertieften Museumsdirektor gehalten werden könnte.

Von Zeit zu Zeit werden in den Räumen des Museums archäologische Ausstellungen zu einzelnen Epochen sowie Kunstausstellungen gezeigt, die vor allem der türkischen Malerei gewidmet sind.

Die renommierte Kadir-Has-Privatuniversität befindet sich in den sanierten Räumen einer Fabrik, die einst der 1884 gegründeten Tabak-Regie-Gesellschaft gehörte, welche das Monopol für die Tabakernte hatte und 1900 mit der Herstellung von Zigaretten begann. Die Fabrik war damals eine Art Stadt in der Stadt: Sie verfügte über eine eigene Polizei, Krankenhäuser, Gemischtwarenläden, Schulen, Feuerwehr, Restaurants und Gewerkschaften. Die Zusammenarbeit zwischen Frauen und Männern, noch dazu verschiedener Herkunft, war in Istanbul eine große Premiere.

Die Fabrik wurde 1925 verstaatlicht und schon bald zum Zentrum linker Bewegungen, die Streiks organisierten und die Arbeiterklasse aufriefen, für ihre Rechte einzustehen. Der Stadtteil Cibali wurde so in den 1960er-Jahren zu einer Bastion der Arbeiterpartei der Türkei *(Türkiye İşçi Partisi, TİP)*, die sich unter anderem für das Recht auf kostenlose Bildung einsetzte und insbesondere die Einrichtung privater Hochschulen bekämpfte.

Es war Ironie des Schicksals, dass sich einige Jahrzehnte später ausgerechnet eine Privatuniversität in den Räumen der alten TİP-Hochburg einquartierte. Die stillgelegte Tabakfabrik wurde 1997 an die Stiftung von Kadir Has (1921–2007) verkauft, der einst als erster Händler für Michelin-Reifen in der Türkei Karriere gemacht hatte. Nach vierjährigen Renovierungsarbeiten unter der Leitung von Mehmet Alper wurde am 13. Februar 2002 die Kadir Has University von ihrem Stifter eröffnet. Die Renovierung des Gebäudes bekam 2003 den Europa-Nostra-Preis verliehen.

DAS AGIASMA DER HEILIGEN MARIA VON VEFA

15

Eine wundersame Quelle, aus der „einmal im Monat“ Wasser fließt

Marienkirche von Vefa (Ayın Biri Kilisesi / Ayda Bir Kilisesi)
Katip Çelebi Cad. no:23 (gegenüber dem Einkaufskomplex İ.M.C. İstanbul Manifaturacılar Çarşısı*), Vefa, Hacıkadın/Fatih*
Bus: Unkapanı

Am ersten Tag des Monats findet in der orthodoxen Marienkirche von Vefa ein Agiasma statt – eine Feier zu Ehren einer Weihwasserquelle (s. S. 241) –, das dem Bau zu seinem türkischen Namen verhalf: *Ayın Biri Kilisesi* („Kirche des Ersten des Monats") bzw. *Ayda Bir Kilisesi* („Kirche Einmal im Monat").

Jeden Monat geben sich Besucher aller Glaubensrichtungen – obwohl es sich um eine christliche Kirche handelt, meist Muslime – einmal einem bestimmten Ritual hin: Man kauft einen Schlüssel, formuliert einen Wunsch, spricht je nach Religion und Konfession eine Danksagung und wirft den Schlüssel anschließend ins Meer, in einen See oder in einen Fluss.

Vermutlich befand sich am Standort des heutigen Baus bereits zu Zeiten der Eroberung eine Kirche. Im 18. Jahrhundert wurde die verlassene Kirche durch einen Epiroten (einen Griechen aus der historischen Region Epirus) wiederaufgebaut, dessen Tochter in einem Traum die heilige Quelle der Kirche gesehen hatte. Im Rahmen von Ausgrabungen wurden eine Quelle sowie eine Marmorikone aus dem 11. Jahrhundert gefunden, die heute in einem Bronzeschrein aufbewahrt wird. Die Familie verkaufte die Kirche schließlich an die „Makedonische Bildungsbruderschaft", die den Bau erweiterte.

Konstantin Palaiologos und der Name des Stadtteils Vefa

Die Marienkirche von Vefa wurde vermutlich in der Nähe des nicht mehr vorhandenen Grabs von Konstantin XI. Palaiologos errichtet, des letzten byzantinischen Kaisers, der bei der Verteidigung seiner Stadt gegen die Türken starb. Der Legende nach kämpfte Konstantin XI. auch nach dem Sturz der Stadt am 29. Mai 1453 noch weiter, bis er durch einen arabischen Sklaven von Sultan Mehmed II. getötet wurde. Im Angesicht des Todes soll Konstantin seinem Mörder zugerufen haben: *„M'efages!"* (griech. „du hast mich erledigt"), woraus später zunächst Mefa, dann Vefa wurde.

Eine plausiblere Erklärung verweist darauf, dass Scheich Vefa (Muslihuddin Mustafa) in den Jahren nach der Eroberung in dem Stadtteil eine geistliche Bildungseinrichtung erbauen ließ. Was jedoch nicht ausschließt, dass das Grab von Konstantin XI. Palaiologos „unsichtbar und unbedeutend", wie es die Legende will, irgendwo in der Nähe der Marienkirche von Vefa liegt.

DAS GLAS VON MUSTAFA KEMAL ATATÜRK

⑯

Was von Boza *und* Şıra *übrig blieb*

Historisches Verkaufsgeschäft Vefa Bozacısı 1876 (Tarihi Vefa Bozacısı 1876)
Vefa Cad. no:66, Vefa, Mollahüsrev/Fatih
0212 519 49 22
vefa.com.tr
vefa@vefa.com.tr
Metro: Vezneciler

Vefa Bozacısı ist mehr als ein einfacher Laden oder eine Bar. In dem eleganten Geschäft sind einige traditionelle türkische Getränke erhältlich, die auch im hauseigenen Café serviert werden: *Boza* von Oktober bis April und *Şıra* in den übrigen Monaten.

Das Vefa Bozacısı („Boza-Haus im Stadtteil Vefa“) wurde von einer albanischen Familie aus Prizren gegründet, die in den 1870er-Jahren, kurz vor Ausbruch des Russisch-Türkischen Kriegs auf dem Balkan, nach Istanbul emigriert war. Als sich die Armenier in der Herstellung des Boza durchzusetzen begannen, kam diese Familie auf eine geniale Idee, die ihr in dem Stadtteil der hohen Bürokratie zu Wohlstand verhalf: Sie ersetzte die üblicherweise für die Lagerung von Boza verwendeten Holzfässer – Brutstätte für Bakterien, die das wertvolle Getränk schnell verderben ließen – durch riesige hygienische und dekorative Marmorkrüge. Der wachsende Ruf des Unternehmens aus Vefa brachte ihm einige namhafte Kunden und treue Gäste ein, unter ihnen Republikgründer Mustafa Kemal Atatürk. Sein persönliches Trinkglas, aus dem er laut Inschrift am 4. Januar 1937 Boza getrunken hat, ist unter einer Glocke ausgestellt.

Zu jener Zeit gab es in Istanbul Hunderte Boza-Erzeuger. Auch zu Hause wurde das Getränk angesetzt, was hingegen heute kaum noch üblich ist. Das Familienunternehmen Vefa Bozacısı verdankt ihr Überleben der Qualität ihrer Produktion. In Ostthrakien, dem euro-

päischen Teil der Türkei, finden sich ebenfalls noch einige Boza-Erzeuger, eine Reminiszenz an die geografische Herkunft des Getränks.

Der Şıra, der in der heißen Jahreszeit serviert wird, ist ein leicht fermentiertes Erfrischungsgetränk auf Basis von Traubensaft bzw. von in Wasser eingeweichten Rosinen. Das Getränk ist alkoholfrei, eine zu lange Reifezeit verwandelt es jedoch in Wein.

Neben traditionell erzeugtem Boza und Şıra verkauft Vefa Bozacısı auch einen unter Gourmets sehr beliebten Granatapfelsirup sowie Balsamessig nach italienischer Art. Alle Produkte sind in schönen Glasflaschen erhältlich. Im Sommer ist auch das hausgemachte Eis absolut empfehlenswert.

Boza, ein umstrittenes Getränk

Boza ist ein leicht fermentiertes Getränk auf Basis von Hirse und Zucker. Es ist reich an Kohlenhydraten, Vitaminen und Milchsäure und wird Leistungssportlern ebenso wie Schwangeren empfohlen. Ursprünglich wurde es aus Weizen, Mais und anderem Getreide hergestellt. Vermutlich geht Boza auf *Zythos*, ein fermentiertes, weißbierähnliches Getränk aus dem alten Ägypten, zurück. In der Schrift *Anabasis* des antiken griechischen Schriftstellers Xenophon wird ein ähnliches Getränk in einer Region erwähnt, bei der es sich um das heutige Anatolien handelt. Zur Zeit der Osmanen lag das Vorrecht für die Erzeugung von Boza bei der vom Balkan stammenden Bevölkerung, vor allem bei den Albanern. Die Armee war einer der Hauptabnehmer des Getränks, das den Soldaten die Kälte auf dem Balkan erträglicher machen sollte.

Der Verzehr von Boza führte aufgrund des geringen Alkoholgehalts zu einer schier endlosen theologischen Kontroverse. Die Rechtsgelehrten unterschieden dabei zwischen dem stärker alkoholhaltigen „sauren" Boza und dem „süßen" Boza, den gute Muslime ohne Gewissensbisse zu sich nehmen konnten. Einzelne besonders fromme Sultane wie Murat IV. (reg. 1623–1640) oder Selim III. (reg. 1789–1807) verboten hingegen offiziell alle Boza-Arten. Dieses Verbot erklärt sich auch aus dem Umstand, dass sich die Boza-Bars verstärkt zu Versammlungsorten und Ausgangspunkten für politische Verschwörungen entwickelten.

Einst wurde Boza mit Zimt, Ingwer und Kokosraspeln garniert serviert. Heute kommt er mit Zimt und gerösteten Kichererbsen, genannt *leblebi,* ins Glas.

DER KONVENT DER INDER

17

Eine Botschaft des indischen Sufismus mitten in der Stadt

Konvent der Inder (Hindiler Tekkesi), *Horhor Cad. (Ecke Simitçi Şakir Sk.; am Rand des Aksaray-Platzes* [Aksaray Meydanı], *nahe der Murat-Paşa-Moschee, Guraba Hüseyin Ağa, İskenderpaşa/Fatih*
Montag bis Freitag 9–17 Uhr
Metro, Bus: Aksaray. Tram: Yusufpaşa

Der steinerne Brunnen mit pyramidenförmigem Dach geht inmitten des lebendigen Treibens auf dem Aksaray-Platz trotz seiner imposanten Größe fast unter. Er ist Teil des Gebäudekomplexes des Konvents der Inder *(Hindiler Tekkesi),* der selbst auf offiziellen Hinweistafeln oft fälschlicherweise als Konvent der Hindus bezeichnet wird (*Hindular Tekkesi* – der Konvent gehört jedoch nicht zum Hinduismus, sondern zum Islam). Im Volksmund wird der Ort aufgrund seines Brunnens gern „Konvent von Horhor" genannt: eine lautmalerische Bezeichnung für Brunnen, aus denen das Wasser geräuschvoll plätschert.

Auf dem Gelände stehen in einem kleinen Garten neben einem Holzhaus einige Grabsteine. Nach osmanischem Brauch tragen die Gräber indischer Derwische Steine in Form ihrer Kopfbedeckung. Einige davon sind typisch indisch: Hüte in Form eines umgekippten Boots oder asymmetrische, spitze Hüte, die sich stark vom runden oder kugelförmigen osmanischen Turban oder dem klassischen Fez unterscheiden.

Der im 15. Jahrhundert auf Anordnung von Mehmed dem Eroberer gegründete Konvent bzw. Versammlungsort zählt zu den ältesten Einrichtungen des Sufi-Ordens Nakşibendi. Stets dem indischen Zweig des Ordens verbunden, wurde der Konvent im 19. Jahrhundert zu einem wahren Pilger-Hospiz für indische Derwische (oder Sufis, also Ausübende des Sufismus).

Neben seiner Rolle als Brücke zwischen dem osmanischen und dem indischen Sufismus wurde der indische Konvent von Horhor zu einem politischen Raum: Der auf dem Friedhof bestattete Imam Mehmed zählte zu der Delegation, die 1787 von Tipu Sultan, Herrscher des südindischen Staats Mysore, nach Istanbul entsandt wurde, um Sultan Abdülhamid I. um Beistand im Kampf gegen die britischen Kolonialherren zu ersuchen. Anfang des 20. Jahrhunderts wurde ein Scheich des Konvents, Riyazeddin Babür Efendi, zum Vorsitzenden des Konvents der Inder in Jerusalem *(Tekye-tul Hunud)* ernannt, wo er an der Seite der osmanischen Armee im Ersten Weltkrieg gegen die Engländer kämpfte. Nach dem Verlust Jerusalems kam er nach Istanbul zurück und leitete dort den Konvent von Horhor. Den Engländern entkam er jedoch nicht: Er wurde festgenommen, als alliierte Truppen Istanbul besetzten. Neben jenem in Jerusalem gibt es einen weiteren Konvent der Inder in Üsküdar.

RESTE DER TRIUMPHSÄULE DES ARCADIUS ⑱

Ein vergessenes Relikt aus dem alten Byzanz

Arkadius-Säule (Arkadius Sütunu)
Haseki Kadın Sk. 33 (Ecke Koca Mustafapaşa Cad., gleich neben der berühmten Konditorei Cerrahpaşa)
Cerrahpaşa, Hasekisultan/Fatih
Tram: Yusufpaşa oder Haseki

Unweit des Krankenhauses und der medizinischen Fakultät von Cerrahpaşa fällt in der Haseki Kadın Sokak ein eigenartiger Steinhaufen ins Auge, der in etwa so hoch ist wie das rechts daneben liegende Gebäude. Es handelt sich um eine alte Säule, die direkt neben der berühmten Konditorei Cerrahpaşa (Koca Mustafapaşa Cad. no:16) die Zeit überdauert hat und vom Hinterhof der Konditorei aus anderem Winkel ebenfalls gut zu sehen ist.

Die Säule ist ein Relikt einer mächtigen (47 Meter hohen) byzantinischen Siegessäule, die zu Ehren von Kaiser Arcadius (reg. 395–408) und dessen Vater, Theodosius I. (reg. 379–395), errichtet wurde. Einst stand sie auf einem quadratischen, noch vorhandenen Sockel im Zentrum des Arcadius-Forums, das sich an eben dieser Stelle befand (und

von dem außer der Säule nichts weiter erhalten ist). Die Säule erzählte in einem spiralförmigen Relieffries auf dem Schaft die Geschichte der kaiserlichen Armeen und glich in ihrer Form der Trajanssäule und der Mark-Aurel-Säule in Rom, die ihrerseits Napoleon zum Bau der Vendôme-Säule in Paris inspirierten. In ihrem Inneren befand sich eine Wendeltreppe, über die man bis zu dem Balkon ganz oben hinaufsteigen konnte. Die Arcadius-Statue wurde 421 unter Theodosius II. ergänzt.

Die Säule überdauerte die schweren Erdbeben, die die Stadt erschütterten, darunter jenes im Jahr 740, dem die Arcadius-Statue zum Opfer fiel. In osmanischer Zeit war sie im 16. und 17. Jahrhundert Anziehungspunkt für europäische Reisende, aus deren Beschreibungen uns heute ihre einstige Form bekannt ist. Anfang des 18. Jahrhunderts wurde die einsturzgefährdete Säule schließlich abgerissen. Übrig blieb ein Haufen Steine, der noch heute zu sehen ist.

Evliya Çelebi, ein großer osmanischer Reisender und Historiker (1611–1682), berichtet in seinem Werk *Seyahatname* (Reisebuch) von einer Mädchenstatue, die ebenfalls auf der Säule gestanden haben soll. Diese erwachte der Legende nach einmal im Jahr zum Leben und stieß einen Schrei aus, der über der Säule hinwegfliegende Vögel abstürzen ließ. Die Bewohner des Viertels widmeten dem Ereignis ein Fest. Evliya Çelebi berichtet weiter, dass bei der Geburt des Propheten Mohammed ein großes Erdbeben die Stadt erschütterte und die Säule zum Einsturz brachte. Der Legende nach baute sich die Säule von selbst wieder auf.

In osmanischer Zeit wurde die Säule *Avrat Taşı* („Stein der Dame") genannt, da an ihrem Standort sonntags ein Markt für Frauen abgehalten wurde. In der klassischen osmanischen Gesellschaft, in der Männer und Frauen ein eher voneinander getrenntes Leben führten, war es Frauen angesichts der meist männlichen Händler kaum möglich, die Wochenmärkte zu besuchen. Folglich wurden eigene Märkte nur für Frauen eingerichtet, auf denen weibliche Händlerinnen ihre Waren feilboten.

Weltreise wegen eines Traums

In der Nacht vom 19. August 1630 (1040 der Hidschra) schlief der Palastbeamte Evliya Çelebi ruhig in seinem Bett, als er sich in einem wachtraumartigen Zustand plötzlich neben der Minbar der Ahi-Çelebi-Moschee sitzen sah, in die, angeführt von Mohammed, eine leuchtende Schar Gläubiger mit Propheten und Heiligen des Islam hineinströmte. Diese hatten sich zusammengefunden, um dem im Krieg befindlichen Khan Giray von der Krim im gemeinsamen Morgengebet geistigen Beistand zu geben. Einer der Heiligen hieß Evliya Çelebi, am Gebet teilzunehmen und anschließend die Hände des Propheten Mohammed mit den folgenden Worten zu küssen: *„Şefaat ya Resulallah"* (Gnade, o Prophet Gottes!).

Evliya Çelebi gehorchte. Als er jedoch vor dem Propheten stand, um ihm die Hände zu küssen, bekam er es im Angesicht des Erhabenen mit der Angst zu tun, sodass er die ihm aufgetragenen Worte durcheinanderbrachte und stotternd sagte: *„Seyahat Ya Resulallah"* (Reisen, o Prophet Gottes!). Der Legende nach gefiel der Fehler dem Propheten, der entgegnete: „Ich habe ein gutes Wort für dich eingelegt. Gehe nun in Gesundheit und Frieden auf Reisen!" Nach seinem Erwachen holte Evliya Çelebi Rat bei zwei auf die Traumdeutung spezialisierten Mystikern. Sie verkündeten ihm einhellig ein glückliches Leben in einer anderen Welt und lange Reisen.

Seine Reiseberichte veröffentlichte er in einem zehnbändigen Werk, dem *Seyahatname* (Reisebuch), in dem sich realistische Beobachtungen mit ungezügelter Fantasie abwechseln (Frauen, die Elefanten gebären; beim Sprung von Dach zu Dach im Winter in der Luft eingefrorene und im Sommer wieder aufgetaute Katzen ...).

Ungeachtet dessen bietet das Werk weitreichende Einblicke in die Geschichte, Wirtschaft, Geografie, Ethnologie, Soziologie

und Folklore der bereisten Gegenden und vermittelt ein buntes Bild des damaligen Lebens im Osmanischen Reich.
Evliya Çelebi begann mit der Besichtigung Istanbuls: Er beschrieb die Derwischkonvents, Moscheen, Medresen, aber auch die Tavernen, Konzerte, Vergnügungsorte und zahlreichen Laster der Stadt, wie Alkohol und Drogen. Ab 1640 begleitete er Staatsmänner auf ihren Reisen nach Anatolien, Syrien, Palästina, in den Irak und den Hedschas, nach Ägypten, in den Sudan und auf den Balkan. Ferner unternahm er Reisen nach Iran, Aserbaidschan, Georgien, in den Kaukasus, auf die Krim, nach Ungarn, Österreich, Deutschland, Holland, Polen, Schweden oder Russland. An der Eroberung der Insel Kreta nahm er als früher Kriegsreporter teil.
Die neben der Universität der Istanbuler Handelskammer *(Istanbul Ticaret Üniversitesi)* am Ufer des Goldenen Horns gelegene Ahi-Çelebi-Moschee wurde im 15. Jahrhundert von Ahi Çelebi Tabib Kemal gestiftet, Direktor des von Mehmed dem Eroberer eingerichteten großen Krankenhauses und Leibarzt von Sultan Bayezid II. Als Facharzt für Urologie verfasste er eine Abhandlung über Nieren- und Blasensteine. Die Ahi-Çelebi-Moschee wurde aufgrund einer Absenkung, die auf die Lage an dem instabilen Ufergelände des Goldenen Horns zurückzuführen ist, zunächst aufgegeben. Nach ihrer Sanierung vor Kurzem kann sie heute wieder besucht werden.

ÜBERRESTE EINES OBELISKEN

Der dritte Obelisk von Byzanz

Campus der medizinischen Fakultät/Krankenhaus von Cerrahpaşa
Koca Mustafapaşa Cad. no:53, Cerrahpaşa/Fatih
Tram: Fındıkzade

Bei der Gründung Konstantinopels ordnete Konstantin der Große (reg. 324–337) die Aufstellung eines ägyptischen Obelisken aus Karnak an. Unter Theodosius I. wurde der große Granitblock (aus der Zeit von Thutmosis III., 15. Jahrhundert v. Chr.) 390 im Hippodrom aufgestellt; heute liegt hier der Sultan-Ahmed-Platz, wo der Obelisk noch zu sehen ist. Der zweite Obelisk, bei archäologischen Ausgrabungen in Sarayburnu entdeckt, ist im Garten des Archäologischen Museums ausgestellt.

Schriftliche Quellen berichten von einem dritten Obelisken, von dem aber jegliche Spur fehlte. Kürzlich durchgeführte Sanierungsarbeiten an der Esekapı-Moschee förderten ein Granitstück zutage, das von diesem Obelisken stammen könnte. Entdeckt wurde es im Hof der Esekapı-Moschee und der İbrahim-Paşa-Koranschule. Die Esekapı-Moschee war ursprünglich eine byzantinische Kirche, die Ende des 13./Anfang des 14. Jahrhunderts in der Nähe eines der Stadttore, des Jesustors (*İsa kapısı*; *İsa* = Jesus), erbaut wurde. Daraus entstand für den Bau die türkische Bezeichnung *İsakapı*, später *Esekapı*.

Zwischen 1551 und 1560 widmete der Wesir Hadım İbrahim Paşa die Kirche in eine Moschee um. Der Architekt Sinan wurde mit dem Bau der eingegliederten Koranschule *(Medresa)* beauftragt. Das Stück des Obelisken war seinerzeit vermutlich bereits sichtbar, konnte aber aufgrund seines großen Gewichts nicht verrückt werden und blieb jahrhundertelang unter der Moschee verborgen. Das Gebäude stürzte beim Erdbeben von 1894 ein und verfiel. In den 1960er-Jahren wurde der Komplex in den Campus der medizinischen Fakultät integriert.

DAS MARTYRION DER SANKT-MENAS-KIRCHE

Ein in Vergessenheit geratener römischer Bau in Istanbul

St.-Menas-Kirche (Aya Mina Rum Ortodoks Kilisesi/Agios Minas Church)
Bestekâr Hakkı Bey Sk. no:1, Kocamustafapaşa/Fatih
Kirche sonntags geöffnet; an den übrigen Wochentagen tel. Anmeldung unter 0212 586 1650 oder 0212 588 9296
Bus: Gençosman, Koca Mustafapaşa

Unter der Sankt-Menas-Kirche *(Agios Minas)* liegt eines der wohl am wenigsten bekannten römischen Bauwerke Istanbuls. Es ist fast völlig in Vergessenheit geraten und kann je nach Laune des Mechanikers, dessen Werkstatt sich im Sockel der etwas höher gelegenen Kirche auf Höhe der Nafiz Gürman Caddesi befindet, besichtigt werden.

Mit etwas Glück gelangen Sie in ein Martyrion aus den Anfängen des Christentums: In dieser kleinen Katakombe wurden die heiliggesprochenen Märtyrer Papylus und Karpus bestattet, deren Namen zu Papylokarpus und später zu Polykarpus zusammengezogen wurden.

Alten Quellen zufolge wurde das Martyrion im 4. oder 5. Jahrhundert nach Vorbild des Felsendoms in Jerusalem erbaut. Wenngleich schlecht erhalten, so ist ein Besuch des schummrigen Martyrions mit seinen hohen Gewölbedecken doch eindrucksvoll.

Die darüberliegende, 1833 errichtete Kirche wurde mehrfach neu gebaut. Ihr Name wurde vermutlich deshalb in Sankt Menas geändert, weil die Bewohner des Viertels diesen insbesondere von den Orthodoxen verehrten Heiligen lieber mochten als den heiligen Polykarp, dessen Agiasma (heilige Quelle) sich im Untergeschoss befindet.

DIE ZYPRESSE DER SÜMBÜL-EFENDI-MOSCHEE

21

Ein Baum, eine Kette, Gerechtigkeit und das Ende der Welt

Sümbül-Efendi-/Koca-Mustafa-Paşa-Moschee (Kocamustafapaşa Sümbül Efendi Camii)
Kocamustafapaşa Cad. (und Kocamustafapaşa Medresesi Sk.)
Sümbülefendi/Fatih
Bus: Koca Mustafapaşa

Die Sümbül-Efendi-Moschee bzw. Koca-Mustafa-Paşa-Moschee *(Kocamustafapaşa Sümbül Efendi Camii)* wurde 1284 als christliches Kloster zu Ehren des heiligen Andreas von Kreta erbaut. 1486 wurde die Kirche in eine Moschee umgewidmet und als Sitz des Derwischordens Sümbül genutzt. In der Moschee findet sich das Grab des Ordensgründers Scheich Yusuf Sinan Efendi, genannt Sümbül Efendi.

Im Innenhof liegen zwei weitere Grabstätten aus dem Jahr 1813, bei denen es sich um jene der Töchter von Hussein, Enkel des Propheten, Sohn von Ali und Fatima und vierter Kalif des Islam, handeln soll. Neben den Gräbern erhebt sich eine vertrocknete Zypresse aus dem Erdreich, um die einst eine Kette mit nach unten hängendem Ende geschlungen war. Dem Volksglauben nach wurden die beiden Töchter von Hussein von den Byzantinern gefangen genommen und gezwungen, ihrem Glauben zu entsagen. In Gefangenschaft nahe der Zypresse erhielten sie vierzig Tage, um zu konvertieren. Nach Ablauf der Frist wurden sie unter der Zypresse getötet und in der Nähe bestattet. Die Zypresse stand später im Dienste der Gerechtigkeit: Mutmaßliche Täter wurden unter den Baum gestellt. Berührte die Kette den Kopf des Verdächtigen, war er schuldig. Bewegte sich die Kette nicht, war er unschuldig.

Eine letzte Legende verkündete das Ende aller Zeiten, sollte die Kette unvermittelt reißen und zu Boden fallen. Um unnötige Risiken zu vermeiden, wurde die Kette ganz einfach von offizieller Seite abgenommen. Heute fehlt von ihr jede Spur.

Für Kinder, die Schwierigkeiten mit dem Lesen und Schreiben haben …

Einem alten Glauben zufolge mussten Kinder, die stotterten oder Schwierigkeiten mit dem Lesen und Schreiben hatten, zur Überwindung ihrer Probleme auf den Balkon *(şerefe)* des Minaretts steigen und dieses mehrmals umrunden.

Die Hyazinthen der Moschee

Sümbül bedeutet auf Türkisch „Hyazinthe“. Scheich Sümbül Efendi war ein großer Liebhaber dieser Blume, die er in der Saison gern in seinen Turban gesetzt haben soll. So findet sich das im Orden der Sünbülis allgegenwärtige Symbol überall auf dem Gelände der Moschee: in Kalligrafien und Verzierungen ebenso wie auf Grabsteinen oder Kleidungsstücken.

In einem der Gräber vor der Moschee soll eine zum Islam konvertierte Tochter des letzten byzantinischen Kaisers Konstantin XI. Palaiologos bestattet sein.

DIE KEULE IM SİLİVRİKAPI

(22)

Sportliches Training im Osmanischen Reich

Silivri-Tor in der inneren byzantinischen Stadtmauer (Silivrikapı)
Silivri Cad. (Ecke Hisaralti Cad. bzw. 10. Yıl Cad.), Kamiloba/Büyükçekmece
Bus: Silivrikapı (Linie nach Zeytinburnu)

Gut versteckt auf der Innenseite des Silivri-Tors (türk. *Silivrikapı*), eines Tors der inneren byzantinischen Stadtmauer, hängt seitlich an der Wand eine Steinkeule von beeindruckender Größe. Entgegen dem, was man glauben könnte, sollte sie nicht dabei unterstützen, sich im Mittelalter brutaler feindlicher Angriffe zu erwehren, sondern diente schlicht zur körperlichen Ertüchtigung von Soldaten.

Bei den Osmanen (und insbesondere den Janitscharen, s. S. 52) war es Brauch, dass der Gegenstand, mit dem ein Rekord gebrochen wurde (Speer, Bogen, Keule ...), an der Wand einer Moschee oder eines großen Tors aufgehängt wurde.

Die für gewöhnlich im Training als eine Art Hanteln verwendeten Keulen wogen zwischen 25 und 30 Kilogramm. Der für seine Herkuleskräfte und seine imposante Statur bekannte Sultan Murat IV. (reg. 1623–1640) soll mit einem 102 Kilogramm schweren Gewicht trainiert haben, das er angeblich mit dem kleinen Finger anhob.

Die Inschrift neben der Keule am Silivrikapı gibt Aufschluss über die Identität des hiesigen Helden: „Wer immer die Keule von Idris, Kämpfer aus Rize und Mitglied des Korps der Hellebardiere des Alten Palasts, betrachtet und die Fatiha (Eröffnungssure des Koran, traditionelles Gebet für Verstorbene) spricht, gibt seine Seele im Glauben hin, 1090 der Hidschra – 1679 nach julianischem Kalender."

Bis vor wenigen Jahren hingen über der Keule zwei große Walknochen, die unter ebenso mysteriösen Umständen verschwanden wie sie einst aufgetaucht waren.

Die im Topkapı-Palast verwendeten Trainingskeulen befinden sich in der Waffenabteilung des Palastmuseums.

DAS HYPOGÄUM BEIM SİLİVRİKAPI ㉓

Eine Gruft zwischen byzantinischen Mauern

Neben dem Silivri-Tor (Silivrikapı) *der byzantinischen Mauer*
10. Yıl Cad. (Ecke Silivri Cad.), Kamiloba/Büyükçekmece
Nach dem äußeren Tor von Silivrikapı direkt links (nicht durch das innere Tor) gehen. Das Hypogäum liegt nach rund fünfzig Metern an dem schmalen bewaldeten Pfad zwischen äußerer Mauer (exoteichos) *und innerer Mauer* (esoteichos).
Bus: Silivrikapı (Linie nach Zeytinburnu)

Eingeklemmt in den engen Raum zwischen den zwei byzantinischen Mauern *(peribolos)* fristete die Gruft beim Silivri-Tor *(Silivrikapı)* lange ein unerkanntes Dasein, bis sie bei Sanierungsarbeiten an der Mauer im Jahr 1988 plötzlich entdeckt wurde.

Das Hypogäum, das einst wahrscheinlich Teil einer größeren unterirdischen Grabanlage war, stammt vermutlich aus der Zeit vor der Herrschaft von Theodosius II. (reg. 408–450), Namensgeber der Theodosianischen Mauer. In seiner Architektur zeugt es vom Übergang der Antike zur byzantinischen Kunst im eigentlichen Sinne.

Die Marmorsarkophage im Inneren der Gruft zieren Reliefs mit von Pfauen, Tauben und Lianen umrankten Darstellungen aus dem Alten und Neuen Testament. Auf den noch relativ gut erhaltenen Reliefs sind Jesus mit seinen Aposteln, Heilige sowie Christusmonogramme auszumachen.

Unter den Bodenplatten des Hypogäums liegen weitere Gräber, die durch die zerbrochenen Abdeckungen zu sehen sind.

Leider hat dieses beeindruckende Geschichtsdenkmal unter Zeit und Vandalismus stark gelitten. 1989 wurden die Reliefs von Dieben herausgerissen und konnten von der Polizei glücklicherweise beschlagnahmt werden, bevor sie auf dem internationalen Antiquitätenschwarzmarkt zu Geld gemacht werden konnten. Heute befinden sie sich im Archäologischen Museum, bei den Reliefs im Hypogäum handelt es sich um Abgüsse.

Die Fresken an den inneren Mauern, die bei der Entdeckung des Hypogäums noch teilweise erkennbar waren, sind heute durch die Lagerfeuer Obdachloser leider gänzlich verschwunden.

Ein Besuch des Orts empfiehlt sich in Gruppen und am Tag, wenn die Gegend um das Silivrikapı stärker belebt ist.

DIE HEILIGE QUELLE VON BALIKLI ㉔

Frittierter Fisch in einem heiligen Brunnen

Griechische Marienkirche der Fische (Balıklı Meryem Ana Rum Kilisesi); *auch genannt* Zoodochos Pighi *(Kirche der Muttergottes von der lebenspendenden Quelle)*
Balıklı Sivrikapı Sk. no:3, Seyitnizam/Zeytinburnu
Nicht zu verwechseln mit dem etwas weiter südlich gelegenen Krankenhaus von Balıklı
Täglich 8:30–16:30 Uhr
Bus: Silivrikapı

Neben dem Eingang zu der auch unter dem Namen *Zoodochos Pighi* („lebensspendende Quelle") bekannten Marienkirche führt eine schmale Treppe hinunter zu einem unterirdischen Agiasma (s. S. 241), das einer wahren Wasserkapelle gleicht. Um der Feuchtigkeit zu widerstehen, ist selbst die Ikonostase (Ikonenwand) aus Marmor gefertigt; das große Becken speist sich aus einer nicht versiegenden Quelle. In ihrem klaren hellgrünen Wasser schwimmen große Fische. Das heilige Wasser wird von freundlichen Nonnen kostenlos in ästhetisch etwas fragwürdigen Plastikfläschchen verteilt. Richtet man Fragen an sie, so erhält man keine Antwort – nicht etwa aus Schüchternheit oder aufgrund mangelnder Sprachkenntnisse, sondern schlicht und einfach, weil die Nonnen ein Schweigegelübde abgelegt haben.

Die Türken, die die Quelle eifrig besuchten, um Heilung zu erbitten, gaben ihr den Namen *Balıklı Kilise* („Kirche der Fische"). Die Ursprünge dafür gehen auf eine kuriose Legende zurück: Am 29. Mai 1453, als die Stadt von der osmanischen Armee eingenommen wurde, war ein Mönch gerade damit beschäftigt, neben der im Zentrum eines Klosters gelegenen heiligen Quelle Fische zu braten. Als man ihm vom Fall der Stadt berichtete, wollte er dem erst Glauben schenken, wenn die halb gebratenen Fische in das Wasser der heiligen Quelle sprangen. Natürlich taten dies die Fische, deren Nachkommen noch heute auf einer Seite dunkel gefärbt sind, da sie – derselben Legende nach – ja erst auf einer Seite gebraten waren.

Die Ursprünge des großen Baukomplexes (Kirche, Friedhof, Quelle, Kloster und Krankenhaus) gehen auf Justinian zurück, der dank der therapeutischen Kraft des Wassers von seinen Gallensteinen geheilt worden sein soll. Der heutige Bau stammt aus dem Jahr 1833. Als Hegumen (Klostervorsteher) fungiert traditionell der ökumenische Patriarch, der hier in einem kleinen Pavillon lebt. Auf dem Friedhof befinden sich die Grabstätten von verschiedenen Patriarchen und Großfamilien der griechischen Aristokratie. Die Grabmäler im Hof der Kirche sind teilweise mit Inschriften in Karamanlıca (einem griechisch-türkischen Dialekt) versehen.

Die große Ikone des Propheten Elias an der Mauer rechts der Ikonostase verdankt ihre Existenz der Legende nach Sultan Mahmud II., der die Kirche nach ihrer Eröffnung 1833 besuchte und feststellte, dass keine ihrer Ikonen einen der Propheten des Alten Testaments zeigte, von denen einige auch im Islam anerkannt und verehrt werden. Infolgedessen wurde diese Ikone in Auftrag gegeben, in der sich das lebendige Rot der Kleidung des Propheten elegant von dem dunklen Hintergrund abhebt.

DAS FISCHMUSEUM

(25)

Eine erstaunliche Atmosphäre

Meeresprodukte-Genossenschaft Fatih (Fatih Su Ürünleri Kooperatifi)
Kennedy Cad. (am Ufer, etwa auf Höhe zwischen der armenischen Kirche und dem Bahnhof Yedikule)
Yedikule/Fatih
Montag bis Freitag 9–17 Uhr, am Wochenende geschlossen

Die Meeresprodukte-Genossenschaft des Stadtteils Fatih *(Fatih Su Ürünleri Kooperatifi)* ist seit 1994/95 stolze Besitzerin einer erstaunlichen Sammlung von in Formalin konservierten Fischen. Das gedämpfte Licht und die zum Teil schaurigen Exponate der Sammlung sorgen für eine mysteriöse Stimmung, die nicht unpassend wirkt. In dem kleinen Café der Fischer kann man es sich in rustikaler, aber sehr angenehmer Umgebung bei einer Tasse Tee gemütlich machen. Fernab des Chaos der Metropole fühlt man sich hier schnell wie in einem Fischerdorf an der Ägäis.

Die Sammlung geht auf den Beschluss der Universität Istanbul zurück, ihre Fakultät für Aquakultur auf dem unbewohnten Eiland Hayırsızada (Oxia), einer der elf Kilometer südlich von Istanbul gelegenen Prinzeninseln, einzurichten. Da sich die Beförderung der Studenten und die Versorgung der Einrichtung jedoch vor allem aufgrund des starken Südwestwinds namens Lodos (Albtraum aller Schiffer auf dem Marmarameer) als äußerst schwierig erwies, wurde die Fakultät schließlich wieder nach Istanbul zurückverlegt. Aus unbekannten Gründen verblieb die Fischsammlung jedoch auf der Insel, und der Dekan der Fakultät schenkte sie schließlich der Fischereigenossenschaft von Fatih.

Die ersten Objekte stammen aus den 1970er-Jahren und zeigen zum Teil Arten, die in dem seit den 1980er-Jahren zunehmend stärker erschlossenen Marmarameer längst ausgestorben sind. Seit einigen Jahren kehren im Zuge des wachsenden Umweltbewusstseins einige Fischarten zurück; andere hingegen sind nur noch in den Präparaten der Genossenschaft zu finden. Bei manchen handelt es sich auch um neue Arten aus tropischen Gebieten, die sich hier aufgrund der im Marmarameer und bekanntermaßen insgesamt steigenden Temperaturen angesiedelt haben.

Aus Solidarität unter Seeleuten brachten Fischer aus anderen Regionen immer wieder neue Fische mit – das Museum umfasst inzwischen auch einige Arten aus der Ägäis und dem Schwarzen Meer sowie aus noch weiter entfernten Meeren. Die Meeraale, die den Besucher am Eingang begrüßen, sowie die große Vielzahl an Kraken und Tintenfischen waren im Marmarameer noch nie heimisch.

Ebenfalls in der Sammlung zu finden sind Muscheln und Schnecken in Melonengröße, die jedoch – anders als die sorgfältig mit Fangdatum und lateinischem Namen beschrifteten Fische – nicht datiert sind.

Aufgrund von Platzmangel und fehlenden Mitteln ist nur ein Teil der Sammlung zu besichtigen.

DER GÄNSEBRUNNEN VON KAZLIÇEŞME

(26)

Ungewöhnliche Helfer bei der Eroberung Konstantinopels 1453

In der Mitte der Demirhane Cad. auf Höhe des Bektaşi-Derwischkonvents Erikli Baba Dergâhı *(Zakirbaşı Sk. no:1), Kazlıçeşme/Zeytinburnu*
Metro: Linie „Marmaray", Haltestelle Kazlıçeşme

Kazlıçeşme (türk. „Gänsebrunnen") heißt der alte Stadtteil der Gerber. Seinen Namen verdankt er einem Gänserelief, das der Legende nach auf die Entdeckung ergiebiger Wasserquellen durch die Osmanen während der Belagerung der Stadt zurückgehen soll. Im Mai 1453 litten die Belagerer unter starkem Wassermangel. Zu dieser Zeit soll der *Sakabaşı* (der oberste Wasserträger) Fluggänse erblickt und seine Gehil-

fen angewiesen haben herauszufinden, wo die Vögel landeten. Dort – davon war er überzeugt – würden sie Wasser finden.

Für das Gänserelief am Brunnen von Kazlıçeşme aus dem Jahr 1537 wurde höchstwahrscheinlich ein älteres Baudenkmal wiederverwendet, wie auch beim byzantinischen Adler auf dem Großen Basar (s. S. 40).

Vermutlich handelt es sich um ein Element aus dem Tempel der Juno, dessen Existenz in diesem Gebiet durch historische Quellen belegt ist. Juno-Tempel wurden oft in der Nähe großer Wasserquellen errichtet – als Göttin der Ehe stand Juno für Fruchtbarkeit und Fülle.

Neben dem Brunnen befinden sich eine Tränke (bei der es sich ursprünglich augenscheinlich um einen Sarkophag handelte) sowie römische Säulen, die jenen im Hof des Bektaşi-Konvents Erikli Baba gleich hinter dem Brunnen ähneln.

Gänse: vom Ersten zum Zweiten Rom

Die Gänse von Kazlıçeşme erinnern an eine römische Legende, in der Gänse ebenfalls eine bedeutende Rolle gespielt haben sollen: Die Gänse des Kapitols sollen mit ihrem lauten Geschnatter die schlafenden Römer vor gallischen Eindringlingen gewarnt haben, die nachts versucht haben sollen, die Mauern des Kapitols zu überwinden. Ironie des Schicksals: Gänse retteten das „Erste Rom" und trugen später zum Fall von Konstantinopel bei, das lange Zeit später als „Zweites Rom" in die Geschichte einging.

Kazlıçeşme: das alte Gerberviertel

Aufgrund der günstigen Grundwassersituation entwickelte sich Kazlıçeşme in osmanischer Zeit zum Viertel der Gerber, eines Berufsstands, der zum Einweichen der Häute viel Wasser benötigte. Die Lederindustrie erlebte im 20. Jahrhundert einen derartigen Aufschwung, dass Touristen, die nach Istanbul reisten, schon am Eingang der Stadt von dem typischen, Übelkeit erregenden Gestank der Gerbereien empfangen wurde. Als die 350 Gerbereien von Kazlıçeşme 1993 geschlossen wurden, fürchtete man in dem Stadtteil eine Invasion von Ratten, von denen man glaubte, dass sie mit Schiffen aus den nahe gelegenen Häfen kämen. Doch nichts geschah. Mit den Gerbereien verschwanden leider auch viele historische Gebäude in dem Viertel. Nur einige alte und verlassene Fabriken und Moscheen, die Kirche Agia Paraskevi, der Bektaşi-Konvent Erikli Baba, ein kleiner Friedhof für die Gefallenen der Belagerung und einige Brunnen wie der von Kazlıçeşme konnten der Abrisswelle entkommen.

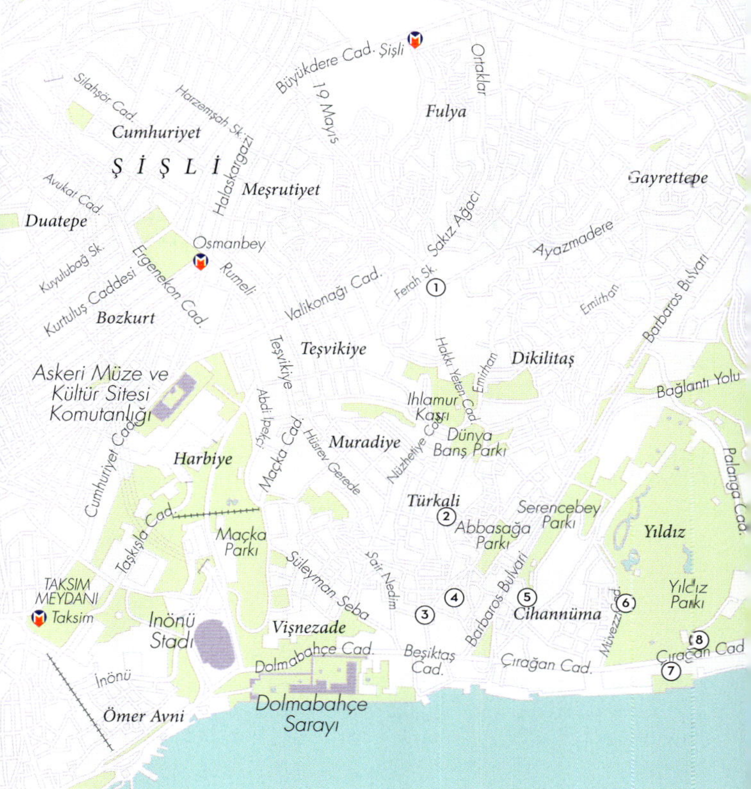

Beşiktaş – Şişli (Ost)

① DIE GRABSTÄTTE VON BARDAKÇI BABA 132

② DIE SALZMÜHLE VON TUZ BABA 134

③ DAS PORTRÄT IN DER BÄCKEREI YEDİ SEKİZ HASAN PAŞA 136

④ DIE KUPPEL DER MARIENKIRCHE VON BEŞİKTAŞ 138

⑤ DER KONVENT DES ŞAZELİ-ORDENS 140

⑥ DIE ERHÖHTE MAUER DES YILDIZ-PARKS *142*

⑦ DER HAMMAM DES ÇIRAĞAN-PALASTS *144*

⑧ DIE ZYPRESSE DES SUFI-KONVENTS VON YAHYA EFENDI *146*

⑨ DAS BÜRO DES DIREKTORS DES KABATAŞ-GYMNASIUMS *148*

⑩ DIE HEILIGE QUELLE DER ST.-DEMETRIOS-KIRCHE *150*

DIE GRABSTÄTTE VON BARDAKÇI BABA

①

Was für eine Ente!

Bardakçi-Baba-Türbesi (Bardakçi Baba Türbesi), *Eingang der Wohnanlage „Fulya Terrace Residence", Hakkı Yeten Cad. no:11*
Fulya/Şişli

In der mit dunkelgrünem Marmor eingefassten, von einer großen Glasvitrine geschützten Grabstätte am Eingang des modernen Wohnkomplexes „Fulya Terrace Residence" ruht Bardakçı Baba, der „Vater der Glasfabrikanten". Das Grab des Heiligen wird, den Bewohnern des nahen Stadtteils Beşiktaş zufolge, seit Menschengedenken verehrt. In Wirklichkeit scheint diese „Verehrung" jedoch der Fantasie eines Zahnarzts und seiner Freunde entsprungen zu sein.

Anfang der 1970er-Jahre war H. D. Student an der nahe dem Grab von Bardakçı Baba gelegenen zahnmedizinischen Fakultät. Mit seinen Freunden ging er oft durch ein kleines Waldstück, in dem Studenten einen Tisch aufgestellt hatten, um im Freien zu lernen und auch mal ein Gläschen Wein zu trinken. Der Tisch war stets mit Gläsern gedeckt. Eines Tages, vermutlich unter nicht unerheblichem Alkoholeinfluss, kamen sie auf die Idee, auf den Tisch in Großbuchstaben „Bardakçı Baba" zu schreiben. Sie legten eine improvisierte Grabstätte an, in die sie den – echten – Schädel legten, den sie zu Studienzwecken verwendeten. Eines Tages stellten sie fest, dass ihre Wasserflasche, die sie am Vorabend leer zurückgelassen hatten, von einem Besucher, der den Heiligen ehren wollte, aufgefüllt worden war: Der Kult war geboren.

Ende der 1970er-Jahre wurde der Schädel bei Straßenbauarbeiten für die Hakkı Yeten Caddesi entdeckt und neben der Straße wieder vergraben. Darüber brachte man die Tischplatte mit der darauf verewigten Inschrift an. Schon bald zog das bescheidene Grab immer mehr Besucher an, die dort Heilung, Ehe, Kinder, Arbeit und mehr erbaten. In einem spontan erfundenen Ritual wurden bei der Anrufung des heiligen Bardakçı Baba Gläser zerschlagen. Schließlich wurde das Grab mit einem Eisengitter umzäunt. Es dauerte nicht lange, bis auch die religiösen Autoritäten auf den Plan traten und den Pilgern Anweisungen erteilten: „Betet für die Seele von Bardakçı Baba. Der Mann, der in diesem Grabe ruht, ist ein Freund Gottes. An seinem Grab werden keine Bänder befestigt, Gläser zerschlagen oder Kerzen entzündet. Das wären Aberglauben und Sünden. Betet für seine Seele und richtet eure Anliegen direkt an den Herrn."

2009 wurde gegenüber dem Grab von Bardakçı Baba die Luxus-Wohnanlage „Fulya Terrace Residence" errichtet. Die Investoren fanden, dass das armselige Grab schlecht zum Stil der edlen Anlage passte, und beschlossen, es aufzupolieren. So erhielt es seine heutige Form. Die Glasvitrine erinnert an das traditionelle Ritual zu Ehren von Bardakçı Baba. Die Anweisung, die wohl als zu lang und abgehoben empfunden wurde, wurde durch eine lakonischere Inschrift ersetzt: „Bardakçı Baba – betet für seine Seele". Seitdem wird das Grab nachts beleuchtet, und Istanbul hat seinen ersten modernen Wohnkomplex mit eigenem Schutzheiligen.

Die Enthüllung der Wahrheit durch den Zahnarzt im Jahr 2002 stellte für alle einen Schreck dar, was jedoch keinen Einfluss auf die Arbeiten von 2009 hatte. H. D. rechtfertigte sein Schweigen mit seiner Sorge um den Wald, der das Grab umgab. Dieser, so habe er gehofft, würde von der Immunität des Heiligen profitieren. Doch alles Hoffen half nichts … Als schließlich die Bäume fielen, brach der Zahnarzt sein Schweigen. Er forderte die Behörden auf, nach dem Schädel zu graben, der noch mit den Zahnprothesen und dem Gaumen aus Kunststoff versehen sein musste, die er als junger Student selbst angebracht hatte. Die Friedhofsleitung bestätigte, dass ihr keine Informationen über die tatsächliche Existenz eines Bardakçı Baba vorlag, und verlangte die Auflassung des Grabes, wenn archäologische Ausgrabungen die Enthüllungen des Zahnarzts bestätigten. Das Gesicht des Heiligen weist übrigens nicht, wie bei muslimischen Gräbern üblich, in die vorgeschriebene Gebetsrichtung *(Quibla)*. Bislang wurde das Grab noch nicht entfernt, und die alten Bewohner des Viertels glauben noch immer fest an ihren Bardakçı Baba …

DIE SALZMÜHLE VON TUZ BABA ②

Grabstätte eines Heiligen des Salzes

Tuzbaba Hazretleri Türbesi, *an der Außemauer der* Tuzbaba Camii *(Tuzbaba-Moschee), Uzuncaova Cad./Şehit Asım Cad. no:22, Türkali/Beşiktaş*

Im Straßengewirr von Türkali begegnet man bisweilen Muslimen, die hingebungsvoll vor einer schön verzierten Nische beten, in der kleine, mit Salz gefüllte Beutelchen liegen. Der Marmorsockel ist von dem Salz, das hier stetig über Jahrhunderte hinweg hinunterlief, bereits stark erodiert. Dennoch wird bei genauem Hinsehen erkennbar, dass es sich hier um ein wiederverwertetes byzantinisches Bauelement handelt.

Hinter der Nische liegt das Grab von Rum Ali Ağa, dem leitenden Salzeinkäufer Mehmeds II. des Eroberers (1432–1481), der aufgrund seiner Tätigkeit den Spitznamen *Tuz Baba* (wörtl. „Salz-Vater") erhielt.

Wegen späterer Renovierungen und baulicher Ergänzungen ist das Grab leider nur schwer zu erkennen. Direkt daneben befindet sich eine handbetriebene Salzmühle. Der Legende nach soll der „Salzheilige" Tuz Baba mit dieser Mühle auf wundersame Weise Salz für die osmanische Armee erzeugt haben, der dieses während der Belagerung von Konstantinopel schmerzlich fehlte.

Noch heute ist das Grab von Tuz Baba Schauplatz besonderer Rituale, in denen Salz eine Rolle spielt: Gläubige, die an diesen Ort kommen, um von Tuz Baba Beistand zu erbitten, legen kleine Salzbeutelchen ab; Passanten tauchen ihre Finger hinein, um mit dem Salz die Gnade des Heiligen zu empfangen.

Salz spielt auch in der Tradition der orientalischen Gastfreundschaft eine Rolle, die allen Glaubensrichtungen gemein ist und vorsieht, dass Gäste mit Brot und Salz empfangen werden.

Der Name der hinter dem Grab gelegenen Moschee *(Rum Ali Ağa,* aber auch *Tuzbaba Camii)* zeugt von einer außergewöhnlichen gesellschaftlichen Mobilität zu Zeiten der Eroberung, bedeutet *Rum* doch „Grieche". Tuz Baba war vermutlich einer der zahlreichen Konvertiten, die als Sekretäre, Bürokraten, Architekten oder Diplomaten im Dienst des Sultans standen.

> Der Erzählung nach soll Rum Ali Ağa dem Rifaiya-Orden beigetreten sein und Gott nahegekommen sein. Der im 12. Jahrhundert von dem Mystiker Ahmed Rifai gegründete Orden folgt drei Grundsätzen: nichts fordern, nichts verweigern und keinen Reichtum anhäufen. Manche Anhänger des Ordens sollen sich im Zustand mystischer Ekstase Nadeln durch die Wangen stoßen, um ihre Unempfindlichkeit gegenüber Schmerzen zu beweisen.

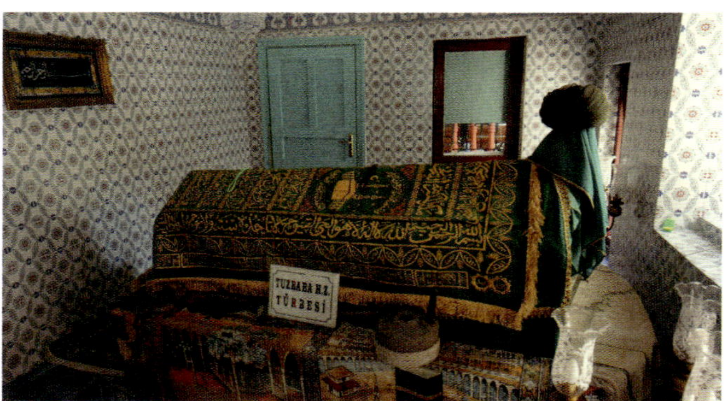

DAS PORTRÄT IN DER BÄCKEREI YEDİ SEKİZ HASAN PAŞA ③

Die Bäckerei eines brutalen Paschas, der weder lesen noch schreiben konnte

Bäckerei 7-8 Hasanpaşa (7-8 Hasanpaşa Fırını), *Markt von Beşiktaş*
Şehit Asım Cad. no:8 (in der Nähe des Fischmarkts)
Sinanpaşa/Beşiktaş

Kunden, die in der Bäckerei Yedi Sekiz Hasan Paşa die Qual der Wahl zwischen unzähligen Köstlichkeiten haben, werden am Eingang von dem Porträt eines finster dreinblickenden, uniformierten Mannes mit osmanischem Schnauzbart empfangen: Hasan Paşa ist Namensgeber der alteingesessenen Bäckerei und einer der Ahnen des Inhabers. *Yedi Sekiz* bedeutet wörtlich „sieben acht“. Dieser Name geht auf ein viele Jahre zurückliegendes Ereignis zurück, in dem ein Revolutionär und ein Analphabet die Hauptrolle spielten.

Als einfacher Gendarm hatte sich der junge Hasan das Wohlwollen von Sultan Abdülhamid verdient, der ihn zum Kommandanten des Gardekorps von Beşiktaş ernannte. Am 20. Mai 1878 blies der junge Revolutionär Ali Suavi, unterstützt von freiwilligen Kämpfern vom Balkan, zum Angriff auf den Çırağan-Palast, um Sultan Murat V. zu befreien, der dort seit seiner Absetzung 1876 unter Verweis auf seinen Geisteszustand gefangen gehalten wurde.

Ali Suavi gehörte der hohen muslimischen Geistlichkeit an und war ein komplexer Charakter. Trotz langer Jahre im europäischen Exil, wo er eine schöne Engländerin geheiratet und ein eher freies Sittenverständnis übernommen hatte, blieb er zutiefst dem islamischen Glauben verbunden. Sein erklärtes Ziel bestand darin, im Osmanischen Reich eine Verfassungsordnung einzurichten. Die Wiedereinsetzung von Sultan Murat V. hätte es ihm ermöglicht, seine Vorhaben in die Tat umzusetzen, zumal sie beide Freimaurer waren. Als er sich seinem Ziel näherte, versperrte ihm Kommandant Hasan den Weg und schlug ihm mit seinem Schlagstock den Schädel ein. Die Revolution war beendet.

Zum Dank dafür, dass er seinen Thron und vermutlich sein Leben gerettet hatte, erhob Abdülhamid Hasan in den Rang eines Paschas. Doch der neue Pascha konnte weder lesen noch schreiben – und damit keine Papiere unterzeichnen. Wie sollte er also seines Amtes walten? Der osmanische Pragmatismus wusste Abhilfe: Die arabischen Ziffern 7 (٧) und 8 (٨), verbunden durch eine horizontale Linie, wurden zu seiner Signatur, die in etwa dem Namen „Hasan“ entsprach.

Kraft seines neuen Titels ließ der allmächtige Meister von Beşiktaş Recht und Ordnung mit Muskelkraft durchsetzen. Wer öffentlich gegen den Ramadan verstieß, Straßenhunde malträtierte oder der Trunkenheit frönte, bekam den Schlagstock zu spüren, der schon Ali Suavi zum Verhängnis geworden war.

DIE KUPPEL DER MARIENKIRCHE VON BEŞİKTAŞ ④

Eine geheime rechtswidrige Kuppel

Armenische Kirche der [Entdeckung des Sarges der] Heiligen Muttergottes
(Surp Asdvadzadzin Ermeni Kilisesi)
İlhan Sk. no:20, Sinanpaşa/Beşiktaş
Sonntags zur Messe und an armenischen kirchlichen Feiertagen
Bus: Beşiktaş

Die Kuppel der zwischen 1836 und 1838 erbauten armenischen Marienkirche blickt auf eine bewegte Geschichte zurück. Nach Ende ihrer Eroberungszüge gestatteten die Osmanen den Christen, ihre Kuppeln zu behalten. Neue Kuppelkirchen zu errichten wurde ihnen hingegen untersagt, ein Verbot, das bis zu den als Tanzimat bekannten Reformen ab 1839, mit denen nicht muslimische Bürger des Osmanischen Reichs gleiche Rechte erhielten, in Kraft blieb.

In allen großen Religionen und insbesondere im Islam, dessen Prophet Mohammed bei seiner Himmelfahrt *(Miradsch)* den Himmel als eine auf vier Pfeilern ruhende perlmuttene Kuppel beschreibt, symbolisieren Kuppeln den Himmel. In der esoterischen Tradition steht die Kuppel für ein Initiationssymbol, wovon die ersten osmanischen Mausoleen in Bursa ein Zeugnis ablegen, deren Kuppel oben wie das Pantheon in Rom – seinerseits Vorbild für die Hagia Sophia – eine kreisrunde Öffnung aufweist. Dieses oft mit dem Polarstern oder der Sonne assoziierte *Opaion* steht für das Entkommen des Eingeweihten aus der gegebenen Weltordnung. Die vier Mauern des Gebäudes symbolisieren so die endliche und vergängliche Welt, die Kuppel die Initiation und die Erhebung, die Spitze schließlich die Befreiung und das Unendliche.

Die Kirche wurde durch den Architekten Garabed Amira Balyan (1800–1866) erbaut und finanziert, Mitglied der berühmten Architektenfamilie Balyan, der wir eine Vielzahl öffentlicher Gebäude (Paläste, Kasernen, aber auch Moscheen) von Mitte des 18. Jahrhunderts bis Ende des 19. Jahrhunderts verdanken. Der mit einem Dach mit dreieckigem Querschnitt versehene Bau ruht auf einem kreuzförmigen Grundriss. Diese eigens zum Verbergen der Kuppel entworfene Anordnung war später Inspiration für den großen Empfangssaal des ebenfalls von Amira Balyan erbauten Dolmabahçe-Palasts.

Die Ikonen der heiligen Maria von Beşiktaş sind das Werk des Palastmalers Umed Beyzad (1809–1874). Der Palast und die armenische Gemeinde unterhielten seinerzeit enge Beziehungen. Der Bau der Kirche fiel zudem in die Herrschaftszeit von Mahmud II., der die Verwaltung der Reichsfinanzen armenischen Experten übertragen hatte.

Am Eingang der Kirche befindet sich ein schönes Marmorrelief, das ein Salomonisches Siegel zeigt (s. S. 28).

DER KONVENT DES ŞAZELİ-ORDENS

E

Ein Sufi-Zentrum im Jugendstil

Konvent des Şazeli-Ordens (Ertuğrul Tekke Camii)
Mehmet Ali Bey Sk. no:14 (zwischen Barbaros Blv. und Saray Cad.)
Cihannüma/Beşiktaş
Während der Gebetszeiten

„Eine muslimische Bruderschaft, die Sinn für den letzten Schrei der Kunstszene, den Jugendstil, beweist – welch ein Symbol der Macht!", so der Ausruf von François Georgeon, Biograf von Sultan Abdülhamid, dem Erbauer des Konvents des Şazeli-Ordens *(Ertuğrul Tekkesi).*

Der 1903 durch den italienischen Architekten Raimondo d'Aronco nach damaliger europäischer Mode im reinsten Jugendstil entworfene Konvent ist über und über mit floralem Dekor und anderen für den Stil typischen Ornamenten bedeckt.

Errichtet wurde der Bau auf Befehl von Sultan Abdülhamid II. zu Ehren von Scheich Hamza Zâfir Medeni, Vorsteher des sufistischen Şazeli-Ordens (arab. *Schādhilīya*)*, der dem Konvent den Namen gab.

Der Konvent *(tekke)* trägt auf Türkisch auch den Namen *Ertuğrul,* nach dem Vater Osmans I., des Gründers der osmanischen Dynastie. Die Moschee der Tekke diente vor allem als Kultstätte für das Ertuğrul-Regiment, eine Eliteeinheit zum persönlichen Schutz des Sultans, deren Mitglieder aus den turkmenischen Bewohnern der Region Domaniç, Wiege der Dynastie, rekrutiert wurden. Die Tekke wurde auch zu einem Instrument der Panislamismus-Politik des Sultans, den der ansonsten wenig türkenfreundliche Bismarck als besten Diplomaten seiner Zeit betrachtete. Scheich Zâfir stammte ursprünglich aus Tripolitanien (heute in Libyen) und genoss in Nordafrika hohes Ansehen. Die Tekke nahm Scheichs und Ulema (Gelehrte) verschiedener muslimischer Regionen auf und trug durch die Verbindungen, die sie zwischen der Hauptstadt und den weithin verteilten spirituellen Zentren aufbaute, zum Einfluss des osmanischen Kalifats bei. Der europäische Jugendstil, auf den hier auf islamischem Gebiet zurückgegriffen wurde, passte somit perfekt zu der von der Tekke vertretenen Vorstellung von kultureller Vielfalt.

* *Ende des 12. Jahrhunderts von Abul Hasan asch-Schadhili in Ägypten gegründeter Orden. In Istanbul genoss der in Nordafrika stark verbreitete Orden aufgrund des persönlichen Interesses von Sultan Abdülhamid, dessen geistiger Führer der Scheich wurde, hohes Ansehen.*

Ein Italiener in Istanbul

Der italienische Architekt Raimondo d'Aronco hielt sich von 1893 bis 1909 in Istanbul auf. Sultan Abdülhamid war ein großer Freund seiner Kunst. Unter seiner Herrschaft errichtete er zahlreiche öffentliche und private Gebäude, die noch heute vorhanden sind: verschiedene Gebäude innerhalb des Yıldız-Palasts, darunter das kleine Chalet namens Şale Köşkü, das Kaiser Wilhelm II. bei seinem Besuch 1898 als Residenz diente, der Palast der Familie Huber in Yeniköy, heutige Sommerresidenz des Präsidenten, die Sommerresidenz des italienischen Botschafters in Tarabya und das Ministerium für Landwirtschaft, Forsten und Bergbau am Sultan-Ahmed-Platz gegenüber der Hagia Sophia.

DIE ERHÖHTE MAUER DES YILDIZ-PARKS

⑥

Erinnerungen an das Attentat auf Sultan Abdülhamid vom 21. Juli 1905

Südwestliche Ecke der Außenmauer des Yıldız-Parks (Yıldız Parkı)
Unteres Ende der Müvezzi Cad. (Ecke Çırağan Cad.)
Yıldız/Beşiktaş
Bus: Çırağan

Von der Straße aus erkennt man bei genauem Hinsehen, dass die große Mauer um den Yıldız-Park (den früheren Garten des Yıldız-Palasts) auf Höhe der Yıldız-Moschee und des Haupteingangs zum Park interessante Unregelmäßigkeiten aufweist: Bis zu einer bestimmten Höhe ist die Mauer sorgfältig aus großen Steinen gearbeitet; darüber jedoch befinden sich hastig übereinander geschichtete kleine Ziegel. Keine Frage, die Mauer wurde nachträglich – je nach Gelände um fünf bis zehn Meter – erhöht und zeugt damit von den Sicherheitsmaßnahmen, die nach dem Attentat vom 21. Juli 1905 auf Sultan Abdülhamid ergriffen wurden, bei dem die erste Zeitbombe der Kriminalgeschichte zum Einsatz kam.

An jenem Tag hatten sich wie stets nach dem Freitagsgebet Diplomaten, Würdenträger, das Sultansgefolge sowie zahlreiche Journalisten und andere Besucher zur Zeremonie des *Selamlık* (des öffentlichen Empfangs der Bevölkerung durch den Sultan) versammelt. Nach dem Gebet verließ der Sultan die Moschee jedoch entgegen seiner Gewohnheit nicht sofort, da er in eine Konversation mit dem Scheich al-Islam (Großmufti und damit oberste religionsrechtliche Autorität des Staats) geraten war. Die unter einem Wagen platzierte Bombe zündete in einer ohrenbetäubenden Detonation: 26 Menschen wurden getötet, 58 verletzt. Die Ermittlungen führten zu Édouard Joris, einem belgischen Anarchisten, der für die armenische Sache kämpfte. Die Verschwörer hatten die Zeit, die der Sultan benötigte, um von der Moschee zu seinem Wagen zu gelangen, genau berechnet. Weshalb der Sultan sich just an diesem Tag in ein Gespräch mit dem Scheich al-Islam verwickeln ließ, ist ungewiss. Abdülhamid war zwar streng gläubig, misstraute dem Großmufti jedoch und ließ ihn eng überwachen, nachdem seine beiden Vorgänger aufgrund von Rechtsgutachten des damaligen Großmuftis abgesetzt worden waren.

Das Verhalten von Abdülhamid nach dem Anschlag war unerwartet. Der Herrscher, der in stetiger Angst vor Ermordung und Absetzung lebte, legte großen Mut und ein überlegtes Verhalten an den Tag. Er setzte die Selamlık-Zeremonie einfach fort, beruhigte sein erschüttertes Volk und vollendete wie gewohnt sein Tagewerk.

1909 wurde Abdülhamid (infolge eines Rechtsgutachtens des Scheich al-Islam!) abgesetzt. Die letzten neun Jahre seines Lebens verbrachte er in ruhiger Abgeschiedenheit. Zuvor hatte er noch Édouard Joris begnadigt und zum Geheimdienstoffizier in seinen Diensten ernannt.

DER HAMMAM DES ÇIRAĞAN-PALASTS

7

Der persönliche Hammam des Sultans, der einem Brand wie durch ein Wunder entkam

Hotel Çırağan Palace Kempinski, Çırağan Cad. no:32
Yıldız/Beşiktaş
Besichtigung nach Voranmeldung: neslihan.sen@kempinski.com oder cansu.bas@kempinski.com
Der Hammam lässt sich für Abendveranstaltungen und Empfänge anmieten.
Bus: Çırağan; Anlegestelle: Beşiktaş

Der Hammam des Çırağan-Palasts im exklusiven Hotel Çırağan Palace Kempinski ist der einzige Teil des historischen Palasts, der von der verheerenden Feuersbrunst im Jahr 1910 verschont blieb. Heute wird der Hammam nicht mehr als solcher genutzt und kann nach vorheriger Anmeldung besichtigt oder für private Veranstaltungen gemietet werden. Der Çırağan-Palast wurde 1871 nach Entwürfen von Sarkis Balyan (Sohn von Garabed Balyan) für Sultan Abdülaziz erbaut, der sich jedoch nur wenige Jahre – bis zu seiner Absetzung 1876 – an der Anlage erfreuen konnte. Von 1878 bis 1904 war Sultan Murat V. dort inhaftiert, nachdem er wenige Monate nach Abdülaziz unter Verweis auf seinen Geisteszustand abgesetzt worden war. 1909 zog das osmanische Parlament von seinem Sitz nahe der Hagia Sophia in den Palast um, konnte dort jedoch gerade einmal zwei Monate tagen. Am 6. Januar 1910 brannte der Palast nach einem Kurzschluss bis auf die Grundmauern – und den Hammam – nieder.

Der in fein ziseliertem Marmor gestaltete Hammam ist eine prachtvolle Mischung aus klassisch-osmanischen und maurischen Stilelementen. Der zweite Raum im hinteren Bereich ist mit einer Kuppel versehen, an deren höchstem Punkt ein Fenster in Form eines zwölfzackigen Sterns eingelassen ist. Entlang dem Rund der Kuppel befinden sich zwölf weitere – sechseckige – Fenster, durch die sanft-weißes Licht ins Innere fällt. Wollte Abdülaziz als Anhänger des Sufi-Ordens Bektaşi auf den zwölfzackigen Stein der Hingabe *(teslim taşı)* verweisen, den die Mitglieder des Ordens im Gedenken an die zwölf in der Schia und einigen mystischen Strömungen des Sunnitentums verehrten Imame als Kette um den Hals tragen?

Der schmale Eingang des zweiten Raums lässt vermuten, dass sich hier einst wie im Sultans-Hammam des Topkapı-Palasts eine (vielleicht doch bei dem großen Brand) abhanden gekommene Absperrung befand, die es dem Sultan ermöglichte, sich beim Einseifen des Kopfes mit geschlossenen Augen sicher einzuschließen.

Der Hammam kann für private Abendveranstaltungen und Empfänge angemietet werden.

DIE ZYPRESSE DES SUFI-KONVENTS VON YAHYA EFENDI

⑧

Die Zypresse, unter der der Scheich „dem Grünen“ begegnete

Sufi-Konvent von Yahya Efendi (Yahya Efendi Tekkesi)
Yahya Efendi Sk. no:2 (Ecke Çırağan Cad.), Yıldız/Beşiktaş
Vom Morgengebet bis zum Abendgebet
Bus: Yahya Efendi

An einer der belebtesten Straßen der Stadt hat eine Oase des Friedens die Zeit überdauert: Der oberhalb des Bosporus gelegene Konvent von Yahya Efendi ist einer der wenigen Sufi-Versammlungsorte *(Tekke)* Istanbuls, die sich ihre authentische Struktur und ihre Atmosphäre der Einkehr bewahren konnten. Hinter dem kleinen Marmorbrunnen (nach seinem Stifter, Sultan Abdülhamid, *Hamidiye* genannt) links des Gebäudes steht eine jahrhundertealte Zypresse, der hier ganz besonderer Respekt gezollt wird: Am Fuße des Baums soll der Gründer des Konvents, islamischer Religionsgelehrter und Dichter, dem mythischen Hızır (arab. *al-Chidr*) begegnet sein, der in der Vorstellungswelt der Muslime einen festen Platz hat.

Der Name dieses Heiligen wird im Koran nicht erwähnt. Vers 65 aus Sure 18 („die Höhle") jedoch lautet: „Sie trafen einen von Unseren Dienern, dem Wir Barmherzigkeit von Uns aus hatten zukommen lassen und den Wir Wissen von Uns her gelehrt hatten." Vielen Gläubigen gilt er als Prophet. Um den Verzweifelten zu helfen, soll er bis zum Jüngsten Gericht unsterblich sein und bisweilen in Gestalt eines anderen, häufig eines Derwischs, auftreten. Niemand kann seine wahre Person erraten, solange er sie nicht selbst offenbart. Oft stellt er die Menschen vor schwere Prüfungen. Als Bettler erfleht er Nahrung. Wer sie ihm gibt, wird reich entlohnt, wer sie ihm verweigert, wird bestraft.

Einem Hadith zufolge sprießt in einer Wüste, in der sich Hızır niedergelassen hat, üppiges Gras, wenn er wieder fort ist. Sein Name *Hızır* bzw. arabisch *al-Chidr* bedeutet „der Grüne", Darstellungen zeigen Hızır in grüner Kleidung. Im Volksglauben wird er zum Schutz vor Diebstahl, Ertrinken, Tyrannen, Dämonen, Schlangen und Skorpionen dreimal angerufen. Er steht in einer engen Beziehung zu dem biblischen Propheten Elias (arab. *Ilyas*), dem er am 6. Mai zur Erneuerung der Natur begegnet. Das türkische Hıdırellez-Fest *(Hızır + İlyas)* feiert an jenem Tag den Beginn des Sommers.

Unter der Zypresse soll Hızır dem Scheich Yahya Efendi (1494–1570) begegnet sein, dem Gründer des in osmanischer Zeit von Nakşibendi- und Qadiri-Orden gemeinsam betriebenen Konvents, das seit 1925 eine einfache Moschee ist. In dem vor dem Hauptschiff der Moschee gelegenen Grabraum befinden sich die letzten Ruhestätten des Scheichs sowie einiger Mitglieder seiner Familie und der osmanischen Dynastie: etwa Prinzessin Raziye Sultan, Tochter von Süleyman dem Prächtigen und spirituelle Tochter von Yahya Efendi.

Auf dem bewaldeten Friedhof, der den Konvent umgibt, liegen die Grabstätten hoher religiöser Würdenträger sowie solche von Armeegenerälen, Richtern, Gouverneuren und Mitgliedern von der Dynastie nahestehenden Familien.

DAS BÜRO DES DIREKTORS DES KABATAŞ-GYMNASIUMS

9

Sultan Abdülaziz: Selbstmord oder Mord?

Jungengymnasium Karbataş (Karbataş Erkek Lisesi), *Ehemaliger Feriye-Palast*
Çırağan Cad. no:40, Ortaköy, Yıldız/Beşiktaş
Besichtigung auf Nachfrage am Empfang der Schule
Montag bis Freitag 9–17 Uhr meist möglich
Bus: Kabataş Lisesi

Auf freundliche Nachfrage am Eingang des Kabataş-Gymnasiums ist es bisweilen möglich, das Büro des Direktors zu besichtigen. Diesem Ort kommt in der Geschichte des Osmanischen Reichs eine besondere Bedeutung zu, denn hier wurde Sultan Abdülaziz nach seiner Absetzung tot aufgefunden (s. rechts).

Frühere Schüler des Kabataş-Gymnasiums und des damals benachbarten Galatasaray-Gymnasiums (der heutigen Universität von Galatasaray) berichten, dass nachts, wenn der Nordwind (Poyraz) besonders stark wehte und durch die Spalten des alten Gemäuers blies, der Geist von Abdülaziz auf der Suche nach seinen Mördern durch die Schlafsäle strich. Mitte der 1990er-Jahre ging das Gerücht um, dass in einem der umliegenden Hotels ein Angestellter des Nachts von einem alten Herrn mit osmanischer Uniform und Fez geohrfeigt wurde, der daraufhin spurlos verschwand …

Die umstrittenen letzten Tage von Sultan Abdülaziz

Sultan Abdülaziz galt als äußerst autoritär. Am 30. Mai 1876 wurde er gestürzt und zunächst im Topkapı-Palast festgesetzt – in den Gemächern von Sultan Selim III., der 1807 ebenfalls entthront und 1808 ermordet worden war. Die Wahl seiner Haftzelle betrübte den gleichwohl melancholischen Sultan sehr. Einige Tage später wurde er in den Feriye-Palast in Ortaköy überführt. Am 4. Juni 1876 bat er die Sultanmutter um eine Schere, um sich den Bart zu stutzen, und schloss sich in seinem Zimmer ein. Als die Wachen bald darauf wehklagende Geräusche vernahmen, öffneten sie die Tür gewaltsam. Sie fanden Abdülaziz mit aufgeschnittenen Pulsadern in einer Blutlache. Sein Leichnam wurde zur Palastpolizei gebracht (hier befindet sich heute das sehr empfehlenswerte Restaurant Feriye), wo Ärzte den Tod durch Suizid feststellten.
Sein Nachfolger Murat V. regierte nur wenige Monate: Auch er wurde in einem Staatsstreich entmachtet. Überzeugt, sein Onkel Abdülaziz sei Opfer eines politischen Mordes geworden, richtete der nächste Sultan, Abdülhamid, ein Sondertribunal ein, das die Angeklagten zum Tod verurteilte. Das von vielen als Farce betrachtete Todesurteil wurde später in eine Verbannung umgewandelt.
Seitdem beschäftigt und spaltet die türkische Öffentlichkeit eine große Kontroverse: Beging Abdülaziz Selbstmord oder wurde er ermordet? Es besteht keine Veranlassung, das Urteil der Ärzte anzuzweifeln. Ein Eindringen von außen mithilfe einer Leiter ist ebenfalls auszuschließen: Niemand hätte sich auf diese Weise von den Wachen unbemerkt Zutritt zum Zimmer von Abdülaziz im zweiten Stock verschaffen können.
Doch wenngleich das fünf Jahre später einberufene Sondertribunal seine Geständnisse vermutlich durch Folter erpresste, spricht auch einiges für die Mordtheorie: Schon kurz nach den Schreien der Odalisken des Sultans begab sich Hüseyin Avni Paşa, Hauptverantwortlicher des Staatsstreichs, in voller Montur mit seinem offiziellen Boot, das abfahrbereit auf ihn wartete, an den Schauplatz der Tragödie. Auch die Berichte über das Auffinden der Leiche erscheinen suspekt: Warum wurde die schwere Zimmertür aufgebrochen, wenn die kleine Seitentür zum Nachbarzimmer für die Dienstboten offen stand? Zudem gibt es in diesem Zimmer auch ein Fenster, das sich direkt zum Zimmer des Sultans hin öffnet. Last but not least: Beide Fäuste des Sultans waren geöffnet. Schneidet man sich jedoch die Pulsadern auf, sind für gewöhnlich auch die Bänder betroffen, wodurch die Hand gelähmt wird.

DIE HEILIGE QUELLE DER ST.-DEMETRIOS-KIRCHE

⑩

Heilung, Ehe, Exorzismus …

St.-Demetrios-Kirche (Ag[y]ios Dimitrios/Aya Dimitri),
Alay Emini Sk. no:8/Kırbaç Sk. no:44, Kuruçeşme/Beşiktaş
Segnung der Quelle samstags während der Morgenmesse, etwa 10–12 Uhr
Dauer der Messe je nach Jahreszeit unterschiedlich
Bus: Kuruçeşme

Der Weg zu dem unterirdischen Becken, in dem das Wasser aus der heiligen Quelle (Agiasma) der St.-Demetrios-Kirche (griech. *Ag[y]ios Dimitrios,* türk. *Aya Dimitri*) aufgefangen wird, führt durch einen sehr langen und sehr feuchten byzantinischen Tunnel, von dessen gemauerter Gewölbedecke über Jahrhunderte geformte Stalaktiten hängen. An den Wänden sind Ringe befestigt, mit denen, so sagt man, apotropäische, also Unheil und böse Geister abwehrende, Geräusche produziert werden können.

Das Wasser des Agiasmas soll Krankheiten heilen, Dämonen vertreiben und Glück bringen. Ein Besuch in der Kirche bietet sich daher samstags an, wenn die vielen Menschen in der langen Schlange vor dem Eingang Einlass zur Messe begehren, um zu beten und in der Hoffnung auf Heilung, Ehe und Exorzismus vom Priester die Segnung des Quellwassers zu erbitten. Die Mehrheit der Pilger sind Muslime, die meist dem gehobenen Bürgertum aus Ulus und Etiler, zwei höher gelegenen Wohnvierteln des Distrikts Beşiktaş, angehören.

Der Priester erteilt seinen Segen ungeachtet von Religion und Konfession. Der Anblick der feinen Damen, die ihre neuesten Modeaccessoires an einem so spirituellen und byzantinischen Ort zur Schau tragen, ist einzigartig.

In osmanischer Zeit war Agios Dimitrios die Gemeindekirche des griechischen Viertels, das der griechischen Aristokratie aus Fener/Phanar als eine Art Sommerresidenz diente. Die ursprüngliche byzantinische Kirche aus dem 15. Jahrhundert war am Standort eines Demeter und vielleicht Isis geweihten heidnischen Tempels errichtet worden. Nach ihrem Verfall ließ Sultan Selim III. sie 1789 wiederaufbauen. Es folgten zahlreiche Renovierungen.

Das Bosporusufer um Kuruçeşme ist schon seit der Antike bewohnt. Der Legende nach soll der Lorbeerbaum der Medea, einer Frauengestalt aus der griechischen Mythologie, an diesem Bithias, Kalamos oder Amopolos genannten Ort gestanden haben. In byzantinischer Zeit verbrachten die Säulenheiligen Symeon Stylites und Daniel Stylites hier 27 bzw. 33 Jahre auf einer Säule.

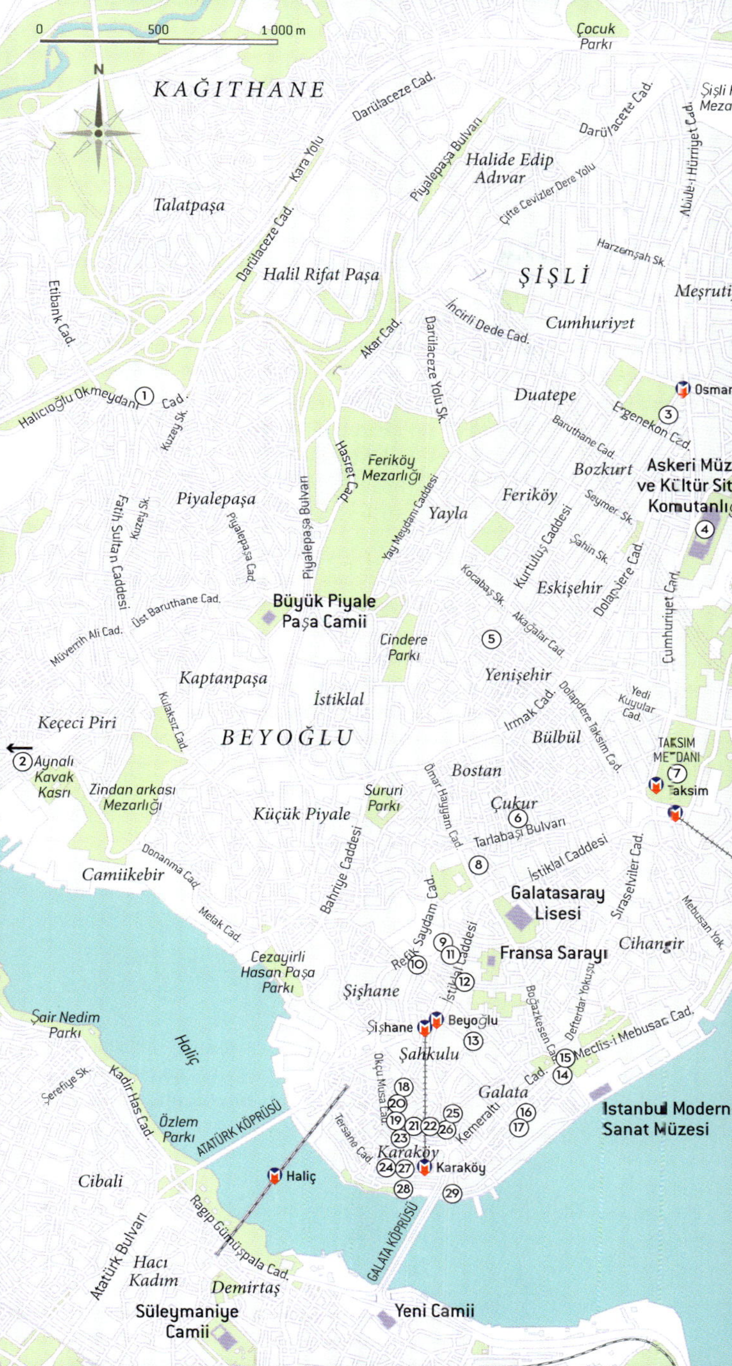

0
500
1 000 m
N
KAĞITHANE
Çocuk Parkı
Darülaceze Cad.
Kara Yolu
Piyalepaşa Bulvarı
Halide Edip Adıvar
Çifte Cevizler Dere Yolu
Abide-i Hürriyet Cad.
Talatpaşa
Darülaceze Cad.
Halil Rifat Paşa
Harzemşah Sk.
ŞİŞLİ
Etibank Cad.
İncirli Dede Cad.
Cumhuriyet
Akar Cad.
Darülaceze Yolu Sk.
Halıcıoğlu Okmeydanı Cad.
Kuzey Sk.
Duatepe
Ergenekon Cad.
Baruthane Cad.
Hasret Cad.
Feriköy Mezarlığı
Bozkurt
Askeri Müze ve Kültür Sitesi Komutanlığı
Piyalepaşa
Piyalepaşa Cad.
Piyalepaşa Bulvarı
Yay Meydanı Caddesi
Yayla
Feriköy
Seymer Sk.
Fatih Sultan Caddesi
Kuzey Sk.
Kurtuluş Caddesi
Şahin Sk.
Kocabaş Sk.
Eskişehir
Dolapdere Cad.
Cumhuriyet Cad.
Üst Baruthane Cad.
Büyük Piyale Paşa Camii
Müverrih Ali Cad.
Cindere Parkı
Akağalar Cad.
Kaptanpaşa
Yenişehir
İstiklal
Irmak Cad.
Dolapdere Taksim Cad.
Yedi Kuyular Cad.
Keçeci Piri
Kulaksız Cad.
BEYOĞLU
Bülbül
TAKSIM MEYDANI
Aynalı Kavak Kasrı
Zindan arkası Mezarlığı
Ömer Hayyam Cad.
Bostan
Taksim
Sururi Parkı
Küçük Piyale
Çukur
Tarlabaşı Bulvarı
Bahriye Caddesi
Donanma Cad.
Camiikebir
İstiklal Caddesi
Sıraselviler Cad.
Galatasaray Lisesi
Mebusan Yok.
Melak Cad.
Refik Saydam Cad.
İstiklal Caddesi
Fransa Sarayı
Cihangir
Cezayirli Hasan Paşa Parkı
Şişhane
Boğazkesen Cad.
Defterdar Yokuşu
Şair Nedim Parkı
Haliç
Şişhane
Beyoğlu
Meclis-i Mebusan Cad.
Şahkulu
Okçu Musa Cad.
Şerefiye Sk.
Kadir Has Cad.
Galata
Özlem Parkı
ATATÜRK KÖPRÜSÜ
Tersane Cad.
Kemeraltı Cad.
Istanbul Modern Sanat Müzesi
Karaköy
Haliç
Karaköy
Cibali
Ragıp Gümüşpala Cad.
GALATA KÖPRÜSÜ
Atatürk Bulvarı
Hacı Kadım
Demirtaş
Süleymaniye Camii
Yeni Camii

Beyoğlu – Şişli (Süd)

① DER FRIEDHOF DER KARAITEN *154*
② DIE GRUFT DER FAMILIE CAMONDO *156*
③ DER KATHOLISCHE FRIEDHOF VON PANGALTI *157*
④ DIE BYZANTINISCHE KETTE DES MILITÄRMUSEUMS *158*
⑤ EINE GEDENKTAFEL ZU EHREN VON BASIL ZAHAROFF *160*
⑥ DIE SYRISCH-ORTHODOXE MARIENKIRCHE *164*
⑦ DIE VERGESSENEN STATUEN DER OFFIZIERE FRUNSE UND WOROSCHILOW *166*
⑧ DAS GRAB VON HAGOP IV. *168*
⑨ DER FLÜGEL VON MARIA CALLAS *170*
⑩ DER TEPPICH VON MUSTAFA KEMAL ATATÜRK *172*
⑪ DIE SOCIETÀ OPERAIA *176*
⑫ DIE GEDENKTAFEL DER KIRCHE SANTA MARIA DRAPERIS *177*
⑬ DIE PORTRÄTS AUF DEM LETTNER DER KRIM-GEDENKKIRCHE *178*
⑭ DIE SÄULEN DER KILIÇ-ALI-PAŞA-MOSCHEE *180*
⑮ DAS BLEIDACH DES TOPHANE-BRUNNENS *184*
⑯ DIE WAPPEN DER KIRCHE PANAGIA KAPHATIANI *186*
⑰ DIE RUSSISCHE ST.-ANDREAS-KAPELLE *188*
⑱ DIE STATUE DES GRAFEN VON BONNEVAL *190*
⑲ DAS KÖNIGLICHE WAPPEN FRANKREICHS *192*
⑳ DER TULPENBRUNNEN *193*
㉑ DIE IKONE DER MADONNA HODEGETRIA VON CAFFA *194*
㉒ DIE ORGEL DER KIRCHE ST. PETER UND PAUL *196*
㉓ DIE GEDENKTAFEL AN DER VOYVODA HAN *198*
㉔ DAS ALTE GENUESER KAPITULATIONSGERICHT *202*
㉕ RELIKTE DER OR-HADASH-SYNAGOGE *206*
㉖ DIE GEDENKTAFEL ZU EHREN DES KAISERS VON ÖSTERREICH-UNGARN *208*
㉗ DAS ROMANISCHE KAPITELL DER KURŞUNLU HAN *209*
㉘ DAS GRAB VON KOYUN DEDE *210*
㉙ FREIMAURERSYMBOLE AN DER FASSADE DER LANDWIRTSCHAFTSBANK *212*

DER FRIEDHOF DER KARAITEN

Erinnerung an eine vergessene jüdische Konfession

Friedhof von Hasköy/Beyoğlu (Hasköy/Beyoğlu Musevi Mezarlığı)
Halıcıoğlu Yanyolu Cad. no: 1/1°, Çıksalın, Piripaşa/Beyoğlu
Von Sonnenaufgang bis Sonnenuntergang
Bus: Çıksalın (Bus 54 Ç von Taksim oder 77 Ç von Eminönü)

Die Synagoge existiert nicht mehr; der kleine karaitische Friedhof von Hasköy jedoch bildet das letzte zugängliche Istanbuler Relikt einer jüdischen Gemeinschaft, die als ketzerisch verpönt war und heute nur noch wenige Familien zählt. Der von Sonnenaufgang bis -untergang geöffnete Friedhof ist voll von alten Grabsteinen, die über und über mit hebräischen Inschriften übersät sind. Interessant ist, dass die Gräber osmanischen Sarkophagen ähneln – möglicherweise ein Hinweis auf die historische Nähe zwischen Karaiten und Türken. Auf muslimischen Friedhöfen finden sich bisweilen andere Arten vermutlich karaitischer Gräber, beispielsweise neben dem Grab von Hasan Baba (s. S. 82). Auf traditionellen jüdischen Friedhöfen ist diese Form jedoch eher selten.

Das karaitische Judentum

Die einst florierende Religionsgemeinschaft der Karaiten (auch: Karäer) umfasst heute nur noch einige wenige Familien. Gottesdienste werden meist nur noch an Hochfesten in der einzigen karaitischen Synagoge abgehalten, die 1842 mit Genehmigung von Sultan Abdülmecid am Standort einer früheren Synagoge aus byzantinischer Zeit errichtet wurde. Als Zeichen des festen Glaubens der Karaiten an die Heilige Schrift wurde sie, nach Psalm 130, unterirdisch angelegt: „Aus der Tiefe rufe ich, Herr, zu Dir."
Bei den Karaiten handelt es sich um eine jüdische Nebenströmung, die vom rabbinischen Judentum als ketzerisch abgelehnt wird, da sie die im Talmud als Mischna (Gesetzeskodex) kodifizierte mündliche Tora ablehnt und einzig auf die schriftliche Tora zurückgreift.

Die Karaiten traten erstmals zwischen dem 7. und dem 9. Jahrhundert in Bagdad und Kairo auf. Ihre Ursprünge dürften jedoch bis zu alten antirabbinischen Gruppen wie den Sadduzäern zurückreichen. Fest steht, dass externe Bewegungen sich gegen die Autorität der rabbinischen Tradition erhoben und die Rückkehr zum Wortlaut der Heiligen Schrift priesen. Die Karaiten, manchmal auch unter der Bezeichnung *Bené mikrá* („Anhänger der Schrift") zu finden, sind wörtlich übersetzt die „Leser" der hebräischen Schriften.

Das Wort *qara'a* (lesen) weist dieselbe semitische Wurzel auf wie das verwandte arabische Wort für „Koran". Wenngleich die Rolle des Islam bei der Entstehung des Karaitismus umstritten ist, ist sein Einfluss auf dessen Philosophie und Rituale kaum von der Hand zu weisen. So ziehen Muslime und Karaiten beispielsweise gleichermaßen vor Betreten ihrer Gotteshäuser die Schuhe aus und beugen bei bestimmten Gebeten die Knie. Als Gründer der Bewegung wird häufig Anan ben David (715–795) genannt, der von seinem Gefängnisgenossen Abu Hanifa (699–767) aus den Kerkern Bagdads gerettet wurde. Dieser muslimische Theologe war Begründer der Hanafiten, einer der vier Rechtsschulen des sunnitischen Islams, der die Mehrheit der Türken angehört. Anan ben David erhielt die Erlaubnis, sich in Jerusalem niederzulassen. Später breitete sich der Karaitismus auch in Syrien, Ägypten und Osteuropa weiter aus.

Die Geschichte der Karaiten weist interessante Parallelen zur türkischen auf; zahlreiche Karaiten in Russland, auf der Krim, in Litauen und Polen sprachen oder sprechen noch heute Türkisch. Einige Historiker sehen in ihnen Nachfahren der Chasaren, eines türkischsprachigen Volks aus der Gegend nördlich des Kaspischen Meers, in dem das Judentum im 8. Jahrhundert zur Staatsreligion erhoben wurde. Der Schriftsteller Arthur Koestler sah in den Chasaren den 13. Stamm Israels; seine These führte er in seinem Buch *Der dreizehnte Stamm* aus. Die heutige Geschichtswissenschaft zollt Koestler Anerkennung dafür, das Reich der Chasaren aus den Tiefen der Vergangenheit hervorgeholt zu haben. Ein wichtiges Detail vernachlässigte er jedoch: Vermutlich konvertierte nicht die gesamte chasarische Bevölkerung zum Judentum, sondern nur die Führungsschicht. Das bedeutet, dass nicht, wie von Koestler behauptet, alle osteuropäischen Juden chasarischer Herkunft sind.

Die Existenz von Karaiten in Istanbul ist seit dem 12. Jahrhundert durch jüdische Reisende belegt. Bei Eroberung der Stadt durch die Osmanen lebten viele Anhänger dieser Gemeinschaft in Karaköy, einem Stadtteil, der seinen Namen vermutlich ebenfalls den Karaiten verdankt (türk. *Karay köy* = Dorf der Karaiten). Die karaitische Synagoge von Karaköy ist heute leider nicht mehr vorhanden.

DIE GRUFT DER FAMILIE CAMONDO

2

Das neugotische Mausoleum einer osmanisch-jüdischen Familie

Grabmal von Abraham Salomon de Camondo (Abraham Salomon Kamondo Anıt Mezarı), *jüdischer Friedhof von Hasköy, Beyoğlu Belediye Başkanlığı no:20 (von Halıcıoğlu Okmeydanı Cad. abbiegen), Sütlüce/Beyoğlu (Eintritt frei)*
Metrobus: Halıcıoğlu

Anders als man zunächst denken könnte, handelt es sich bei dem kleinen steinernen Gebäude auf einem Hügel rechts der Umgehungsstraße (in Richtung Haliç-Brücke) nicht um ein militärisches Pulverlager. Der neugotische Bau mitten auf dem jüdischen Friedhof von Hasköy ist die Familiengruft, in der am 14. April 1873 der am 30. März 1873 in Paris verstorbene Graf Abraham Salomon de Camondo beigesetzt wurde, Patriarch einer berühmten jüdischen Familie, deren Mitglieder hochrangige Bankiers der osmanischen Bürokratie und große Mäzene waren.

Die Familie de Camondo lebte zuletzt in Paris im Stadtpalais Hôtel de Camondo, das 1912 am Rand des Parc Monceau errichtet worden war. Heute beherbergt das Pariser Gebäude das wenig bekannte Museum Nissim de Camondo, das eine sehenswerte Sammlung französischer Möbel und Kunstobjekte des 18. Jahrhunderts zeigt. Das Geschlecht de Camondo ist inzwischen ausgestorben.

Der jüdische Friedhof von Hasköy wurde anlässlich des Baus mehrerer Umgehungsstraßen in den 1950er- und 1980er-Jahren weitgehend aufgelassen. Seinem Schicksal ausgeliefert, wurde das Mausoleum geschändet und von einem Unbekannten sogar zeitweilig als Nachtlager an Obdachlose vermietet. Erst 2010 wurde es saniert und abgesichert. Heute ist der Eingang durch eine dicke Glastür geschützt, durch die Besucher einen Blick auf die Gräber im Inneren werfen können.

DER KATHOLISCHE FRIEDHOF VON PANGALTI

③

Eine interessante Geschichtslektion

Katholischer Friedhof von Istanbul (Pangaltı Fransız Latin Katolik Mezarlığı)
Tayyareci Fehmi Sk. no:3/1, Pangaltı, Cumhuriyet/Şişli
Metro: Osmanbey

Mit seinen Gruften in unterschiedlichsten Stilen (romanisch, neugotisch, Renaissance, osmanisch) bietet der „lateinisch-katholische [französische] Friedhof" seinen Besuchern eine interessante Geschichtslektion. Die fantasievoll gestalteten Inschriften findet man in verschiedensten Sprachen, von Französisch und Italienisch über Latein und Armenisch bis hin zu Kroatisch. Neben griechischen, syrischen, chaldäischen, melkitischen und albanischen Katholiken sind hier Polen, Deutsche, Kroaten und Tschechoslowaken bestattet. Häufig tragen die Verstorbenen arabische Vornamen und slawisch klingende Nachnamen, während die Namen ihrer Großeltern eher auf eine italienische, griechische oder französische Herkunft verweisen.

Der Friedhof wurde 1853 als Sammelstelle für die aufgrund der urbanen Entwicklung exhumierten Gebeine der christlichen Friedhöfe *Grand Champ des Morts* nahe dem heutigen Taksim-Platz und *Petit Champ des Morts* nahe Tepebaşı angelegt, was die vielen Gräber mit Opfern der großen Pestepidemien Anfang des 19. Jahrhunderts erklärt. Der Pestbazillus kann Jahrtausende überdauern …

Der Friedhof wuchs schnell und diente sowohl den im Krimkrieg gefallenen katholischen Soldaten als auch den italienischen Soldaten (Untertanen des Königreichs Sardinien) als letzte Ruhestätte. Letztere wurden in der beeindruckenden Grabpyramide beigesetzt.

Napoleon III., ein großer Freund des Osmanischen Reichs, ließ hier eine Kapelle errichten. Weitere Gebeine kamen im Ersten Weltkrieg hinzu.

DIE BYZANTINISCHE KETTE DES MILITÄRMUSEUMS

4

Die Kette, mit der einst der Zugang zum Goldenen Horn abgesperrt wurde

Militärmuseum Harbiye (Harbiye Askeri Müzesi)
Vali Konağı Cad. no:2, Harbiye
Halaskargazi/Şişli
Besichtigung Mittwoch bis Sonntag 9–17 Uhr; Montag/Dienstag geschlossen
Metro: Osmanbey

Der riesige Eisenhaufen, der allein einen ganzen Raum des Militärmuseums für sich beansprucht, ist nur ein Teil der Kette, die

1453 den Zugang zum Goldenen Horn versperrte, um das Eindringen der osmanischen Flotte zu verhindern. Sie stammt aus der Werkstatt des Genueser Ingenieurs Bartolomeo Soligo und war zwischen dem Eugenius-Turm im heutigen Sirkeci und dem Kastellion-Turm gespannt, dessen Kellergewölbe im 13. Jahrhundert in eine unterirdische Moschee *(Yeraltı Camii)* umgewandelt wurde. An der Wasseroberfläche wurde sie von hölzernen Bojen gehalten.

Die Kette besteht aus einer Vielzahl von Ringen in Form einer gequetschten Acht, eines an den Enden geschlossenen S oder eines flach gedrückten Kreises mit je 10 bis 20 Kilogramm Gewicht und mehr als 50 Zentimetern Länge. Den Abschluss bildet eine Klammer, die an einem gigantischen Ring eingehängt wurde, der an einem Turm oder, beim Ausbringen der Kette, an einem Boot befestigt wurde. Der hervorragende Zustand der Kette ist auf die schwarze Oxidationsschicht zurückzuführen, die das Metall überzieht.

Die 1453 ausgelegte Kette erfüllte ihre Aufgabe wie gewünscht und hinderte die osmanische Flotte daran, die Seemauern am Goldenen Horn zu bombardieren.

Um die Kette zu umgehen, ließ sich Mehmed der Eroberer schließlich eine besondere List einfallen: In der Nacht vom 21. auf den 22. April ließ er von Tophane aus 67 Schiffe auf dem Landweg über den Bergrücken von Pera/Beyoğlu bringen und bei Kasımpaşa in das Goldene Horn setzen. Die Idee für diesen genialen Schachzug des Sultans stammte aus der antiken Geschichtsschreibung, für die er eine Leidenschaft hegte und die von ähnlichen Taktiken Hannibals im Golf von Tarent und Kaiser Augustus' am Isthmus von Korinth berichtet.

Wie der Sultan seine gesamte Flotte über einen Hügel ziehen ließ, erinnert ein wenig an den Film *Fitzcarraldo.* Als die Stadt am 29. Mai 1453 fiel, ließ Alvise Diedo, Kommandant der im Goldenen Horn stationierten venezianischen Flotte, die Kette durchtrennen, um seinen Schiffen die Flucht in entgegengesetzter Richtung zu ermöglichen.

Weitere Teilstücke der Kette befinden sich im Schiffsmuseum von Beşiktaş im Archäologischen Museum von Istanbul und in der Rumelischen Festung (*Rumeli Hisarı,* s. S. 262). Die vier Teile weisen eine Gesamtlänge von 115 Metern auf.

EINE GEDENKTAFEL ZU EHREN VON BASIL ZAHAROFF ⑤

Die Istanbuler Wurzeln des größten Waffenhändlers der Geschichte

Sportclub Kurtuluş (Kurtuluş Spor Kulübü)
Safa Meydanı Sk. no:36, Kurtuluş, Yenişehir/Beyoğlu
Metro: Osmanbey oder Taksim

Im Sportverein des alten griechischen Stadtteils Tatavla (Kurtuluş), 1896 gegründet als *İraklis Jimnastik Kulübü* (Gymnastikclub Herakles) erinnern verschiedene Porträts und Inschriften (vor allem diejenige oberhalb des Basketballkorbs in der zentralen Sporthalle, übersetzt „Zacharoff-Halle") an das Wirken von Sir Basil Zaharoff, den größten und vermutlich geheimnisumwobensten Waffenhändler der Geschichte; denn er war ein bedeutender Förderer des Sportvereins.

Offiziellen Quellen zufolge kam Vasilios Zacharias, alias Zaharoff, 1849 in Muğla (Türkei) zur Welt. Vor einem Londoner Gericht gab der junge Zaharoff jedoch Tatavla als seinen Geburtsort an und verwies darauf, dass die Aussage, er sei in Muğla geboren, dem verwirrten Geist eines alten Popen entsprungen sei. Zaharoff zollte den Institutionen des Viertels seiner Kindheit also nicht ohne Grund Anerkennung.

Basil Zaharoff in Tim und Struppi – Der Arumbaya-Fetisch

Die Figur des Basil Zaharoff diente vielen Autoren als Inspiration für ihre Helden, unter ihnen der Waffenhändler Basil Bazaroff in *Tim und Struppi: Der Arumbaya-Fetisch*. Bazaroff, dem Hergé die Gesichtszüge von Zaharoff verleiht, sät darin Zwietracht zwischen der von General Alcazar geführten Republik San Theodoros und dem benachbarten Nuevo Rico, um beiden südamerikanischen Staaten dieselben Waffen zu verkaufen.

Die erste Schwarz-Weiß-Ausgabe von *Der Arumbaya-Fetisch* erschien 1937, genau ein Jahr nach Zaharoffs Tod.

Mehr Informationen über Basil Zaharoff finden Sie auf der nächsten Doppelseite.

Basil Zaharoff: „Ein fantastischer Abenteurer, heimlicher König von Europa"

Vasilios Zacharias, alias Basil Zaharoff, beherrschte mehrere Sprachen und verdiente seinen Lebensunterhalt zunächst als Touristenführer in Istanbul. Statt seinen Kunden jedoch die historischen Sehenswürdigkeiten zu zeigen, führte er sie zu den Bordellen von Galata. Da er mit den echten Zuhältern nicht mithalten konnte, ging er zeitweise der wenig lukrativen Tätigkeit als Feuerwehrmann nach. Als Geldwechsler tauschte er das Geld von Touristen in Falschgeld um. Seine betrügerischen Machenschaften zwangen ihn zur Flucht nach London, wo er die genannten Angaben zu seiner Herkunft machte, und später nach Athen, wo sich ihm die Türen des Reichtums öffneten. Im Alter von 24 Jahren lernte er einen schwedischen Kapitän kennen, der ihm seinen Posten als Vertreter des Waffenfabrikanten Thorsten Nordenfelt überließ. Zacharias machte sich als solcher sogleich die jahrhundertealte Feindschaft und die Expansionsgelüste der Balkanstaaten zunutze und verkaufte Waffen an verschiedene verfeindete Länder. Entscheidend für den Erfolg dieser Methode war die Diskretion des Verkäufers, eine Eigenschaft, an der es Zaharoff nicht mangelte. In Athen änderte Zacharias – vermutlich inspiriert durch die langen Aufenthalte seiner Eltern in Odessa während der turbulenten Jahre der griechischen Revolution – seinen Namen in Zaharoff.

An Griechenland verkaufte er auch sein erstes U-Boot, das unter Wasser Torpedos abschießen konnte. Unter Berufung auf die griechische Bedrohung bot er zwei dieser U-Boote erfolgreich der osmanischen Marine an, die er wiederum als große Gefahr im Schwarzen Meer darstellte, um zwei weitere U-Boote an Russland zu verkaufen. Als die von Zaharoff eingefädelte Allianz zwischen Nordenfelt und Maxim zum Bau des dem berühmten Maxim-Maschinengewehrs zerbrach, ging Zaharoff zu Maxim, das sich mit Vickers zusammentat und Zaharoff 1911 in seinen Verwaltungsrat aufnahm. Nach dem Sieg Japans über Russland 1905 übernahm Zaharoff die Neuorganisation der russischen Rüstungsindustrie. Unterdessen hatte Vickers damit begonnen, durch Manipulation über die Presse in den europäischen Ländern Informationen über eine vermeintlich von den jeweiligen Nachbarn ausgehende Gefahr verbreiten zu lassen.

Dies war das ideale Vorspiel für den Ersten Weltkrieg, in dem Zaharoff seine Investitionen auf den Bankensektor und die Presse ausweitete. Vickers verdiente ein Vermögen mit dem Verkauf von Waffen an England und Frankreich. Zaharoff war bewusst, dass er, um seine Macht zu konsolidieren, die Gunst der Politiker gewinnen musste: Er gründete ein Seniorenheim für französische Marineangehörige sowie einen Lehrstuhl für Aerodynamik an der Sorbonne und ließ Kriegswitwen großzügige Zuwendungen zukommen. Zunächst erhielt er den Verdienstorden der Ehrenlegion, dann wurde er zum Offizier und später zum Kommandanten befördert. Zaharoff machte sich einflussreiche Männer wie Lloyd George, Clémenceau und Aristide Briand zu Freunden. Am Eingang der Pariser Sorbonne erinnert eine Marmortafel an den Wohltäter der Universität.

Die wohl größte Intrige Zaharoffs während des Krieges, als er Griechenland an der Seite der Alliierten in den Krieg drängte, hatte dramatische Folgen sowohl für sein Herkunftsland als auch für seine erste Wahlheimat. Als König Konstantin den Kriegseintritt ablehnte, schloss sich Zaharoff der Verschwörung an, die 1917 zur dessen Absetzung führte. Griechenland schlug sich im Ersten Weltkrieg daraufhin unter Premierminister Venizelos auf die Seite der Alliierten. 1919 besetzte Venizelos auf Anstiftung von Zaharoff Ostanatolien. 1920 gelangte erneut der König an die Macht, doch Zaharoff setzte alles daran, ihn von einer neuen Offensive zu überzeugen. Im Zuge der griechischen Invasion erstarkte in Ankara die Bewegung Mustafa Kemals, dessen Anhänger die griechische Armee 1922 bezwangen. Was die Griechen als „Kleinasiatische Katastrophe“ und die Türken als „Unabhängigkeitskrieg“ bezeichnen, markierte das Ende des griechischen Einflusses in Anatolien und die Geburt eines neuen Staats: der Türkei. Ist es übertrieben zu sagen, dass Zaharoff einen gewissen Anteil daran hatte?

Bei Kriegsende wurde Zaharoff in den Stand eines Barons erhoben und nannte sich fortan „Sir Basil Zaharoff“. Er begann, in Erdöl, dessen Bedeutung im Krieg zutage getreten war, und in Casinos zu investieren.

Doch der ungewöhnliche Waffenhändler Zaharoff hatte auch eine romantische Ader, die die Wechselfälle seines beruflichen Daseins überdauerte: 1924 heiratete er mit 75 Jahren die mit dem spanischen Königshaus verwandte Maria del Pilar, Herzogin von Villafranca de Los Caballeros. Bereits 1886 hatte er sich an Bord des Orient Express in die Herzogin verliebt. Jahrzehnte später konnte er die Liebe seines Lebens schließlich nach dem Tod ihres Ehemanns heiraten.

Am 27. November 1936 starb Vasilios Zacharias bzw. Sir Basil Zaharoff mit 87 Jahren im Hôtel de Paris in Monte Carlo.

DIE SYRISCH-ORTHODOXE MARIENKIRCHE

6

Eine Messe in der Sprache Jesu

Syrisch-orthodoxe Marienkirche (Süryani Kadim Meryem Ana Kilisesi)
Karakurum Sk. no:10, Tarlabaşı, Çukur/Beyoğlu
0212 238 54 70
Messe: Sonntag 9–10:30 Uhr (Sommer) bzw. 9–11 Uhr (Winter)
Metro: Taksim oder Şişhane

Die syrisch-orthodoxe Marienkirche *(Süryani Kadim Meryem Ana Kilisesi)* ist zwar historisch betrachtet nicht von besonderem Interesse, bietet jedoch die seltene Gelegenheit, einmal wöchentlich einer Messe beizuwohnen, die auf Aramäisch gelesen wird, in einer semitischen Sprache, die in der Antike im Mittleren Osten weit

verbreitet war. Aramäisch war die Muttersprache von Jesus von Nazareth zu Zeiten, da Hebräisch der Liturgie vorbehalten war.

Die Kirche ist das spirituelle Zentrum der in Istanbul lebenden Syrer. In ihrem Inneren befindet sich vor der Ikonostase ein für die syrische Kunst typischer Altarvorhang. Er zeigt eine naive Darstellung der Kreuzigung mit Symbolen wie dem Hahn, der den Verrat des heiligen Petrus bezeugte – eine Seltenheit in östlichen Kirchen.

Die Ursprünge der Metropolitankirche von Istanbul reichen bis in das Jahr 1844 zurück. Das heutige Gebäude stammt aus dem Jahr 1963. Der von syrischen Baumeistern behauene Bruchstein an der Fassade ist eine Schenkung eines „unserer muslimischen Brüder aus Mardin" (einer Stadt im Südosten der Türkei).

Kleine Geschichte der aramäischen Sprache

Aramäisch ist die historische Sprache der Aramäer, einer semitischen Völkergruppe in der Levante und in Mesopotamien, deren Name von dem Königreich Aram im Zentrum des heutigen Syriens abstammt. Im 8. Jahrhundert v. Chr. war die aramäische Sprache von Ägypten bis Zentralasien (bis nach Pakistan) weit verbreitet. Sie stellte die wichtigste Verkehrssprache des Assyrischen und Babylonischen Reichs sowie später des Chaldäerreichs und Mesopotamiens dar. Im 6. Jahrhundert v. Chr. war Aramäisch Amtssprache des Persischen Reichs. Auch in Israel verbreitete sich die Sprache immer mehr und verdrängte zwischen 721 und 500 v. Chr. Hebräisch als meistgesprochene Sprache. Jesus soll Westaramäisch gesprochen haben, den Dialekt der damaligen Juden.

Vom 3. Jahrhundert v. Chr. bis zum 7. Jahrhundert n. Chr. war Aramäisch die Hauptschriftsprache des Nahen Ostens. Im Lauf der Zeit entwickelten sich daraus zahlreiche Dialekte. Noch heute wird Aramäisch von rund 400.000 Menschen (Syrern, Assyrern, Chaldäern oder Assyro-Chaldäern) weltweit in seiner mehr oder weniger ursprünglichen Form gesprochen.

Die drei führenden modernen Varianten sind:

- Westsyrisch (vor allem im Anti-Libanon an der libanesisch-syrischen Grenze)
- Ostsyrisch (vor allem im Norden des Irak und im Kaukasus)
- Zentralsyrisch (vor allem in der südosttürkischen Region Tur Abdin mit rund 25.000 Sprechern)

Weitergehende Informationen über die Aramäer finden sich in dem Buch *Aramäer: Integration im Westen, Impulse aus dem Osten* von Georg Bubolz und Augin Yalcin.

DIE VERGESSENEN STATUEN DER OFFIZIERE FRUNSE UND WOROSCHILOW

7

Sowjetische Offiziere als Wegbereiter der türkischen Staatsgründung

Taksim-Platz (Taksim Meydanı), *Gümüşsuyu/Beyoğlu*
Metro: Taksim

Das 1928 mitten auf dem berühmten Taksim-Platz eingeweihte Denkmal der Republik erinnert an die Gründung der Türkischen Republik im Jahr 1923. Die nördliche Fassade zeigt die Gründer der Republik zu Zeiten des Unabhängigkeitskriegs in Militäruniform. An der südlichen Fassade sind die Männer in Zivil als Verkünder einer neuen politischen Zeit dargestellt.

Hinter Atatürk lassen sich hier zwei in Vergessenheit geratene Persönlichkeiten erkennen: General Michail Wassiljewitsch Frunse, einer der Protagonisten der bolschewistischen Revolution, und Marschall Kliment Jefremowitsch Woroschilow, Befehlshaber der Leningrader Front im Zweiten Weltkrieg.

Frunse war von Lenin als außerordentlicher Botschafter nach Ankara entsandt worden. Er unterstützte mit seinen Reden die türkisch-nationalistische Bewegung im Unabhängigkeitskrieg (1920–1922) und besuchte die Front am Sakarya.

Woroschilow wurde ausdrücklich als militärischer Berater der türkischen Armee entsandt. Es ist wahrscheinlich, dass die Ratschläge von Frunse und Woroschilow die türkische Strategie durchaus insofern beeinflussten, als die Schlacht am Sakarya auf die von Peter dem Großen begründete Kriegstaktik der „verbrannten Erde" verweist, die auch gegen Napoleon und Hitler zum Einsatz kam. Diese Taktik besteht grob gesagt darin, den Feind so nah wie möglich herankommen zu lassen, damit er sich weit von seiner Basis entfernt und so seine Versorgungswege zerstört werden können. Auf diese Weise geschwächt und von seinen Haupttruppen abgeschnitten, musste der Feind schließlich zurückweichen.

Die sowjetische Regierung, die die türkische Sache als antiimperialistischen Kampf unterstützte, bot wichtigen wirtschaftlichen und militärischen Rückhalt. Die ersten filmischen Dokumentationen über den Türkischen Unabhängigkeitskrieg wurden von sowjetischen Kameras aufgenommen.

Die türkisch-sowjetischen Beziehungen verschlechterten sich insbesondere aufgrund der von Frunse zur Unterdrückung von Aufständen der türkischsprachigen Völker Zentralasiens angewandten Methoden dennoch relativ schnell. Die beiden sowjetischen Offiziere am Taksim-Platz gerieten in Vergessenheit. Erst nach dem Fall der Berliner Mauer wurden sie „wiederentdeckt".

Der Sockel und die Planung der Gesamtanlage gehen auf den italienischen Architekten Giulio Mongeri zurück. Die Statuen sind das Werk des ebenfalls italienischen Bildhauers Pietro Canonica.

DAS GRAB VON HAGOP IV.

⑧

Ein von der osmanischen Armee verehrter armenischer Heiliger

Armenische Dreifaltigkeitskirche (Üç Horan/Surp Yerrortutyun Kilisesi)
Fischmarkt (Balıkpazarı), *Sahne Sk. no:24*
Galatasaray, Hüseyinağa/Beyoğlu
Metro: Taksim oder Şişhane

Im Hof der armenischen Dreifaltigkeitskirche zieht eine sonderbare, aus Metallstäben gebaute Miniaturkirche die Blicke aufmerksamer Besucher auf sich. Es handelt sich um das Grab von Hagop (Jakob) IV., dem Patriarchen von Etschmiadsin, der spirituellen Hauptstadt Armeniens. Als armenischer Heiliger wurde er überraschenderweise auch von der osmanischen Armee verehrt.

Der 1598 in Tchouha geborene Hagop war für seine große Güte und Frömmigkeit bekannt. 1655 wurde er als Patriarch von Etschmiadsin

eingesetzt und unternahm als solcher 1680 eine Reise nach Istanbul, wo er im Alter von 82 Jahren starb. Er wurde auf dem armenischen Friedhof von Pangaltı beigesetzt, weit entfernt von seiner heutigen Grabstätte.

Der Legende nach sollen die osmanischen Soldaten aus der östlich des Friedhofs gelegenen Kaserne eines Nachts einen Lichtstrahl gesehen haben, der wundersam vom Himmel auf das Grab des Patriarchen herabfiel. Auf das Grab Hagops wurde daraufhin eine Öllampe gestellt, die von den Soldaten der Taksim-Kaserne bis in die 1940er-Jahre regelmäßig aufgefüllt wurde. Diese Tradition fand mit der Auflassung des Friedhofs und dem Beginn städtebaulicher Maßnahmen ein jähes Ende. Die Reliquien Hagops wurden in den Hof der Dreifaltigkeitskirche gebracht und in einen mit Bischofskrone und Patriarchenzepter geschmückten Marmorsarkophag gebettet. Jeden Dienstag nach der Messe beten Christen und Muslime gleichermaßen am Grab des „spirituellen Vaters“ Hagop – ein gängiges Ritual in Istanbul, bei dem der Heilige um Heilung angerufen wird.

IN DER UMGEBUNG

Die Tafel am Hammam der Verfassung

Hammam der Freiheit (Hürriyet Hamamı), *Gölbaşı Sk. no:80*
Anfahrt am besten mit dem Taxi (bisweilen etwas unsichere Gegend)
Frauen: morgens und früher Nachmittag
Männer: später Nachmittag und früher Abend

Wer des osmanischen Türkisch, des Griechischen und des Armenischen mächtig ist, der kann seine Sprachkenntnisse am Hammam der Freiheit *(Hürriyet Hamamı)* testen, an dessen Fassade der frühere Name des Hammams in den genannten drei Sprachen und Schriften vermerkt ist. Alle drei Schriftzüge haben den gleichen Inhalt: Hammam der Verfassung (*Paghnik Sahmanatragan* auf Armenisch, O loutroς tou suntagmatoς/*O loutros tou syntagmatos* auf Griechisch) bzw. Hammam der konstitutionellen Monarchie *(Meşrutiyet Hamamı* auf Osmanisch*)*. Der durch den Armenier Levon Aga Kapoyan erbaute Hammam wurde 1908 eingeweiht, in dem Jahr, in dem Sultan Abdülhamid auf Druck der Jungtürken die konstitutionelle Monarchie einführte und damit im Grunde genommen die seit 1878 ausgesetzte Verfassung wieder in Kraft setzte. Nach einem Brand wurde der Hammam 1923, im Jahr der Ausrufung der Türkischen Republik, unter dem Namen „Hammam der Freiheit“ wiedereröffnet, den er noch heute trägt.

DER FLÜGEL VON MARIA CALLAS ⑨

Die Irrfahrten des Flügels der Callas

Pera-Museum (Pera Müzesi)
Meşrutiyet Cad. no:65, Tepebaşı
Asmalımescit/Beyoğlu
0212 334 99 00
info@peramuzesi.org.tr
Dienstag bis Samstag 10–19 Uhr, Sonntag 12–18 Uhr
Montag geschlossen
Metro: Şişhane

Im Pera-Museum wartet ein ganz besonderes Exponat auf interessierte Besucher: ein Flügel, der der großen Maria Callas gehört haben soll. Dass das Museum überhaupt im Besitz dieses Klaviers ist, ist einer

ganzen Reihe beinahe unglaublicher Zufälle geschuldet. In den 1990er-Jahren hatte İnan Kıraç, späterer Gründer des Museums, Freunde zum Abendessen zu Gast, unter ihnen der Rechtsanwalt und Romancier Yiğit Okur (1934–2016) und der Rechtsanwalt und bekennende Musikliebhaber, Mäzen und jahrzehntelange Honorarkonsul von Chile Mordo Dinar (1918–2004). Dinar erzählte in der geselligen Runde, dass er im Besitz eines Flügels sei, der zunächst Maria Callas und später Elvira de Hidalgo gehört haben solle. Das in New York gefertigte Stück kam 1940 mitten im Krieg über den Atlantik bis nach Piräus und gelangte von dort aus nach Athen zu seiner Käuferin, der blutjungen Anna Maria Cecilia Sofia Kalogeropoulos (1923–1977), die später als Maria Callas zu Ruhm gelangen sollte. Am Athener Konservatorium besuchte die Callas die Klassen von Elvira de Hidalgo (1891–1980), Primadonna der Nationaloper von Athen. Nach dem Krieg kehrte sie zurück in ihre Geburtsstadt New York. Ihren Flügel überließ sie jedoch, zum Zeichen der Dankbarkeit, Elvira de Hidalgo.

1949 kam diese mit dem Flügel der Callas im Gepäck nach Istanbul, nachdem sie von Carl Ebert an die Oper von Ankara eingeladen worden war, wo sie bis 1954 auch am Konservatorium lehrte. Bei ihrer Abreise an das Mailänder Konservatorium konnte Elvira de Hidalgo ihren Flügel nicht mitnehmen – und schenkte ihn ihrem Freund Mordo Dinar, der um seinen Wert wusste und ihn behielt. Die Jahre vergingen, und irgendwann war es Dinar leid, den Flügel ständig stimmen lassen zu müssen, und verkaufte ihn. Eines Abends stieß er im Fernsehen zufällig auf eine Aufnahme der Callas, und ihn beschlich das Gefühl, die Diva verraten zu haben. Nach einer schlaflosen Nacht ging er zum Käufer des Flügels und kaufte diesen zum doppelten Preis zurück.

Yiğit Okur, der die Geschichte mit Entzücken hörte, verewigte sie 2003 in seinem Roman *Piyano* (Das Klavier). Dieser wurde zu einem Bestseller, und der Flügel der Callas erlangte in der Türkei Berühmtheit.

Nach dem Tod von Dinar im Jahr 2004 nahm seine in Madrid lebende Tochter Kontakt zu İnan Kıraç auf, um ihn zu bitten, sich um den Flügel zu kümmern. Auf die Frage nach dem Preis antwortete sie, dass ihr ein Glas Rakı und eine Einladung zu einem Essen am Ufer des Bosporus bei ihrem nächsten Besuch in Istanbul genügen würden, sofern nur der Flügel in Sicherheit sei. Kıraç bot ihr eine deutlich großzügigere Summe, und im Jahr darauf nahm der Flügel seinen Platz im Pera-Museum ein.

Manche zweifeln daran, dass die Callas als Schülerin in Athen über die Mittel für einen eigenen Flügel verfügte, und vermuten vielmehr, dass das Instrument ursprünglich von Elvira de Hidalgo gekauft wurde.

DER TEPPICH VON MUSTAFA KEMAL ATATÜRK

⑩

Ein Teppich, der den Tod Atatürks vorhersagte

Atatürk-Museum, Zi. 101, im Pera Palace Hotel
Meşrutiyet Cad. no:52, Tepebaşı
Evliya Çelebi/Beyoğlu
Vormittags 10–11 Uhr und nachmittags 15–16 Uhr
Metro: Şişhane

Nach dem Ersten Weltkrieg war Mustafa Kemal nur selten bei seiner Mutter zu Besuch, da deren Wohnung in Akaretler/Beşiktaş von den alliierten Truppen, die die Stadt besetzt hielten, in dem – berechtigten – Verdacht überwacht wurde, der junge General der osmanischen Armee hege ihren Interessen zuwiderlaufende Gedanken.

So kam es, dass der spätere Gründer der Türkischen Republik häufig in Zimmer 101 des Pera Palas (türkische Schreibweise des Hotelnamens) abstieg und dort mit seinen Freunden die politische Lage erörterte. Im Jahr 1981, anlässlich des 100. Geburtstags von Mustafa Kemal Atatürk, wurde in dem Zimmer ein kleines Museum eröffnet, das 37 Exponate aus seinem persönlichen Besitz zeigt: Militärfernglas, Brille, Zahnbürste mit Zahnpasta, Geschirr, Kleiderbürste, Tee- und Kaffeetassen, Sporen, Anzüge, Markenwäsche, Hüte, Pyjamas und Pantoffeln.

Das interessanteste und rätselhafteste Objekt ist jedoch ein seidener, mit Goldfäden bestickter Gebetsteppich *(seccade),* das Geschenk eines unbekannten Maharadschas an Atatürk.

1929 bat ein indischer Fürst im Sekretariat des Präsidenten der Republik um eine Audienz, die ihm umgehend gewährt wurde. Auch heute noch sind weder der Anlass des Treffens noch die Identität des Maharadschas bekannt. Bei der Verabschiedung schenkte der Maharadscha Atatürk einen in Indien gewebten Gebetsteppich, der in das Zimmer 101 des Hotels Pera Palas geschickt wurde, wo Atatürk nach wie vor von Zeit zu Zeit logierte.

Bis zum Tod Atatürks 1938 schenkte niemand dem Teppich weitere Beachtung. Erst danach stellte man fest, dass das Muster des Teppichs eine Uhr mit einem Durchmesser von 20 Zentimetern zeigte, deren Zeiger auf 9:07 Uhr standen. Das Erstaunliche daran ist die Zeitangabe – denn Atatürk starb am 10. November 1938 um 9:07 Uhr (laut manchen Quellen um 9:05 Uhr). Und damit nicht genug: Der Teppich zeigte außerdem zehn Chrysanthemen. Bedenkt man, dass diese Blume auf Türkisch *kasımpatı* und der Monat November *Kasım* heißt, kommt unweigerlich die Frage auf: Hat der Teppich auf mysteriöse Weise den Tod Atatürks am 10. (Anzahl der Chrysanthemen) November exakt oder auf zwei Minuten genau vorhergesagt?

Die 11 verschollenen Tage von Agatha Christie. Auf Spurensuche im Pera Palace Hotel

Die berühmte Schriftstellerin Agatha Christie residierte zweimal, 1924 und 1933, im Pera Palace Hotel. Hier soll sie ihren berühmten Kriminalroman *Mord im Orient-Express* geschrieben haben. Zwischen diesen beiden Aufenthalten verschwand Agatha Christie, wie in einem ihrer rätselhaften Romane, am 3. Dezember 1926 spurlos. Ihr Wagen wurde tags darauf in Newlands Corner an einem See nahe Guildford aufgefunden, darin ihr Mantel und ihr Führerschein. Die Umgebung wurde von 15.000 Freiwilligen und mehreren Flugzeugen durchkämmt. Sir Arthur Conan Doyle, Erfinder von Sherlock Holmes, setzte bei seiner Suche nach der Verschwundenen auf ein Medium, dem er die Handschuhe von Agatha Christie gab. Elf Tage später fand man sie in einem Hotel (heute: Old Swan Hotel) in Harrogate, Yorkshire, wo sie unter dem Namen Mrs. Teresa Neele eingecheckt hatte (die Geliebte ihres Mannes hieß Nancy Neele). Sie zeigte Anzeichen einer Amnäsie, wenngleich manch einer noch heute glaubt, sie habe diese nur vorgetäuscht. In ihrer Biografie finden sich keine Hinweise auf diese elf Tage. In einer Notiz, die nach ihrem Tod im Jahr 1976 unter ihren Unterlagen auftauchte, schreibt sie: „Der Schlüssel zum Geheimnis meines Verschwindens findet sich in meinem Zimmer im Pera Palas in Istanbul."

Warner Bros. wollte diese elf Tage im Leben der Agatha Christie nach ihrem Tod in einem Film verewigen, mit Vanessa Redgrave in der Hauptrolle und Dustin Hoffman als amerikanischem Reporter, der ihrer Spur folgte. Da sich die Suche nach Informationen als schwierig erwies, baten die Filmemacher Tara Rand, ein berühmtes Medium aus Los Angeles, um Unterstützung. Sie trat mit dem Geist von Agatha Christie in Verbindung, der ihr offenbarte, dass „das Geheimnis dieser 11 verlorenen Tage in Zimmer 411 des Pera Palas in Istanbul" liege. 1979 diktierte Tara Rand in einer live im amerikanischen Fernsehen übertragenen telefonischen Séance gar genau, wie in Zimmer 411 vorzugehen sei. Bei der Suche wurde unter den Holzdielen ein rostiger Schlüssel von acht Zentimetern Länge gefunden. Das Medium gab an, dass dieser Schlüssel zu einem Tagebuch von Agatha Christie gehöre, in dem diese von den elf Tagen ihres Verschwindens berichte.

Nun wurde die Sache kompliziert: Der Hotelmanager war zwar bereit, den Schlüssel an Warner Bros. zu verkaufen, verlangte jedoch (wohl, um die dringend benötigte Sanierung seines Hotels zu finanzieren) einen so exorbitant hohen Preis dafür, dass die Filmproduzenten ablehnten. Das Medium überbrachte daraufhin die Botschaft von Agatha Christie, dass das Geheimnis nicht gelüftet werde, solange das Medium nicht die Schlüssel in Händen hielte. Im August 1979 ließ Warner Bros. auf einer Pressekonferenz in besagtem Hotelzimmer 411 verkünden, dass das Rätsel gelüftet sei. Von dem Filmprojekt nahmen die Produzenten schließlich weniger aus medialen denn aus politischen Gründen Abstand: Die Mitarbeiter des Pera Palas traten in einen Streik, der sich bis in die unruhigen Zeiten vor dem Staatsstreich vom September 1980 hinzog. Die Tatsache, dass 1986 direkt neben Zimmer 411 in Zimmer 511 ein zweiter Schlüssel gefunden wurde, erleichterte die Sache nicht gerade.

Der erste Schlüssel ist heute sicher im Tresor einer Bank verwahrt.

DIE SOCIETÀ OPERAIA

(11)

Eine alte Versicherungsgesellschaft, gegründet von Garibaldi im Istanbuler Exil

Società Operaia di Mutuo Soccorso
Deva Çıkmazı (Deva-Sackgasse) no:2–5 (von İstiklal Cad. abbiegen)
Asmalımescit/Beyoğlu
Montag bis Freitag 9–17 Uhr
iicistanbul.esteri.it
iicistanbul@esteri.it
0212 293 98 48
Weiterer Standort der Gesellschaft: Hayriye Cad. no:12 in Galatasaray
Tram: Odakule

Die Società Operaia di Mutuo Soccorso wurde 1863 als Solidaritätsnetzwerk für Arbeiter gegründet – von 41 italienischen Flüchtlingen unter der Führung des Freiheitskämpfers Giuseppe Garibaldi, der in seinen Jahren im Exil häufig in Istanbul war und engen Kontakt zu der Vereinigung unterhielt. Heute ist sie mit ihrem kleinen, aber feinen Theatersaal ein Treffpunkt für die italophone und italophile Gemeinschaft Istanbuls. Eine Marmorbüste erinnert an den berühmten Gründer.

Nach der Revolution von 1848 waren viele Italiener, vor allem aus der Arbeiterklasse, nach Istanbul geflüchtet und fanden in der Stadt eine neue Heimat. Der Eröffnung dieses Treffpunkts für Revolutionäre stand der Sultan gleichgültig bis diskret wohlwollend gegenüber, bereiteten die italienischen Nationalisten der Österreichisch-Ungarischen Monarchie doch durchaus Kopfzerbrechen, was der osmanischen Diplomatie indirekt zugute kam.

In Istanbul gewöhnte man sich schnell an die neue Institution; vermutlich schenkte man ihrem von Garibaldi inspirierten sozialistischen Gedankengut nicht allzu viel Aufmerksamkeit.

Obwohl die „Società Operaia" unbestreitbar eine Ideologie verfolgte (der Ehrenvorsitz wurde Mazzini, dem Exilgefährten Garibaldis, angetragen), so handelte es sich doch auch um ein wohltätiges Solidaritätswerk, das unter anderem 1901 eine italienische Grundschule eröffnete. Die Mitgliederverzeichnisse, das Archiv und die Bibliothek der Società sind in schönen alten Räumen untergebracht und können besichtigt werden.

DIE GEDENKTAFEL DER KIRCHE SANTA MARIA DRAPERIS ⑫

Der an einen islamischen Kalifen gerichtete Dank einer katholischen Kirche

Santa-Maria-Draperis-Kirche (Meryem Ana Draperis Latin Katolik Kilisesi), *İstiklal Cad. no:215, Tomtom/Beyoğlu*
Messe in italienischer Sprache montags bis freitags jeweils 8 Uhr, sonntags 9 Uhr und 11:30 Uhr; in spanischer Sprache sonntags 17 Uhr und 18:30 Uhr
Metro: Şişhane, Ausgang İstiklal Cad.

Der Bau der von dem italienischen Architekten Guglielmo Semprini entworfenen Kirche Santa Maria Draperis 1904 erfolgte mit aktiver Unterstützung von Sultan Abdülhamid II. und dem damaligen Istanbuler Bürgermeister Rıdvan Paşa. Um sich der Loyalität der verschiedenen Minderheiten seines Reichs zu versichern, zeigte sich Abdülhamid, wie es ihm gerade gelegen kam, jeweils einer anderen Gemeinschaft gegenüber als wohlwollend.

Eine Inschrift, die auf diese Unterstützung verweist und heute leider wie ein Anachronismus erscheint, findet sich oberhalb des rechten Seiteneingangs zwischen den drei Türen zur İstiklal Caddesi.

Die Kirche verdankt ihren Namen ihrer ersten Stifterin Clara Bratola Draperis, die den Franziskanern im 16. Jahrhundert ein Grundstück in Galata/Tophane schenkte. Nach einem Brand wurde die Kirche an ihren heutigen Standort verlegt, wo sie im Lauf der Jahre Brände, Sanierungen und Wiederaufbaumaßnahmen kommen und gehen sah. Die Ikone der Jungfrau Maria, die den Hauptaltar schmückt, hat die Wechselfälle des Schicksals überdauert. Noch heute befindet sich die Kirche im Besitz der Franziskaner, deren Symbol über dem Haupteingang neben der Danksagung zu erkennen ist.

DIE PORTRÄTS AUF DEM LETTNER DER KRIM-GEDENKKIRCHE ⑬

Erstaunlich anachronistische Ikonen

Kırım'ı Anma Kilisesi, *Serdar-ı Ekrem Sk. no:52, Şahkulu/Beyoğlu*
Montag bis Samstag zwei Messen: 9 Uhr und 18 Uhr; sonntag nur 10 Uhr
Metro: Şişhane, Ausgang İstiklal Cad.

Die in neogotischem Stil zwischen 1858 und 1868 zum Gedenken an die im Krimkrieg (1853–1856) gefallenen britischen Soldaten errichtete Krim-Gedenkkirche (auch bekannt als Christuskirche) geht auf Entwürfe von William Burges und George Edmund Street (bekannt als Erbauer der Londoner Royal Courts of Justice) zurück.

Ursprünglich für Porträts von im Dardanellenkrieg 1915 gefallenen britischen Offizieren gedacht, wurde der Lettner der Kirche ab 2005 mit außergewöhnlichen Ikonen des schottischen Künstlers Mungo McCosh verziert, in denen der Anachronismus die Regel ist: Im Antlitz Moses' verewigt der Maler einen jüdischen Freund, den er im karierten Regenmantel darstellt; für den heiligen Thomas stand ein Sri Lanker Modell (s. links; möglicherweise ein verdeckter Hinweis auf das Wirken des Heiligen in Südindien); Kaiser Konstantin und seine Mutter, die heilige Helena, tragen die Gesichtszüge heutiger Gemeindemitglieder; der heilige Josef ist als türkischer Hirte dargestellt.

Hintergrund für diese sympathische Prozession christlicher Heiliger und Patriarchen bildet die muslimische historische Halbinsel Istanbuls mit ihren Minaretten und Moscheen – zur Erinnerung daran, dass zwischen den Religionen nicht immer Feindschaft herrschte. So hatte einst Sultan Abdülmecid (1823–1861) den Grund (früher der Standort eines griechischen Friedhofs) der florierenden britischen Kolonie von Galata geschenkt, die dringend eine Kirche benötigte.

Die von einem schönen Garten umgebene Kirche wurde 1979 geschlossen und saniert, Mitte der 1990er-Jahre dann auf Initiative von Flüchtlingen aus Sri Lanka wiedereröffnet. Heute bildet sie die größte protestantische Kultstätte von ganz Istanbul.

DIE SÄULEN DER KILIÇ-ALİ-PAŞA-MOSCHEE

14

Säulen als Indikator für drohende Erdbeben

Kılıç-Ali-Paşa-Moschee (Kaptan-ı Derya Kılıç Ali Paşa Camii),
Kemeraltı Cad. no:50 (bei Necati Bey Cad.), Kemankeş Kara Mustafa Paşa/Beyoğlu
Tram: Tophane

An der Eingangstür der Kılıç-Ali-Paşa-Moschee befinden sich zwei schmale Säulen, die der berühmte Architekt Sinan dort anbringen ließ. Auf den ersten Blick scheint es sich hier um klassische Säulen zu handeln. Doch der Schein trügt: Bei drohenden Erdrutschen oder Erdbeben beginnen die beweglich gelagerten Säulen, sich um die eigene Achse zu drehen, und zeigen den Gläubigen so, dass es an der Zeit ist, das Gebet zu beenden und das Gebäude zu verlassen.

Hintergrund dieser Vorsichtsmaßnahme ist, dass das Gelände, auf dem die Kılıç-Ali-Paşa-Moschee steht, dem Meer abgetrotzt wurde und daher extrem instabil ist.

Die Moschee wurde 1580 für den osmanischen Admiral Kılıç Ali Paşa (1519–1587) erbaut. Als Großadmiral der Flotte beschloss dieser, wie jeder osmanische Würdenträger zu seinem Gedenken eine Moschee errichten zu lassen. Als Kılıç Ali Paşa seinen Wunsch äußerte, teilte man ihm mit, er als Flottenkommandant könne nur eine Moschee auf dem Meer haben – eine diskrete Art, um auszudrücken, dass ein alter Pirat wie er nicht zwangsläufig eine eigene Moschee benötigte … Kılıç Ali nahm die Aussage jedoch wörtlich, ließ die Bucht aufschütten und wies den Architekten Sinan an, mit den Arbeiten zu beginnen.

Weitere Säulen, mit denen Gläubige vor Erdbeben gewarnt werden sollen, befinden sich an der Şemsi-Paşa-Moschee, die ebenfalls auf unsicherem Uferterrain erbaut wurde (s. S. 218).
Heute funktioniert das Säulensystem aufgrund der vielen über die Jahrhunderte ausgeführten strukturellen Veränderungen an der Moschee jedoch nicht mehr.

Cervantes und der Bau der Kılıç-Ali-Paşa-Moschee

Am 26. September 1575 wurde der spanische Nationaldichter Miguel de Cervantes vor der katalanischen Küste gefangen genommen. Nach fünf Jahren Gefangenschaft in Algier gelang es seinen Eltern und dem auf den Loskauf von Gefangenen spezialisierten Trinitarier-Orden, ihn freizukaufen. Seine Erlebnisse aus diesen Jahren fanden später Eingang in Kapitel XXXIX des *Don Quijote von la Mancha* (in dem Kılıç [Uluç] Ali Paşa als „Uchali" Erwähnung findet) und in zwei Theaterstücken, deren Schauplatz Algier ist: *El trato de Argel* und *Los baños de Argel.* Cervantes' Gefangenschaft fällt genau in die Zeit, als die Moschee errichtet wurde. Das (angesichts der Tatsache, dass Kılıç Ali Paşa seinerzeit Gouverneur von Algier war, nicht ganz abwegige) Gerücht, wonach Gefangene aus Algier für die Bauarbeiten nach Istanbul verlagert wurden, veranlasst manche Experten zu der Annahme, Cervantes habe als Kriegsgefangener am Bau der Moschee mitgewirkt.

Kılıç Ali: ein von Korsaren gefangen genommener italienischer Matrose als Admiral der osmanischen Flotte

Kılıç Ali oder Uluç Ali (von den Europäern „*Occhiali*" genannt) wurde 1519 in Le Castella (Gemeinde Isola di Capo Rizzuto) in Kalabrien als Sohn eines einfachen Seemanns geboren. Sein Vater hatte ihm eine religiöse Erziehung zugedacht, doch es kam anders: Er wurde durch die Korsaren von Chaireddin Barbarossa gefangen genommen und zum Dienst auf Galeeren gezwungen.

Nach mehrjähriger Gefangenschaft konvertierte er zum Islam und schloss sich den osmanischen Korsaren an. Schon bald wurde er zu einem der gefürchtetsten Anführer *(Reis)* der Barbaresken-Korsaren. Er schloss sich dem berühmten Turgut Reis, Bey von Tripolis, an und zog die Aufmerksamkeit des osmanischen Admirals Piyale Paşa auf sich, mit dem er wiederholt zusammenarbeitete.

1550 wurde Kılıç Ali die Verwaltung der Insel Samos in der Ägäis übertragen, 1565 wurde er Bey von Alexandria. Im selben Jahr unterstützte er Turgut Reis bei der Belagerung von Malta, bei der dieser fiel. Kılıç wurde als sein Nachfolger zum Bey von Tripolis ernannt. Von Tripolis aus ging er an den Küsten Siziliens, Neapels und seiner Heimatregion Kalabrien auf Raubzug. 1568 wurde er zum Gouverneur von Algier ernannt, einer zunehmend unabhängig agierenden Provinz; 1571 befehligte er die westliche

Flanke der osmanischen Flotte in der Schlacht von Lepanto, die den Niedergang der türkischen Vorherrschaft im Mittelmeer besiegelte. Es gelang Kılıç Ali inmitten der verheerenden Kämpfe, 87 osmanische Schiffe sammeln und mit ihnen zu entkommen. Außerdem kaperte er das Flaggschiff der Malteser, dessen Flagge er als Trophäe dem Sultan übergab. Dieser ernannte ihn zum *Kapudan Paşa* (Befehlshaber der osmanischen Flotte). Weitere Expeditionen führten ihn erneut an die Küsten Italiens: Er eroberte Tunis von den Spaniern zurück und ließ an der spanischen Gegenküste in Marokko eine Festung errichten.

Kılıç Ali Paşa starb 1587 und wurde in einem Mausoleum im Hof der von ihm erbauten Moschee in Tophane beigesetzt (s. S. 182).

DAS BLEIDACH DES TOPHANE-BRUNNENS

⑮

Ein Dach aus Pearl Harbour

Tophane-Brunnen (Tophane Çeşmesi/1. Mahmud Han Çeşmesi)
Tophane-Platz (Tophane Meydanı)
Kılıç Ali Paşa Cad. no:2, Kılıçalipaşa/Beyoğlu
Tram: Tophane

Der Tophane-Brunnen, errichtet 1732 auf Anweisung von Sultan Mahmut I., ist ein typisches Beispiel für die Baukunst des Osmanischen Barocks. Eine Besonderheit jedoch stellt das Bleidach dar, das den schönen Brunnen ziert: Es stammt aus Pearl Harbour und war damit Zeuge der gesamten Schrecken des Pazifikkriegs.

Gefertigt wurde das Dach aus der Isolierverkleidung eines 1927 gebauten Transportschiffs, der *SS Iroquois,* die 1940 von der amerikanischen Marine aufgekauft, in *USS Solace* umbenannt und als Lazarettschiff genutzt wurde.

Die *USS Solace* befand sich zum Zeitpunkt des japanischen Angriffs am 7. Dezember 1941 in Pearl Harbor. Sie setzte umgehend ihre Motoren in Gang, um die Besatzung der in Flammen stehenden *Arizona* zu retten. Verletzte wurden evakuiert, in das durch ausgelaufenes Öl brennende Wasser gefallene Matrosen geborgen. Anschließend eilte sie der *West Virginia* und der *Oklahoma* zu Hilfe.

Die *Solace* war an allen großen Kriegsschauplätzen im Pazifik zugegen: in Pago Pago (Samoa), vor den Tonga-Inseln, vor Neukaledonien, Neuseeland und Australien sowie vor den Neuen Hebriden (Vanuatu), Fiji, den Marshallinseln, Neuguinea, den Admiralitätsinseln und den Marianen. Während der Schlacht um Guadalcanal waren ihre Betten voll belegt, sodass Verwundete in den Betten der Besatzung behandelt werden mussten.

Gegen Ende des Zweiten Weltkriegs war sie Teil der Operation Magic Carpet („Unternehmen Fliegender Teppich"), in deren Zuge Veteranen aus Pearl Harbour nach San Francisco heimgeholt wurden. 1946 wurde die *Solace* von der Liste der amerikanischen Flotte gestrichen und 1948 an die türkische Schiffahrtsgesellschaft Türkiye Denizcilik İşletmeleri verkauft, von der sie unter dem Namen *Ankara* als Fährschiff weiterbetrieben wurde.

Im Zuge des Umbaus wurde der große Röntgensaal mit seiner Bleiverkleidung ausgebaut; für diese fand sich ein unerwarteter Abnehmer: die Wasserwerke von Istanbul, denen Blei für das Dach des in Renovierung befindlichen Tophane-Brunnens fehlte.

Die kunstvollen Marmorverzierungen an der Fassade des Brunnens sind ebenfalls sehenswert.

DIE WAPPEN DER KIRCHE PANAGIA KAPHATIANI ⑯

Das unabhängige Türkisch-Orthodoxe Patriarchat: eine Kirche im Niedergang

Santa Maria de Kaffa (Panagia Kaphatiani / Merkez Meryem Ana Kilisesi)
Ali Paşa Değirmeni Sk. no:2, Karaköy (Galata)
Kemankeş Mustafa Paşa/Beyoğlu
Tram: Karaköy oder Tophane

Seit 2008 finden in den drei letzten Kirchen des autokephalen (und von anderen orthodoxen Kirchen nicht anerkannten) Türkisch-Orthodoxen Patriarchats in Karaköy keine Messfeiern mehr statt. An der Fassade der Kirche Panagia Kaphatiani (s. rechts unten) sind jedoch noch Spuren ihres einstigen Glanzes zu erkennen. Links neben der Eingangstür findet man eine Darstellung des Wappens des Patriarchats: ein (christliches) rotes Kreuz vor weißem Hintergrund mit türkischer Flagge (mit muslimischem Stern und Sichelmond) oben links.

Der ursprünglich griechisch-orthodoxe Kirchenbau war 1924 durch das Türkisch-Orthodoxe Patriarchat besetzt worden. 1965 besetzten Anhänger dieser Kirche zwei weitere griechisch-orthodoxe Kirchen in Galata: *Agios Nicolaos* (St. Nikolaus oder türk. *Aya Nikola,* Hoca Tahsin Sk. no:8) und *Agios Ioannis Prodromos* (Kirche Johannes des Täufers oder türk. *Aziz Vaftizci Yahya Kilisesi/Aya Yani,* Vekilharç Sk. no:15). Diese beiden Kirchen unterstehen noch heute der Aufsicht des unabhängigen Türkisch-Orthodoxen Patriarchats. *Aya Nikola* ist geschlossen, *Aziz Vaftizci Yahya* dient als Kunst- und Kulturzentrum.

Das autokephale Türkisch-Orthodoxe Patriarchat

Mitten im Unabhängigkeitskrieg (1921/22) zwischen der kemalistischen Regierung in Ankara und den griechischen Besatzungstruppen gründete die Regierung 1922 ein unabhängiges türkisches Patriarchat, um den Einfluss des Ökumenischen Patriarchats von Konstantinopel einzudämmen, das als Handlanger Griechenlands galt. In Kleinasien lebten seinerzeit rund 1,5 Millionen orthodoxe Griechen, von denen etwa 400.000 Türkisch sprachen. Es ging also um viel. An die Spitze seines neuen Patriarchats setzte Ankara den Karamanlıca (einen griechisch-türkischen Dialekt) sprechenden griechisch-orthodoxen Popen Pavlos Karahisaridis (Eftim I.).

Im Zuge der Verhandlungen, die 1923 zum Vertrag von Lausanne führten, demonstrierte die türkische Regierung anhand der neu geschaffenen Türkisch-Orthodoxen Kirche, dass das Ökumenische Patriarchat nicht mehr vonnöten sei und nach Griechenland verlagert werden könne, da die orthodoxen türkischen Staatsbürger nun wie die orthodoxen Bulgaren oder Serben ihr eigenes nationales Patriarchat hätten. Die türkische Regierung ließ sich jedoch von den Alliierten überzeugen, dass sich das griechische Patriarchat nicht mehr in politische Angelegenheiten einmischen, sondern sich auf rein religiöse Fragen beschränken würde, und stimmte der Fortdauer des (griechischen) Ökumenischen Patriarchats in Istanbul zu.

Das neue türkische Patriarchat verlor damit seine Daseinsberechtigung. Den Gnadenstoß erhielt es schließlich durch den religionsbezogenen Bevölkerungsaustausch, der 1923 in Lausanne beschlossen wurde: Orthodoxe Christen (außer jenen aus Istanbul und von den Inseln Tenedos und Imbros) mussten die Türkei in Richtung Griechenland verlassen (dessen Sprache sie nicht beherrschten); Muslime aus Griechenland wurden zur Emigration in die Türkei gezwungen. Mithilfe einer Sondergenehmigung von Atatürk konnte die Familie Eftims I. jedoch in Istanbul bleiben. 65 Personen auf einer von ihm erstellten Liste entgingen ebenfalls der Ausweisung und bezogen von geflohenen Griechen zurückgelassene Gebäude. Während einer 17-tägigen Besetzung des Sitzes des griechischen Patriarchats versuchte Eftim 1923, sich den Titel des ökumenischen Patriarchen anzueignen. Als Glaubensstätte für seine Kirche besetzte er die Kirche Panagia Kaphatiani (Santa Maria de Kaffa, 1475 erbaut von aus Caffa auf der Krim emigrierten Griechen) in Galata gleich noch mit. Sie untersteht ihr noch heute. Um ihr Überleben durch Nachkommen zu sichern, gestattete es die auf wenige Familien reduzierte türkische Staatskirche ihren Bischöfen und dem Patriarchen, zu heiraten. Nachfolger Eftims I. wurde nach dessen Tod sein Sohn unter dem Namen Eftim II.

DIE RUSSISCHE ST.-ANDREAS-KAPELLE

⑰

Eine russische Kapelle auf dem Dach in Karaköy

Russische St.-Andreas-Kapelle (Aya Andrea Rus Kilisesi)
Mumhane Cad. no:39b, Karaköy (Galata), Kemankeş Mustafa Paşa/Beyoğlu
Sonntags (Messe 10 Uhr und 12 Uhr) und an russisch-orthodoxen Feiertagen
Tram: Karaköy

Wer beim Spaziergang durch Karaköy den Kopf hebt, entdeckt auf den Dächern einiger schöner Gebäude, errichtet in der typisch russischen Bauweise des 19. Jahrhunderts, Kapellen. Die berühmteste von ihnen wurde auf der Aya Andrea Han errichtet, einem alten, dem heiligen Andreas gewidmeten Hospiz. Erklimmt man die steilen Treppen bis in den fünften Stock, gelangt man nicht nur in ein Gotteshaus, sondern unternimmt zugleich eine Zeitreise in das Russland des 19. Jahrhunderts: Fresken an den Wänden zeigen lebensgroße Darstellungen orthodoxer Heiliger, etwa den heiligen Johannes von Damaskus im traditionellen Gewand seiner arabischen Heimat.

Zur Messe strömen zahlreiche Gläubige herbei: vor allem Russen, die auf der Suche nach Arbeit erst vor Kurzem nach Istanbul gelangt sind, aber auch einige Nachfahren von Emigranten, die 1917 vor der Revolution geflohen waren, sowie russischstämmige Bewohner der ostanatolischen Stadt Kars, die von 1878 bis 1917 unter russischer Herrschaft stand.

Neben der Nutzung als Gotteshaus ist die Kapelle ein beliebter Treffpunkt der russischen Gemeinde und bietet Raum für die religiöse

Erziehung ihrer Kinder, die hier Unterricht, Gebetsbücher und Ikonen erhalten. An den Wänden des kleinen, auch als Refektorium genutzten Versammlungsraums hängen Fotografien aus vergangenen Zeiten.

Die St.-Andreas-Kapelle untersteht dem Kloster Vatopedi auf dem Berg Athos.

Zwei weitere russische „Dachkapellen"

Auf den Dächern Karaköys befinden sich zwei weitere russische Kapellen: *Aya Panteleimon,* gleich nebenan (Hoca Tahsin Sk. no:19, Messe Sonntag um 10 Uhr) und die nicht mehr genutzte *Aya İliya* (Karanlık Fırın Sk. no:6) gegenüber der türkisch-orthodoxen St.-Nikolaus-Kirche *(Aya Nikola).*

Die russischen Hospize von Galata

Im 19. Jahrhundert wurden in Galata (dem heutigen Karaköy) zahlreiche Hospize/Klöster als Herbergen für russische Pilger auf dem Weg nach Jerusalem oder zum Berg Athos sowie für russische Geistliche erbaut, die das ökumenische Patriarchat besuchten. Seit dem Frieden von Küçük Kaynarca 1774 (nach dem Türkisch-Russischen Krieg) verfügte das Russische Reich über das Recht, seine christlich-orthodoxen Bürger im Osmanischen Reich zu protegieren. Dies betraf vor allem Griechen, Bulgaren, Serben, Rumänen, Albaner, Georgier sowie einige orthodoxe Araber.
Grund war seinerzeit knapp (und teuer). Deshalb wurden die Hospize wie viele Geschäftshäuser des Viertels in die Höhe gebaut; die Kapellen fanden auf den Dächern Platz. Nach der Revolution von 1917 dienten die Hospize von Galata (vor allem aristokratischen) Russen als Unterkünfte, die ihr Land auf der Flucht vor den Bolschewiken verlassen hatten. In der Folge zerfielen die Gebäude nach und nach, da die Sowjetunion wenig Interesse daran hatte, ihren Erhalt zu finanzieren. Direkt nach dem Zweiten Weltkrieg hatte Stalin den Versuch unternommen, die russischen Klöster im Mittleren Osten zu reaktivieren und als Mönche verkleidete KGB-Agenten einzuschleusen. Für die Klöster von Galata interessierte er sich hingegen – trotz ihrer strategisch günstigen Lage im Kalten Krieg – kaum. In der Folge kümmerten sich einige Familien von Nachfahren der Einwanderer von 1917 um die russischen Kirchen von Galata, bis 1991, nach dem Zusammenbruch der Sowjetunion, zahlreiche Russen nach Istanbul kamen.

DIE STATUE DES GRAFEN VON BONNEVAL

(18)

Ein französischer Adliger als drehender Derwisch

Palais de France (Fransız Sarayı), *Französisches Generalkonsulat in Istanbul*
Nur-i Ziya Sk. no:10, Tomtom/Beyoğlu
0212 334 87 30; consulfrance-istanbul.org
Besichtigung nach vorheriger Anmeldung unter Nachweis eines beruflichen Interesses (Historiker, Künstler, Architekt usw.) oder im Rahmen einer der vielen Veranstaltungen des Konsulats
Metro: Şişhane/İstiklal Cad., Tram: Tophane

Der prachtvolle Palais de France, der in osmanischer Zeit die Botschaft der Republik Frankreich bei der Hohen Pforte beherbergte, dient heute dem französischen Generalkonsul als Residenz. In seinem wunderschönen großen Garten, in den jährlich am 14. Juli alle in Istanbul lebenden französischen Staatsbürger herzlich eingeladen sind, steht eine einzigartige Statue, die den Grafen von Bonneval als Derwisch zeigt: Tatsächlich verbrachte der französische Adlige und Soldat das Ende seiner Tage als Derwisch in Istanbul.

Während seines bewegten Lebens wechselte Bonneval zweimal Armee und Land und einmal die Religionszugehörigkeit. Oft wurde ihm vorgeworfen, seinen Übertritt zum Islam nur vorgegeben zu haben, um seine Stellung in der osmanischen Bürokratie zu sichern. Dass er schließlich der *Mevlevi Tariqa*, dem „Sufi-Orden der drehenden Derwische", beitrat, deutet jedoch auf eine ernsthafte Konversion dieses heißblütigen Mannes hin, der seine innere Ruhe vielleicht letztlich in der mystischen Erfahrung suchte.

Der Grabstein des Grafen von Bonneval befindet sich im Konvent der drehenden Derwische in Galata, das heute ein Museum beherbergt: *Galata Mevlevihanesi Müzesi,* Galip Dede Cad. no:15.

Der Graf von Bonneval

Claude Alexandre, Comte de Bonneval (1675–1747), stammte aus einer alten Familie aus dem Limousin. Bereits im jungen Alter trat er dem Militär bei, wo er in der Armee große Qualitäten als Kommandant an den Tag legte.

Von einem Kriegsgericht aufgrund einer Beleidigung der Marquise de Maintenon (der letzten Mätresse von König Ludwig XIV.) verurteilt, floh er und trat in die österreichische Armee ein. Durch den Einfluss seines Freundes Prinz Eugen von Savoyen erhielt Bonneval ein Generalkommando und kämpfte mit Auszeichnung gegen Frankreich und die Osmanen.

Leider wurde dem hervorragenden Soldaten sein aufbrausendes Temperament immer wieder zum Verhängnis. Er überwarf sich mit Prinz Eugen und wurde von einem österreichischen Kriegsgericht zum Tod verurteilt. Kaiser Karl VI. begnadigte ihn zu einem Jahr Gefängnis und anschließender Verbannung nach Venedig.

Nach seiner Freilassung bot Bonneval der Hohen Pforte seine Dienste an und sie betraute ihn 1729 mit der Organisation der Artillerie der osmanischen Armee. Bonneval konvertierte zum Islam, nahm den Namen Ahmed an und wurde zum Pascha ernannt. In der von ihm gegründeten Artillerieschule unterrichtete er Mathematik.

Die Regierung in Wien bezahlte für sein Überlaufen vermutlich einen hohen Preis: Die von Ahmed Paşa ausgebildeten Artillerietruppen trugen entscheidend zur österreichischen Niederlage bei Niš bei. Im Frieden von Belgrad 1739 verlor Österreich Nordserbien, die Kleine Walachei und Gebiete in Bosnien.

In den Kriegen gegen Russland und Persien leistete Ahmed Paşa dem Sultan wertvolle Dienste. Zur Belohnung erhielt er die Statthalterschaft über Chios. Neben seinen militärischen Erfolgen kam ihm auch in der osmanischen Diplomatie eine bedeutende Rolle zu, doch sein hitziges Wesen brachte ihm eine Verbannung an die Schwarzmeerküste ein. Er starb schließlich 1747 in Istanbul. Die von ihm gegründete Artillerieschule wurde schon bald unter dem Druck der reaktionären Janitscharen geschlossen.

DAS KÖNIGLICHE WAPPEN FRANKREICHS

(19)

Ein Wappen der französischen Krone, das die Französische Revolution überdauerte

Saint Pierre Han (Sen Piyer Hanı)
Eski Banka Sk. no:5 (von der Bankalar Cad. abbiegen)
Galata, Bereketzade/Beyoğlu
Tram: Galata, Metro: Haliç

Während der Französischen Revolution blieb innerhalb Frankreichs kaum ein Symbol der Krone verschont, angefangen mit den königlichen Mausoleen in Saint-Denis bei Paris. Osmanischen Boden erreichte die Zerstörungswut jedoch nicht, wie der Gebäudekomplex Saint Pierre Han zeigt. An seiner Fassade sind deutlich sichtbar das Fleur-de-Lys-Wappen des Königreichs Frankreich sowie das Wappen des Comte de Saint-Priest zu erkennen, der von 1768 bis 1785 Botschafter Frankreichs bei der Hohen Pforte war und das Haus zwischen 1771 und 1775 als Wohngebäude für französische Geschäftsleute errichteten ließ. 1789 unter Ludwig XVI. zum Staatssekretär des Königlichen Haushalts ernannt, wurde er der „Nationsbeleidigung" *(lèse-nation)* beschuldigt und entkam der Guillotine nur knapp.

Die Saint Pierre Han wurde 1863 zum Sitz der neuen Ottomanischen Bank *(Osmanlı Bankası)*, bis diese 1892 in ein prachtvolles Gebäude in der von dem Architekten Alexandre Vallaury erbauten Bankenstraße umzog. Die Han wurde in der Folge zum Sitz der ersten Istanbu-

ler Anwaltskammer und später der italienischen Handelskammer. Im 20. Jahrhundert geriet es in Vergessenheit und wurde als Lager für Elektroartikel genutzt. Unter Federführung der Universität von Bahçeşehir *(Bahçeşehir Üniversitesi)* lebte es schließlich wieder auf.

Eine Gedenktafel informiert darüber, dass in der Saint Pierre Han der Dichter André Chénier zur Welt gekommen sei. Das ist nur teilweise richtig: Chénier wurde als Sohn eines in Istanbul tätigen französischen Händlers und einer griechischen Mutter am 30. Oktober 1762 in einem Gebäude geboren, das bei einem Brand zerstört wurde und an dessen Standort Saint-Priest daraufhin die Saint Pierre Han errichten ließ. Chénier wurde in Frankreich am 25. Juli 1794 im Alter von 31 Jahren mit der Guillotine hingerichtet. Die Gedenktafel ließ der Architekt Vallaury (s. links), ein großer Bewunderer Chéniers, anbringen.

IN DER UMGEBUNG ⑳

Der Tulpenbrunnen

Ecke Şair Ziya Paşa Cad./
Laleli Çeşme Sk.
Galata, Bereketzade/Beyoğlu
Metro: Şişhane

Der sogenannte Tulpenbrunnen *(Laleli Çeşme)* ist ein etwas in Vergessenheit geratenes Jugendstil-Schmuckstück des italienischen Architekten Raimondo d'Aronco (s. S. 141). Die stilisierten floralen Muster, die den Brunnen zieren, sind typisch für den Jugendstil, erinnern in ihrer Form jedoch kaum an Tulpen.

DIE IKONE DER MADONNA HODEGETRIA VON CAFFA

(21)

Eine schwarze Madonna in Istanbul?

Kirche St. Peter und Paul (Saint Peter ve Saint Paul Kilisesi)
Galata Kulesi Sk. no:44, Kuledibi, Bereketzade/Beyoğlu
Metro: Şişhane, Tram: Karaköy

Die schöne Ikone der Madonna Hodegetria (griech. „Wegweiserin, Lehrmeisterin") in der Kirche St. Peter und Paul stammt aus der Genueser Kolonie Caffa auf der Krim, die Sultan Mehmed der Eroberer 1475 einnahm und deren Bewohner nach Istanbul emigrieren mussten. Die Hodegetria-Ikone überdauerte die Zeit in einer innerhalb der Stadtmauern gelegenen katholischen Kirche, die in eine Moschee für die wenigen verheirateten Janitscharen umgewandelt worden war.

Anschließend wurde die Ikone in die Dominikanerkirche St. Peter und Paul verbracht. Dort entkam sie auf wundersame Weise dem Brand von 1640; das Antlitz Marias jedoch wurde vom Ruß geschwärzt und verwandelte sie in eine schwarze Madonna. Ob die Geschichte wahr ist oder ins Reich der Legenden gehört, ist unklar – vielleicht war die Ikone auch von Anfang an schwarz.

Schwarze Madonnen

Als schwarze Madonnen bezeichnet man Mariendarstellungen (Skulpturen, Ikonen, Gemälde), die meist zwischen dem 11. und dem 15. Jahrhundert entstanden und deren Name schlicht auf ihre dunkle Färbung zurückzuführen ist.

Von ihnen existieren heute rund 500, und zwar vor allem im Mittelmeerraum. Meist befinden sie sich in Kirchen, einige sind an Wallfahrtsorten bedeutender Anziehungspunkt für Pilger.

Laut der katholischen Kirche gibt es keine theologische Begründung für die besondere Färbung dieser Darstellungen, auch wenn gern auf die Passage 1:5 des Hohelied Salomos verwiesen wird: *„Nigra sum, sed formosa.“* – „Ich bin schwarz und gar lieblich.“

Zur Erklärung wurden häufig einfache Gründe angeführt: Verwendung schwarzer Materialien (Ebenholz, Mahagoni oder lokale Holzarten mit dunkler Färbung) oder durch Kerzen verursachte Rußablagerungen. Doch die Bedeutung, die dieser Farbe im Lauf der Zeit zugesprochen wurde (manche der Bildnisse erhielten sogar bei der Restaurierung erneut einen schwarzen Anstrich), lässt vermuten, dass die Gründe tiefer liegen.

Für manch einen verweist die Farbe der schwarzen Madonna auf den Umstand, dass diese sich, wie der katholische Glaube allgemein, nicht *ex nihilo* durchsetzte, sondern sich gegenüber alten westeuropäischen Kulten behaupten musste, etwa dem Mithraskult, den Kulten der Muttergottheiten oder der Verehrung der ägyptischen Göttin Isis, die Horus im Arm hält. In solchen archaischen Kontexten wurde oft eine Muttergöttin verehrt, Symbol der Fruchtbarkeit, von der die Bauern und deren Ernte abhingen, der Mutterschaft und des Lebens allgemein. Mit zunehmender Festigung der christlichen Religion wurde Maria, die Mutter von Jesus Christus, mit dieser Muttergöttin assoziiert. Symbolisch verweist die schwarze Madonna auf die Farbe des Mutterbodens, auf die mütterliche Erneuerung durch die weibliche Fortpflanzung, die ihren Ursprung in den (dunklen/schwarzen) Tiefen des Uterus hat. Und schließlich mag die dunkle Farbe auch schlicht ein Hinweis auf die Bauern sein, die die meiste Zeit im Freien auf dem Feld verbrachten und deren Haut von der Sonne gebräunt und gegerbt war. Es ist folglich kein Zufall, dass auf einigen Isis-Statuen dieselbe Inschrift zu finden war wie auf vielen schwarzen Madonnen: *„Virgini parituræ“* („zu Ehren der gebärenden Jungfrau“).

Viele schwarze Madonnen werden mit Wundern in Verbindung gebracht. Diese stehen meist in Zusammenhang mit dem Beginn eines neuen Zyklus oder eines neuen Zeitalters und damit in einer Reihe mit der Jungfrau Maria, die vor allem neues Leben schenkt.

DIE ORGEL DER KIRCHE ST. PETER UND PAUL

22

Eine vielseitig genutzte Orgel, die sich den strengen Vorschriften des Vatikans entzog

Kirche St. Peter und Paul (Saint Peter ve Saint Paul Kilisesi)
Galata Kulesi Sk. 44, Kuledibi, Bereketzade/Beyoğlu
Metro: Şişhane, Tram: Karaköy

Die den italienischen Dominikanern unterstellte Kirche St. Peter und Paul *(Saint Peter ve Saint Paul Kilisesi)* besitzt eine prachtvolle Orgel mit zahlreichen Registern (s. unten), die sich den strengen Vorschriften des Vatikans in Bezug auf liturgische Musikinstrumente im 20. Jahrhundert auf mysteriöse Art und Weise entziehen konnte.

1903 erließ nämlich Papst Pius X. das Motu proprio *Tra le Sollecitudini* über die Kirchenmusik. Darin präferierte er „als Begleitinstrument zum Gesang die Orgel, wobei die Begleitung den Gesang unterstützen, aber nicht unterdrücken [solle]“, und verbot „den Gebrauch des Pianofortes, jeglicher Formen von Trommeln, Kastagnetten und Schellen in der Kirche“.

Die Orgel von St. Peter und Paul, erbaut 1875 von Camillo Guglielmo Bianchi (1821–1890), auf den viele Orgeln im südlichen Teil des Piemont und in Ligurien zurückgehen, umfasst mehrere Register, die den Klang der in der päpstlichen Anweisung verbotenen Instrumente nachahmen. Diese Register sind noch heute voll funktionsfähig, wie im Übrigen das gesamte Instrument, das in den rund eineinhalb Jahrhunderten seiner Existenz kaum repariert werden musste. Die Kirche scheint sich also, wie eine Reihe anderer Kirchen weltweit auch, den Anweisungen aus Rom widersetzt und die Register, die für dieses fantastische, wie ein riesiger mechanischer Computer anmutende Instrument angefertigt wurden, nicht wie verlangt zerstört zu haben. Hat die Lage der Kirche, fern von Rom, tief in islamischem Einzugsgebiet, ein Umgehen der päpstlichen Anordnung erleichtert?

Die heutige Kirche wurde 1843 von dem Architekten Gaspare Fossati erbaut. Die Ursprünge der Dominikanergemeinde von Galata in der Genueser Kolonie reichen bis in das 13. Jahrhundert zurück. Ihre erste Klosterkirche – von 1322, nach einer Kapelle von 1233 – wurde 1475 in eine Moschee umgewidmet, die heutige Arabische Moschee *(Arap Camii)*, auch Arap-Moschee genannt.

Ein Venezianer überließ den Dominikanern daraufhin ein Gebäude am Standort der heutigen Kirche, wo im 17. Jahrhundert ein Kloster errichtet wurde, das dem Schutz Frankreichs unterstand und von Venedig unterhalten wurde. Aus diesem Kloster entstand nach unzähligen Bränden und Renovierungen der heutige Gebäudekomplex, der auch eine schöne Bibliothek umfasst, die an eines der letzten Teilstücke der alten Genueser Stadtmauer angebaut ist.

DIE GEDENKTAFEL AN DER VOYVODA HAN

㉓

Befindet sich der Kopf Draculas in Istanbul?

Voyvoda Han („Woiwoda-Karawanserei", Voyvoda Hanı*)*
Bankalar Cad. no:19, Azapkapı, Arapcami/Beyoğlu
Metro: Karaköy (Tünel-Bahn). Tram: Karaköy

Am Karaköy-Platz *(Karaköy Meydanı)* nahm einst die Voyvoda Caddesi („Woiwode-Straße") ihren Ausgang, die kürzlich offiziell in Bankalar Caddesi („Bankenstraße") umbenannt wurde, nachdem sie bei der Allgemeinheit schon lange so hieß. Die frühere Voyvoda Caddesi sowie das Wohngebäude, das noch immer den Namen Voyvoda Han trägt, verdanken ihren Namen dem berühmten Grafen Dracula, dessen Schädel unter dieser Straße liegen soll. „Woiwod(e)" war ursprünglich ein slawischer Heerführer- oder Herrschertitel. Im osmanischen Verwaltungssystem bezeichnete das Wort zunächst Fürsten aus der Walachei und Moldawien, das heißt Vasallen des Reichs, später dann einen Rang in der Verwaltung. Der Name der Voyvoda Caddesi geht auf Vlad III. zurück, Woiwode des Fürstentums Walachei, der später als Graf Dracula Filmkarriere machte. Dessen historisches Vorbild erlangte jedoch nicht etwa aufgrund seiner Leidenschaft für Blut traurige Berühmtheit, sondern aufgrund seiner Vorliebe für Hinrichtungen durch Pfählung, die ihm den Beinamen *Tepeş* – Pfähler – einbrachte.

Seit Ende des 14. Jahrhunderts unterstand die Walachei dem Osmanischen Reich. Die Söhne des walachischen Fürsten und Vasallen der Hohen Pforte, Vlad und sein Bruder Radu, wurden 1442 als Faustpfand an den osmanischen Hof entsandt, wo sie sich mit der türkischen Kultur vertraut machen sollten. Ihren Vater, Vlad II., ließ der ungarische Regent Johann Hunyadi 1447 ermorden, da er gemeinsame Sache mit den Türken gemacht hatte. 1448 wurde Vlad III. von den Osmanen die Krone der Walachei verliehen; 1461 erhob er sich gemeinsam mit Ungarn gegen die

Osmanen. Eine von Yunus Bey, einem griechischstämmigem Sekretär Mehmed des Eroberers, und Kommandant Hamza Bey angeführte osmanische Abordnung sollte den Rebellen zur Vernunft bringen. Dieser jedoch ließ die gesamte Delegation gefangen nehmen und gemeinsam mit zahlreichen weiteren türkischen und bulgarischen Opfern pfählen.

Mehmed der Eroberer stand an der Spitze des Rachefeldzugs; ihm war klar, dass er die militärische Expedition gegen einen solchen Feind persönlich anführen musste. Vlad griff das osmanische Lager nachts an, und beinahe wäre es ihm gelungen, den Eroberer in seinem Zelt zu töten. Zurück in Istanbul, setzte der osmanische Herrscher Vlads Bruder Radu auf den walachischen Thron. Um sein Fürstentum zurückzuerhalten, leistete Vlad Abbitte und übersandte Mehmed einen Bittbrief, der jedoch durch einen Zufall Matthias Corvinus, dem König von Ungarn, in die Hände fiel. Dieser ließ Vlad gefangen nehmen und zwölf lange Jahre in der Festung Visegrád inhaftieren. Nach dem Tod Radus 1475 trug Matthias Vlad im Jahr 1475 erneut die Macht an, unter der Bedingung, dass der orthodoxe Prinz zum Katholizismus konvertierte. Die Walachei war ihm wohl eine katholische Messe wert, doch dieser Schritt brachte Vlad kein Glück. Er stürzte sich in neue Kriegsabenteuer gegen die Türken, an der Seite von Stephan Báthory, Großvater der Comtesse Báthory, die später als Serienmörderin junger Mädchen traurige Berühmtheit erlangen sollte.

Diese Zusammenarbeit muss zum künftigen Ruf Vlads beigetragen haben, der schließlich den Thron wiedererlangte. Zwei Monate nach seiner Inthronisierung wurde jedoch in den Sümpfen von Vlasia nahe der Klosterinsel Snagov sein enthaupteter Leichnam aufgefunden und von Mönchen beigesetzt. Der Legende nach soll Vlads Seele aufgrund seiner Abtrünnigkeit dazu verdammt gewesen sein, erneut auf die Erde zurückzukehren und als böser Geist unter den Menschen zu wandeln. Einer weiteren Legende zufolge wurde er von einem türkischen Soldaten enthauptet, der sich als einer seiner Diener verkleidet hatte und seinen Kopf nach Istanbul brachte. Dieser soll dort öffentlich zur Schau gestellt und anschließend in Galata begraben worden sein – in einer Straße, die daraufhin „Voyvoda Caddesi“ genannt wurde.

Jean-Jacques Rousseau und die Vampire

Irgendwann wurde auch Jean-Jacques Rousseau, dessen Vater Uhrmacher des Sultans war, auf den Vampirismus aufmerksam. In den Worten des Philosophen: „Wenn je in der Welt eine Geschichte bestätigt war, so ist es die Geschichte der Vampire. Nichts fehlt daran: Gerichtsakten, Zeugnisse von Notabeln, von Wundärzten, von Pfarrern und Magistratspersonen. Der gerichtliche Beweis ist einer der vollständigsten. Bei all dem: Wer glaubt an die Vampire? Werden wir verdammt sein, nicht an sie geglaubt zu haben?“

Wo befindet sich der Leichnam Draculas?

Bei Ausgrabungen in der Kirche des Klosters von Snagov stießen Forscher 1930 auf ein Skelett ohne Schädel, das Attribute des Drachenordens aufwies, dem Vlad angehörte. Der nachmalige Kaiser Sigismund hatte diesen Ritterorden 1408 in Nürnberg gegründet und auch Vlad II. in seine Ränge aufgenommen, der fortan den Beinamen *Dracul* (rumän. für „Drache") trug. Dessen Sohn Vlad III., genannt „der Pfähler", bekam den Beinamen *Drăculea* („Sohn des Drachen") und erlangte 1897 durch den Roman von Bram Stoker als *Dracula* Berühmtheit.

Seit vor einiger Zeit jedoch im Kloster Santa Maria la Nova in Neapel neben den Grabstätten der Tochter und des Schwiegersohns von Vlad ein Grabstein mit Drachenrelief – einer expliziten Anspielung auf „Dracul" – und einer Sphinx – Symbol der Stadt Theben (rumän. *Tepeş* = Pfähler) – gefunden wurde, wird gemutmaßt, dass der Leichnam Vlads III. auf diesem Friedhof ruhen könnte. Einige Historiker gehen davon aus, dass Vlads am Hof von Neapel lebende Tochter das von den Osmanen geforderte Lösegeld bezahlt und ihren Vater so nach Neapel geholt hatte, wo er schließlich starb.

Vampire im Osmanischen Reich

Wenngleich bisweilen vorgetragen wird, der Begriff „Vampir" lasse sich etymologisch aus dem Alttürkischen* herleiten, so ist die auf dem Balkan recht weit verbreitete Legende der Blut trinkenden Sagengestalten der osmanischen Kultur doch fremd.

Ein durchaus amüsanter Fall von Vampirismus, der sich zu Beginn des 19. Jahrhunderts ereignete, verdient jedoch aufgrund seiner politischen Dimension nähere Aufmerksamkeit. Die Zentralmacht nahm den Fall dermaßen ernst, dass sie sogar einen Bericht in der neu gegründeten Reichszeitung *Takvim-i Vekayi* veröffentlichte. Der Ausgabe vom 19. Rebiülahir 1249 (der Hidschra, 1833 nach gregorianischem Kalender) zufolge sollen in Tirnovo im heutigen Bulgarien Vampire gesichtet worden sein. Sie griffen nach Sonnenuntergang Häuser an, beschmutzten Lebensmittel, zerrissen Kissen und Decken und warfen Steine und Töpfe auf die Menschen. Sie waren unsichtbar. Ein renommierter Exorzist namens Nicolas wurde herbeigerufen, der die Vampire in einer Séance auf dem Friedhof mithilfe einer Ikone finden wollte. Die Ikone drehte sich und wies auf zwei Gräber, die daraufhin geöffnet wurden. In diesen ruhten Tetikoğlu Ali und Apti Alemdar, zwei frühere Janitscharen (s. S. 52), die zu Lebzeiten als Räuber blutige Verbrechen begangen hatten. Die Leichen in ihren Gräbern waren nahezu unversehrt, jedoch um die Hälfte angewachsen. Ihre Haare und Nägel zeigten starken Wuchs. Ihre Augen waren blutunterlaufen. Nach der Auflösung des Janitscharen-Ordens waren sie dem Henker angesichts ihres fortgeschrittenen Alters entkommen und eines natürlichen Todes gestorben. Doch auch nach ihrem Tod drangsalierten sie die Menschen.

Den Anweisungen des Exorzisten Nicolas wurde Folge geleistet: Die Leichen wurden gepfählt, ihre Herzen mit kochendem Wasser übergossen. Ohne Ergebnis. Daraufhin ordnete Nicolas die Verbrennung der Leichen an, was nach Erhalt der kirchlichen Erlaubnis auch unverzüglich geschah. Endlich war Tirnovo von Vampiren befreit.

Heute verweisen Historiker diese Geschichte ins Reich der Legenden: Sie sei ein Vorwand Mahmuds II. gewesen, um die Janitscharen auch nach ihrem Tod noch in Verruf zu bringen. Diese Theorie ist in Anbetracht der politischen und propagandistischen Fähigkeiten des Sultans durchaus plausibel. Eine Frage jedoch bleibt: Wie erklärt sich der Umstand, dass die Leichen noch Jahre nach ihrer Beisetzung nicht verwest waren?

* *Das Wort „Vampir" soll vom Tatarischen* ubyr *(Hexe) oder einer Wurzel mit der Bedeutung „aufnehmen, saugen" (vgl. türk.* öpmek = *„küssen") abstammen.*

DAS ALTE GENUESER KAPITULATIONSGERICHT

(24)

Relikt einer erstaunlichen rechtlichen Ausnahme

Saksı Han (Saksı Hanı), *Bakır Sk. no:2 (Ecke Perşembe Pazarı Cad.), Karaköy, Arapcami/Beyoğlu*
Tram: Karaköy

Tief verborgen im Eisenwarenviertel steht ein altes steinernes Gebäude mit einem schönen Erker, in dem sich heute ein Geschäft befindet. Einst beherbergte es den Gerichtshof der Genueser Kolonie in Konstantinopel, die seit byzantinischer Zeit bestand und im Osmanischen Reich ihren Höhepunkt erlebte. Der Gerichtshof war auf Grundlage von Verträgen zwischen Genua und dem Byzantinischen bzw. später dem Osmanischen Reich für die in Istanbul lebenden Genueser zuständig.

1261 unterstützte Genua die Byzantiner bei der Rückeroberung ihrer Hauptstadt, die seit 1204 von Kreuzfahrern und den traditionell mit den Genuesern verfeindeten Venezianern besetzt war. Zum Zeichen der

Dankbarkeit überließ Byzanz Genua das gesamte Gebiet von Galata, das diese Kolonie mit einer Mauer umgab, deren Bergfried der Galataturm war.

Nach der Eroberung Konstantinopels durch die Türken 1453 übergaben die Genueser Sultan Mehmed dem Eroberer kampflos die Schlüssel zu ihrer Stadt, der daraufhin ihre Privilegien aus byzantinischer Zeit stärkte. Der Gerichtshof wurde aufgrund von Handelsabkommen, sogenannten Kapitulationen (s. nächste Doppelseite), auch unter osmanischer Herrschaft weiter genutzt und hat – wenn auch mit beträchtlichen baulichen Schäden – bis heute überdauert. In dem gegenüberliegenden Gebäude befindet sich das alte Gefängnis des Gerichtshofs.

Weitere Relikte der Genueser in Istanbul

Der Genueser-Palast (ital. *Palazzo del Comune*) Ecke Kart Çınar/Galata Kulesi Sokak war früher das administrative und politische Zentrum der Kolonie, hat aber heute viel von seinem ursprünglichen Charakter verloren. Von der Mauer, die einst eine Gesamtlänge von 2,8 Kilometern aufwies, ist nicht mehr viel übrig: ein 150 Meter langes Teilstück entlang der oberirdischen Metrolinie, das *Yanık Kapı* (das „verbrannte Tor") an der Yanıkkapı Sokak aus dem 14. Jahrhundert, eine Marmortafel mit den Wappen Genuas, des herrschenden Dogen de Merude und des Podestà Rafaelo de Auria von Galata über dem *Yanık Kapı* sowie ein weiteres überwölbtes Teilstück der Mauer in dem zwischen der Haliç-Eisenbahnbrücke *Haliç Metro Köprüsü* und der Tersane Caddesi gelegenen Park.
Mehrere Türme sind dagegen noch zu sehen: der berühmte Galataturm, der Turm an der Bibliothek des Klosters St. Peter und Paul, das eine schöne Ikone aus der Genueser Kolonie Caffa beherbergt (s. S. 194), und der Turm an der Ecke Lüleci Hendek/Revani Caddesi hinter dem Französischen Gymnasium *Saint-Benoît Lisesi*.
Die Genueser Kapelle des *Saint-Benoît Lisesi* stammt aus dem 14. Jahrhundert und ist die älteste katholische Kirche Istanbuls. Hier erhielten Kriegsgefangene aus den Marinegefängnissen Beistand von den Jesuiten und später den Franziskanern. In der Kapelle liegt das Grab von Franz II. Rákóczi (1676–1735), transsylvanischer Adliger und ins Osmanische Reich geflüchteter ungarischer Nationalheld, dessen sterbliche Überreste 1906 in das Königreich Ungarn überführt wurden.
Die Wallgräben verschwanden mit der Mauer. Einige Straßennamen in Galata erinnern jedoch noch heute an sie: *Büyük Hendek* (großer Graben), *Küçük Hendek* (kleiner Graben) und *Lüleci Hendek* (Graben der Pfeifenmacher).

Weitere Überreste der Kapitulationsgerichte

Französisches Gericht

Am Ende der Tomtom Kaptan Sk. Tram: Tophane. Die erste Kapitulation zwischen der Hohen Pforte und Frankreich wurde im Jahr 1535 unterzeichnet. Das heutige Gebäude datiert aus dem Jahr 1844 und ist Teil des Palais de France. Darin befindet sich eine Dépendance des französischen Gymnasiums Pierre Loti.

Altes Gefängnis des englischen Kapitulationsgerichts

Galata Kulesi Sk. no:15 (61). Tram: Karaköy. Das Gefängnis des englischen Kapitulationsgerichts, in dem früher unter anderem zahlungsunfähige Schuldner inhaftiert waren, beherbergt heute ein nettes Café-Restaurant (*Galata Evi* – The Galata House/*Eski İngiliz Karakolu* – The Old British Jail).

Altes russisches Gericht Narmanlı Han

İstiklal Cad. no:388–390. Metro: alte Linie „Tünel", neue Linie „Şişhane". Das alte russische Gericht wurde in der ersten Hälfte des 19. Jahrhunderts als Kanzlei der Russischen Botschaft errichtet. Nach dem Umzug der Botschaft in das 1843 errichtete Hauptgebäude beherbergte die Narmanlı Han Konsulatsbüros sowie das Kapitulationsgericht und das zugehörige Gefängnis. Nach dem Fall des Zarenreichs ging sie in Privatbesitz über. Die Zimmer wurden vermietet. Einer der berühmtesten Mieter war vermutlich der große Romancier, Dichter und Denker Ahmet Hamdi Tanpınar (1901–1962). Tanpınar, der schon als junger Mann Bergson und Proust las, geriet nach seinem Tod in Vergessenheit. In den 1990er-Jahren wurde er von einem anspruchsvollen türkischen Publikum wiederentdeckt, das sich von der Tiefe seiner Gedanken und seinen zentralen Themen – ewige Identitätskrise der zwischen Orient und Okzident zerrissenen türkischen Gesellschaft, psychologische und soziale Analysen, Verehrung der Stadt Istanbul – begeistert zeigte.

Die Kapitulationsgerichte

In dem Gebiet um Beyoğlu/Galata/Tophane sind noch heute zahlreiche Überreste mehrerer früherer „Kapitulationsgerichte“ zu finden. Diese Gerichte hatten die rechtliche Entscheidungsmacht über die Staatsangehörigen des Landes, dem sie unterstellt waren, und nahmen damit innerhalb des osmanischen Rechtssystems eine Sonderstellung ein. Ihre Ursprünge liegen in den „Kapitulationen“ – Verträgen, die in einem muslimischen Land lebenden christlichen Bürgern das Recht zusprachen, entgegen dem allgemein gültigen Territorialitätsprinzip, wonach Ausländer den Gesetzen des Staates unterworfen sind, auf dessen Territorium sie sich jeweils befinden, nicht der Hoheitsgewalt der lokalen, sondern ihren eigenen nationalen Organen untergeordnet zu werden.

Der Begriff „Kapitulation“ (von den „Kapiteln“, in die die Texte eingeteilt waren) bezeichnet dabei insbesondere Handels- und Friedensverträge, die ab dem 16. Jahrhundert zwischen dem Osmanischen Reich und den europäischen Mächten geschlossen wurden. Dem Französisch-Osmanischen Bündnis von 1535 folgte eine ganze Reihe weiterer Verträge mit anderen Mächten wie der Toskana, England, Holland, Österreich, Polen, Russland, Schweden, Preußen oder dem Königreich beider Sizilien, die ein Netz von Privilegien zum Nachteil des Reichs der Sultane spannten.

Die Rechtsprechung der Kapitulationsgerichte erstreckte sich in einem wahren System der Exterritorialität auch auf Strafsachen und sah Steuererleichterungen sowie die Unverletzlichkeit der Wohnung vor. Angesichts dieser vielen Privilegien kam es natürlich auch zu Missbrauch, und viele Osmanen nahmen die Staatsbürgerschaft eines anderen Landes an.

Ab dem 18. Jahrhundert enthielten die Kapitulationen jedoch nach und nach auch eine Klausel, wonach die in einem Vertrag mit einer bestimmten europäischen Macht gewährten Privilegien sich auch auf alle anderen erstreckten. Das Osmanische Reich versuchte mehrmals (vor allem nach der Kriegserklärung 1914), dieses System, das nicht nur sein Prestige, sondern auch seine Wirtschaft ruinierte, abzuschaffen.

Nach dem Zusammenbruch des Reichs hatte die türkische Delegation, die nach Lausanne entsendet wurde, um den Vertrag auszuhandeln, der zur „Geburtsurkunde“ der Türkischen Republik werden sollte, die ausdrückliche Anweisung erhalten, keine Zugeständnisse bei der Abschaffung der Kapitulationen zu machen. Sie blieb hart, und so setzte der Vertrag von Lausanne dem Kapitulationssystem am 24. Juli 1923 ein Ende.

RELIKTE DER OR-HADASH-SYNAGOGE

25

Die alte Synagoge der Zuhälter

An der Kreuzung Alageyik Sk. no:1a (Ecke Zürafa Sk.), Müeyyetzade/Beyoğlu
Tram: Karaköy oder Tophane

An der Kreuzung von Alageyik und Zürafa Sokak zieht ein verfallenes Gebäude die Blicke auf sich. Dieses Gebäude blickt auf eine bewegte Geschichte zurück. Den einzigen Hinweis gibt eine hebräische Inschrift an der Fassade: Die frühere Or-Hadash-Synagoge diente den Aschkenasim als Glaubensstätte und stand nicht nur mitten im größten Sündenpfuhl der Stadt (die Zürafa Sokak war lange als Straße der Bordelle bekannt), sondern wurde zudem auch von Zuhältern erbaut, finanziert, verwaltet und besucht.

Mitten im Krimkrieg wurden 1854 russische Kriegsgefangene jüdischer Herkunft von den europäischen Alliierten nach Istanbul in die Freiheit entlassen, dort jedoch gezwungen, in Galata in der Yüksek Kaldırım Caddesi (türk. *yüksek kaldırım* = „hoher Bürgersteig") zu leben. Manch einer arbeitete dort fortan als Zuhälter, lange Zeit ein extrem lukratives Gewerbe in diesem Gebiet. Nach und nach entstand so eine Kolonie polnischer, rumänischer, ungarischer und russischer Aschkena-

sim, die samt ihren Familien mit diesem Gewerbe ihren Lebensunterhalt verdienten. In Galizien und Rumänien florierte der Menschenhandel mit weißen Frauen, die über Odessa nach Istanbul und in die ganze Welt verschickt wurden. Die Tentakel der Prostitution erstreckten sich bis nach Südamerika. Die meisten Bordellbesitzer in Istanbul unterhielten enge Beziehungen mit ähnlichen Etablissements in Buenos Aires.

Die in Istanbul vorherrschende jüdische Gemeinschaft der Sepharden beobachtete die Entstehung von „Klein-Polen", wie das Viertel, in dem kein einziges sephardisches Mädchen lebte, fortan genannt wurde, mit Grauen. Die Minderheit der Aschkenasim innerhalb der jüdischen Bevölkerung litt stark unter den Geschehnissen. Der Begriff Aschkenase wurde quasi zum Synonym für Zuhälter, sodass David Ben-Gurion vor seinem Studienaufenthalt in Selânik 1910 von seinen Freunden gewarnt wurde, er solle seine aschkenasische Herkunft verbergen und sich als Sepharde ausgeben, um nicht für einen Zuhälter gehalten zu werden. Die sephardische Gemeinschaft schloss ihre Synagogen schließlich für zugezogene Aschkenasim, die 1897 eine eigene Synagoge bauten. Deren Vorsitzender, Michel Moïse Salamovitz, genannt Michel Paşa, war gleichzeitig als Zuhälter und Spion für die osmanische Regierung tätig. Dass die Synagoge überhaupt existierte, hatte sie ebenfalls der Prostitution zu verdanken, in der sowohl ihre Verwalter als auch die Finanzierung ihren Ursprung hatten. Das oberste Stockwerk der Synagoge soll gar als Seniorenheim für gealterte Prostituierte genutzt worden sein.

Den traditionellen Aschkenasim gelang es, die Synagoge schließen zu lassen, doch der Großrabbiner Moïse Levi (1872–1908) gestattete den (geschätzt rund 200) Familien, die von der Prostitution lebten, sie wiederzueröffnen – unter der Voraussetzung, dass sie von hohen Mauern umgeben wurde. Der Istanbuler Polizeidirektor Bedri Bey setzte dem jahrzehntelangen Geschäft der aschkenasischen Zuhälter schließlich 1915 ein Ende. Die aufgegebene Synagoge wurde zunächst von georgischen Juden genutzt und verfiel später.

Wie jedes Hafenviertel war auch Galata stets reich an Tavernen und Bordellen, von denen es generell in ganz Beyoğlu/Pera viele gab. Einige Straßen bestanden sogar ausschließlich aus Bordellen unter administrativer Kontrolle, wie die heute „sanierte" und in Halas Sokak („Heils-/Rettungsstraße") umbenannte Abanoz Sokak („Ebenholz-Straße"). Die letzte noch erkennbare dieser Straßen ist die Zürafa Sokak, in der die Prostitution in republikanischer Zeit einer strengen polizeilichen und gesundheitlichen Kontrolle unterstellt wurde. 2009 zählte man hier 18 Häuser mit 120 Prostituierten, die ihre Dienste täglich rund 5.000 potenziellen Kunden anboten.

DIE GEDENKTAFEL ZU EHREN DES KAISERS VON ÖSTERREICH-UNGARN

(26)

Als deutsche und österreichische Herrscher die Juden im Osmanischen Reich unterstützten …

Aschkenasische Synagoge (Aşkenaz Sinagogu), *Yüksek Kaldırım Cad. No:27, Karaköy, Müeyyetzade/Beyoğlu*
Besichtigung über den Rabbiner Mendy Chitrik (mendy@rabbimendy.com) oder das Oberrabbinat (0212 293 8794, seheratilla@yahoo.com, turkyahudileri.com)
Tram: Karaköy Metro: Şişhane, Ausgang İstiklal Cad.

Am Eingang der großen Aschkenasischen Synagoge von Istanbul erinnert eine Gedenktafel aus schwarzem Marmor in deutscher Sprache daran, dass die Synagoge 1900 erbaut wurde, „zur Erinnerung an das fünfzigjährige Regierungs-Jubiläum unseres glorreichen Monarchen Seiner Majestät des Kaisers und Königs Franz Joseph I.". Tatsächlich hatte die aschkenasische Gemeinde von Istanbul die für den Bau erforderlichen Gelder mit Wohlwollen und Beitrag des Kaisers unter österreichischen Juden eingesammelt.

Im 19. Jahrhundert unterstützten die deutschen und österreichischen Herrscher die aschkenasischen Gemeinden im Osmanischen Reich und vor allem im Heiligen Land. Sie betrachteten sie als Vertreter der germanischen Kultur, da sie Jiddisch sprachen, eine Sprache westgermanischen Ursprungs, in der sich hebräische, aramäische und lokale Einflüsse vermischen Im Licht der Geschichte des 20. Jahrhunderts mag diese Sympathie durchaus überraschen …

Die Entwürfe für die Synagoge gehen auf den venezianischen Architekten Cornaro zurück. Der Tora-Schrein aus fein in osmanischem Stil gearbeitetem Holz ist eine Arbeit des Bildhauers Fogelstein. Mit seinen zwei Damen-Balkonen bot der Bau bis zu 400 Besuchern Platz.

DAS ROMANISCHE KAPITELL DER KURŞUNLU HAN

Ein zum Brunnen umfunktioniertes romanisches Kapitell

Kurşunlu Han, Kardeşim Sk. no:26 (Ecke Kürekçiler Sk.), Arapcami/Beyoğlu
Hinter dem Galata Bedesteni am Ende der Kürekçiler Sk. bei der Poststelle am Perşembe Pazarı
Tram: Karaköy

Dass in neueren Gebäuden alte Materialien wiederverwendet werden, ist wenig überraschend. Das Kapitell aus spätrömischer (oder vielleicht frühbyzantinischer Zeit) an der Kurşunlu Han jedoch hat eine außergewöhnliche Geschichte: Es wurde nicht nur auf den Kopf gestellt und als Brunneneinfassung verwendet, sondern zudem mit einer noch heute funktionstüchtigen Pumpe zur Bewässerung und Reinigung des Innenhofs der Han (einer alten Karawanserei) versehen.

Die Kurşunlu Han verdankt ihren Namen der Metallverarbeitung, die hier seit Langem ansässig ist (türk. *kurşunlu* = bleihaltig). Das auch als Rüstem Paşa Kervansarayı bekannte Gebäude wurde 1550 von Sinan für den Großwesir und Schwiegersohn Sultan Süleymans des Prächtigen Rüstem Paşa errichtet, der auch die gleichnamige Moschee bauen ließ.

Heute beherbergt die Kurşunlu Han wie alle Läden des Viertels Eisenwarengeschäfte und Metallwerkstätten. An ihrem Standort befand sich einst eine Genueser Kathedrale zu Ehren des heiligen Michael, die Mitte des 16. Jahrhunderts zerstört wurde.

DAS GRAB VON KOYUN DEDE

(28)

Beruhigung für unruhige Kinder

Grab von Koyun Dede (Koyun Dede Türbesi),
Bilginol İş Hanı, Fermeneciler Cad. no:1
Perşembe Pazarı (Donnerstagsmarkt)
Karaköy (Galata), Arapcami/Beyoğlu
Tram: Karaköy; Metro: Haliç

Das Grab des heiligen Koyun Baba, auch genannt Koyun Dede („Schafvater/Schafheiliger"), findet man nicht zufällig. Bitten Sie den Portier des Hauses *Bilginol İş Hanı* am Anfang der Straße, Sie durch einen schmalen, dunklen und mit Kisten vollgestellten Gang zum Grab zu führen. Der mit Tüchern voller Kalligrafien bedeckte Sarg befindet sich in einem winzigen Kellergewölbe, in das nur durch ein kleines Fenster Licht fällt. Eine marmorne Inschrift verweist darauf, dass Koyun Dede im Gefängnis von Galata bestattet wurde, dessen Kommandant das Grab 1773 restaurierte. Ein angrenzender Turm, der einst Teil der Stadtmauer von Galata war, wurde in der Tat als Gefängnis genutzt.

Koyun Baba lebte im 15. Jahrhundert und gilt als direkter Nachfahre des Propheten Mohammed. Wenngleich nicht gesichert ist, dass der Heilige einem Sufi-Orden angehörte, so erinnert eine an der Wand hängende Nadel an den Rifai-Orden, dessen Mitglieder sich teilweise in mystischer Ekstase zum Beweis ihrer Unempfindlichkeit gegenüber Schmerzen ebensolche Nadeln durch die Wangen stießen. Zum heiligen Koyun Baba brachten Eltern ihre unruhigen Kinder in der Hoffnung, er könne diese besänftigen.

Das geheime Grab des Großwesirs İbrahim Paşa

Einer anderen Hypothese zufolge handelt es sich bei dem Grab um die geheime letzte Ruhestätte des Großwesirs İbrahim Paşa, der 1536 im Auftrag von Süleyman dem Prächtigen ermordet wurde. Als Sohn bescheidener italienischer, albanischer oder griechischer Eltern in Parge (heute Griechenland) geboren, wurde İbrahim Paşa von Piraten verschleppt und an eine alte Frau in Manisa verkauft. Dort wurde der Erbprinz und künftige Sultan Süleyman der Prächtige auf ihn aufmerksam, der ihn nach Istanbul brachte und in sein Gefolge aufnahm. Mit der Zeit wurde İbrahim zum Berater, Vertrauten und Freund des Sultans und erhielt alle Ehren der zivilen und militärischen Bürokratie. Nach seiner Ernennung zum Großwesir heiratete er die Schwester des Sultans. İbrahim sprach mehrere Sprachen und war ein Mann der Literatur und der Musik. Er verfügte über großes Geschick als Diplomat und handelte die Leitlinien der Außenpolitik des Reichs mit den europäischen Mächten aus, insbesondere dem Heiligen Römischen Reich Deutscher Nation, dessen Kaiser dem Großwesir, nicht dem Sultan, protokollarisch gleichgestellt war.

Schon bald zog İbrahim die Eifersucht des Hofs auf sich, der den Sultan darin bestärkte, ihn töten zu lassen. Während des Ramadan 1536 wurde er zu einem İftar (Fastenbrechen) eingeladen und im Anschluss daran von vier taubstummen Mördern erwürgt. Sein Leichnam wurde an einem unbekannten Ort begraben, aus Angst, sein Grab könne zum Symbol und Pilgerort werden. Einigen Quellen zufolge sollen die sterblichen Überreste von İbrahim heimlich im Sufi-Konvent von Canfeda neben der Yağkapanı-Moschee bestattet worden sein. Dort, wo diese Gebäude einst standen, ruht Koyun Baba. Ganz in der Nähe, mitten auf dem Fischmarkt, liegt eine Moschee, die İbrahim Paşa errichten ließ.

Man erzählt, Koyun Baba sei früher von vielen albanischen Gläubigen besucht worden – ein Zeichen der Solidarität mit der Herkunft İbrahim Paşas? Manche verstehen den Namen *Koyun Dede* für das Versteck seiner sterblichen Überreste als Botschaft, als Anspielung auf den Mord am Pascha (wie ein Schaf, das geschächtet wurde) und somit als Hinweis, wo sich das Grab befindet. İbrahim Paşas Geschichte erzählt die weltweit erfolgreiche Fernsehserie *Das osmanische Imperium – Harem: Der Weg zur Macht.*

FREIMAURERSYMBOLE AN DER FASSADE DER LANDWIRTSCHAFTSBANK

29

Hiram, Architekt des Salomonischen Tempels in Jerusalem

Filiale der Ziraat Bankası *(Landwirtschaftsbank)*
Rıhtım Cad. no:1, Karaköy-Platz, Kemankeş Kara Mustafa Paşa/Beyoğlu
Tram: Karaköy, Metro: Haliç

An der Fassade der Filiale der *Ziraat Bankası* (Landwirtschaftsbank) am Ufer des Goldenen Horns zeigen zwei Statuen einen alten Mann und eine junge Frau, umgeben von Kindern. Beide halten die bekannten Freimaurersymbole Hammer und Meißel in Händen.

Einigen Quellen zufolge soll es sich bei der jungen Frau um Jael handeln, die in der Bibel (Buch der Richter: Ri 4,17–22. *Die Richterin Debora und Barak.*) einen gewissen Sisera tötete, Kommandant der Kanaaniter Armee von König Jabin, Unterdrücker der Israeliten. Nach seiner Niederlage, die ihm am Berg Tabor von Barak, dem General der Armee der Hebräer, beigebracht wurde, floh Sisera und wurde von Jael gastfreundlich in ihrem Zelt aufgenommen. Als Sisera schlief, „… [holte] Jael, die Frau Hebers, […] einen Zeltpflock, nahm einen Hammer in die Hand, ging leise zu Sisera hin und schlug ihm den Zeltpflock durch die Schläfe, sodass er noch in den Boden drang."

Die andere Statue zeigt den Bronzegießer Hiram, den Architekten des berühmten Salomonischen Tempels von Jerusalem. In der Bibel heißt es: „Und der König Salomo sandte hin und ließ holen Hiram von Tyrus, einer Witwe Sohn aus dem Stamm Naftali, sein Vater aber war aus Tyrus gewesen, der war ein Kupferschmied, voll Weisheit, Verstand und Kunst in allerlei Kupferarbeit. Der kam zum König Salomo und machte ihm alle seine Werke." (Erstes Buch der Könige, 1. Kön 7,13–14).

Die Darstellung Hirams bedarf keines weiteren Kommentars hinsichtlich seiner freimaurerischen Symbolik. Bei Jael legen die Instrumente, die diese nutzt, um Sisera zu töten – Hammer und Meißel, zentrale Attribute der Freimaurer –, diese Symbolik nahe.

Es herrscht weitgehend Einigkeit darüber, dass die Statuen auf Midhat Paşa zurückgehen, Gründer der Landwirtschaftsbank (1873) und bekannter Freimaurer. Nach zwei Putschversuchen wurde Midhat Paşa 1884 vermutlich von Schergen des Sultans im Exil in Taif (im Hejaz-Gebirge im heutigen Saudi-Arabien) erdrosselt.

Das aktuelle neoklassizistische Gebäude stammt aus dem Jahr 1912. Es beherbergte ursprünglich den Sitz des Wiener Bankvereins.

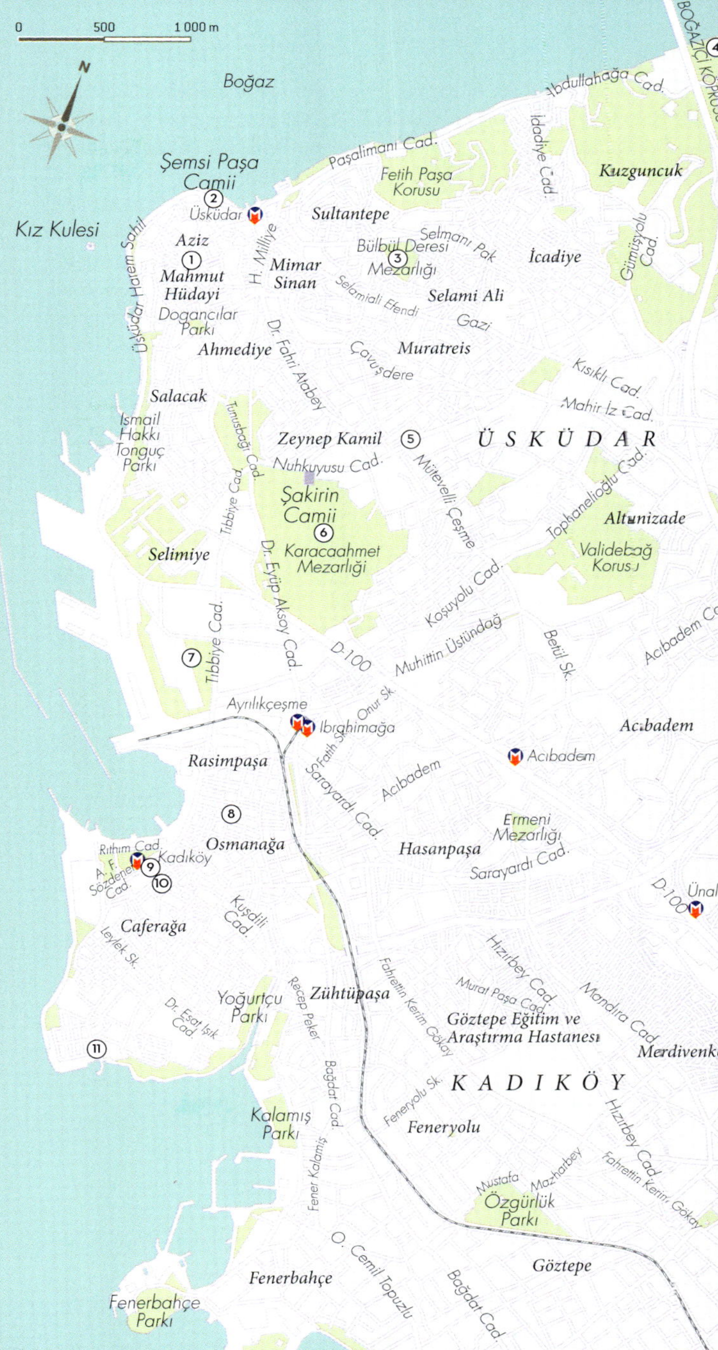

0
500
1 000 m
N
Boğaz
Şemsi Paşa Camii
Üsküdar
Kız Kulesi
Aziz Mahmut Hüdayi
Doğancılar Parkı
Ahmediye
Salacak
Ismail Hakkı Tonguç Parkı
Selimiye
Üsküdar Harem Sahil
H. Milliye
Mimar Sinan
Sultantepe
Paşalimanı Cad.
Fetih Paşa Korusu
Abdullahağa Cad.
İdadiye Cad.
Kuzguncuk
Boğaziçi Köprüsü
Bülbül Deresi Mezarlığı
Selmanı Pak
İcadiye
Gümüşyolu Cad.
Selamiali Efendi
Selami Ali
Gazi
Dr. Fahri Atabey
Çavuşdere
Muratreis
Kısıklı Cad.
Mahir İz Cad.
Tunusbağı Cad.
Zeynep Kamil
ÜSKÜDAR
Nuhkuyusu Cad.
Mütevelli Çeşme
Tophanelioğlu Cad.
Şakirin Camii
Karacaahmet Mezarlığı
Altunizade
Validebağ Korusu
Tıbbiye Cad.
Dr. Eyüp Aksoy Cad.
Koşuyolu Cad.
Muhittin Üstündağ
D-100
Betül Sk.
Acıbadem Cad.
Ayrılıkçeşme
Onur Sk.
Ibrahimağa
Fatih Sk.
Rasimpaşa
Acıbadem
Sarayardı Cad.
Osmanağa
Rıhtım Cad.
Kadıköy
A. F. Sözdenerı Cad.
Ermeni Mezarlığı
Hasanpaşa
Ünala
Caferağa
Kuşdili Cad.
Leylek Sk.
Hızırbey Cad.
Mandıra Cad.
Fahrettin Kerim Gökay
Murat Paşa Cad.
Recep Peker
Yoğurtçu Parkı
Zühtüpaşa
Dr. Esat Işık Cad.
Göztepe Eğitim ve Araştırma Hastanesi
Merdivenkö
Bağdat Cad.
KADIKÖY
Feneryolu Sk.
Feneryolu
Kalamış Parkı
Fener Kalamış
Mustafa
Mazharbey
Özgürlük Parkı
O. Cemil Topuzlu
Göztepe
Fenerbahçe
Fenerbahçe Parkı

Üsküdar – Kadiköy

① DER ALMOSENSTEIN DER İMRAHOR-MOSCHEE *216*
② DIE SEISMOGRAFISCHEN SÄULEN DER ŞEMSI-PAŞA-MOSCHEE *218*
③ DER SABBATIANER-FRIEDHOF BÜLBÜLDERESİ *220*
④ DIE STATUE VON SULTAN ABDÜLAZİZ *224*
⑤ DIE ŞAKİRİN-MOSCHEE *226*
⑥ EIN GRAB FÜR EIN PFERD *228*
⑦ DER ENGLISCHE FRIEDHOF HAYDARPAŞA *230*
⑧ DIE HEMDAT-ISRAEL-SYNAGOGE *234*
⑨ DIE KIRCHE ZU EHREN DER HEILIGEN EUPHEMIA *236*
⑩ DAS KROKODIL VON KADIKÖY *238*
⑪ DIE HEILIGE QUELLE DES RESTAURANTS KOÇO *240*

DER ALMOSENSTEIN DER İMRAHOR-MOSCHEE

①

Relikte der traditionellen muslimischen Barmherzigkeit

İmrahor-Moschee (İmrahor Camii)
Doğancılar Cad. no:106a, Salacak/Üsküdar
Metro: Üsküdar

Im Hof der İmrahor-Moschee in Üsküdar steht eine von einem anachronistisch anmutenden Mosaik umgebene antike Porphyrsäule, die sich einst an der Doğancılar Caddesi befand. Heute dient die Säule als „Almosenstein", ein historisches Relikt osmanischer Barmherzigkeit.

Diese Almosensteine wurden einst am Eingang oder in der Nähe von Moscheen, Heiligengräbern oder wohltätigen Einrichtungen aufgestellt. Meist handelte es sich dabei um einfache Steinblöcke (häufig antike Säulen aus Marmor, Porphyr oder Granit), an deren oberem Ende eine Vertiefung (zum Teil auch eine Öffnung im Säulenschaft) eingelassen war, in die diskret Geld, Lebensmittel oder Kleidung für Bedürftige hineingelegt werden konnte.

Dieser Akt der Barmherzigkeit vollzog sich meist wie folgt: Auf dem Weg zum Abendgebet einige Stunden nach Sonnenuntergang legten die Gläubigen Münzen auf die Almosensteine. Nach Ende des Gebets traten die Bedürftigen als Letzte aus der Moschee, nahmen das Geld, das sie für ihr täglich Brot brauchten, vom Stein und verschwanden in der Dunkelheit. Auf diese Weise erfuhren weder die Spender noch die anderen Gläubigen, wer das Geld benötigte oder wie viel er für sich genommen hatte.

„Klavier spielen wie ein guter Muslim, der ein Almosen spendet“

Das Almosen ist eine der fünf Säulen des Islam. Die Gabe soll dabei jedoch weder die Armen demütigen noch den Hochmut der Reichen hervorrufen. Der Glauben schreibt daher vor, dass die linke Hand des Spenders nicht wissen soll, was seine rechte Hand gegeben hat. Noch heute wird deshalb scherzhaft über einen schlechten Pianisten gesagt, dass er wie ein guter Muslim spielt, der ein Almosen spendet: Seine linke Hand weiß nicht, was seine rechte Hand tut.

Häufig standen Almosensteine auch in der Nähe der Gräber von Henkern, einer Berufsgruppe, die in der osmanischen Gesellschaft kein hohes Ansehen genoss. Nichtsdestoweniger wurde nach ihrem Tod für das Überleben ihrer Familien gesorgt.

Weitere Almosensteine in Istanbul

Schöne Almosensteine finden sich auch in der Nähe folgender Moscheen: Mehmet Ağa (Fatih), Kocamustafapaşa Sümbül Efendi (s. S. 118), Hakimoğlu Ali Paşa (Kocamustafapaşa), Laleli (s. S. 17), Süleymaniye (s. S. 18), Nuruosmaniye, Neue Moschee (*Yeni Cami,* s. S. 50), Sultan-Ahmed (s. S. 64), Arabische Moschee (*Arap Camii,* Karaköy), Kemankeş Mustafa Paşa (Karaköy), Aşçıbaşı (Üsküdar) sowie neben dem Kazlıçeşme-Brunnen (s. S. 128)
(Liste ohne Anspruch auf Vollständigkeit)

DIE SEISMOGRAFISCHEN SÄULEN DER ŞEMSİ-PAŞA-MOSCHEE ②

Eine Moschee mit einem Warnsystem für Erdbeben

Şemsi-Paşa-Moschee (Şemsi Paşa Camii / Kuşkonmaz Camii)
Şemsipaşa-Platz, Mimar Sinan/Üsküdar
Anlegestelle: Üsküdar
Metro Marmaray: Üsküdar
Bus: Balaban

Der Mihrab (die Gebetsnische) des Hauptaltars der bezaubernden Şemsi-Paşa-Moschee ist beiderseits von schmalen Säulen aus dunkelgrünem Marmor flankiert. Ähnlich wie die Säulen am Eingang der ebenfalls von dem Architekten Sinan errichteten Kılıç-Ali-Paşa-Moschee (s. S. 182) drehen sich auch diese Säulen um ihre eigene Achse. Sie sollen im Fall eines Erdbebens oder Erdrutschs die ins Gebet vertieften Gläubigen rechtzeitig vor der drohenden Gefahr warnen.

Sinan erbaute die Moschee im Auftrag von Şemsi Paşa, Großwesir der Balkanprovinzen des Osmanischen Reichs und späterer *Müsahip* (Wahlbruder) der Sultane Selim II. und Murat III. Kurz nach dem Tod des großen Architekten am Ufer errichtet, ist die Moschee besonders empfindlich gegenüber der stetigen Einwirkung von Wellen und Meerwasser. Sinan soll daher beim Bau einen speziellen Mörtel verwendet haben, der die durch die Wellenbewegung verursachten Schwingungen abmildert.

Die Moschee, auf der sich kein Vogel niederlässt

Eine weitere Besonderheit der Şemsi-Paşa-Moschee ist, dass sich auf ihrer Kuppel keine Vögel niederlassen. Sie wird daher im Volksmund auch *Kuşkonmaz Camii* genannt („Moschee, auf der sich kein Vogel niederlässt"): Großwesir Şemsi Paşa war die Vorstellung, dass Vögel seine Moschee mit ihrem Kot beschmutzen könnten, zuwider. Sinan schlug ihm daher vor, die Moschee an exakt diesem Ort am Bosporusufer zu errichten, da hier nördliche und südliche Winde mit großer Wucht aufeinanderträfen und Vögel davon abhielten, sich dem Bau allzu sehr zu nähern. Das Phänomen ist noch heute zu beobachten.

Eine andere Theorie besagt, dass die von den Wellen hervorgerufenen stetigen Vibrationen sich in der Kuppel verdichten und durch den so entstehenden Infraschall Vögel ferngehalten werden.

Ältere Bewohner des Viertels erinnern sich, dass in den 1940er-Jahren eine Robbenfamilie in der kleinen Grotte unterhalb der Şemsi-Paşa-Moschee Zuflucht gefunden hatte. Diese Grotte ist möglicherweise mit für die Umwandlung des Wellenrauschens in Infraschall verantwortlich und liegt heute hinter der dicken Betonschicht der Bosporus-Promenade.

DER SABBATIANER-FRIEDHOF BÜLBÜLDERESİ

③

Die außergewöhnlichen Grabstätten einer kryptojüdischen Gemeinde

Bülbülderesi-Friedhof (Bülbülderesi Mezarlığı)
Selanikliler Sk. no:40, Selamiali/Üsküdar
Metro: Üsküdar Marmaray

Der Sabbatianer-Friedhof Bülbülderesi (türk. „Bach der Nachtigall") ist offiziell ein muslimischer Friedhof. Einige Grabstellen erinnern jedoch nur wenig an traditionelle muslimische Gräber: Die Grablegen sind nicht in Richtung Mekka ausgerichtet; die Särge sind vollständig verschlossen (eine Seltenheit im Islam); manche Grabsteine haben die Form von Obelisken, andere zeigen esoterische, zum Teil freimaurerische Symbole (einige Gräber sind flankiert von den traditionellen Freimaurersäulen Jachin und Boas); Besucher haben Steine auf den Stelen abgelegt, wie man das von jüdischen Friedhöfen kennt.

Die Grabinschriften enthalten nur selten Hinweise auf die Religionszugehörigkeit des Verstorbenen, stattdessen vielfach traurige Verse über Tod, Vergessen, Unheil, Schmerz oder Trennung. Häufig zu finden ist auch die Inschrift: „Ich habe meine Sorge verborgen, nicht ausgesprochen, ich habe sie zum Schlafen gebracht." Ein versteckter Hinweis auf einen im Geheimen gelebten Glauben?

Der einst rein orthodox-muslimische Friedhof wurde im Lauf der Jahre tatsächlich zum Friedhof der kryptojüdischen Gemeinde der Sabbatianer, die hier ab den 1920er-Jahren ihre Toten beizusetzen begann. Man findet große Namen aus den Familien von Intellektuellen, Industriellen und Politikern, außerdem den Grabstein von Şemsi Efendi, Lehrer an der Grundschule von Mustafa Kemal Atatürk, dem in Selânik (Thessaloniki) geborenen Gründer der Türkischen Republik. Jedes türkische Schulkind weiß, dass Atatürks Mutter ihn auf die örtliche Koranschule schicken wollte, während sein als Zollbeamter tätiger Vater für seinen Sohn eine Bildung westlicher Prägung bevorzugte und ihn an der Privatschule von Şemsi Efendi (1851–1917) einschrieb. Dieser berühmte osmanische Pädagoge und Schulgründer unterrichtete mit modernen Lehrmethoden unter anderem Dönme (im Türkischen im Plural eigentlich *dönmeler*), konvertierte Juden, die weiterhin auch ihren jüdischen Glauben praktizierten (s. S. 223).

Mehr Informationen über den Sabbatianismus finden Sie auf der nächsten Doppelseite.

Woher hat die Selanikliler Sokak *(Straße der Saloniker) ihren Namen?*

Die Straße neben dem Bülbülderesi-Friedhof trägt zum Gedenken an die 1923 deportierten Muslime und Sabbatianer aus Selânik (Thessaloniki) (s. S. 222) den Namen *Selanikliler Sokak* („Straße der Saloniker").

Die Ursprünge des Sabbatianismus

Schabbtai Zvi wurde 1625 in İzmir (Smyrna) geboren. Innerhalb der mehrheitlich sephardischen jüdischen Gemeinschaft von İzmir erhielt er eine solide jüdische Bildung und fühlte sich insbesondere der Tradition der Kabbala verbunden. 1648, im Alter von 23 Jahren, begann er, sich als der selbst erklärte neue Messias zu präsentieren, und verstieß in dieser Rolle öffentlich gegen mehrere religiöse Tabus, darunter das Aussprechen des Tetragrammaton (des heiligen Namen Gottes, der laut Bibel nicht ausgesprochen werden kann). Schließlich wurde er aus İzmir verbannt und begab sich mit seinen Anhängern nach Istanbul sowie auf Reisen nach Thessaloniki, Alexandrien, Athen und Jerusalem, wo sich ihm weitere Menschen anschlossen. 1665 kehrte er nach İzmir zurück, erklärte sich feierlich zum Messias und unterwarf die örtliche Gemeinde seiner Autorität. Die Zahl seiner Anhänger, darunter mehrere renommierte Rabbiner, nahm wie die Zahl der messianischen Bewegungen in ganz Europa sowohl unter Juden als auch unter Protestanten beständig weiter zu. Die europäischen Juden waren durch mörderische Verfolgung (insbesondere in Polen) stark dezimiert worden und befanden sich in einem Zustand der Verzweiflung, in dem sie inständig das Erscheinen eines neuen Messias erhofften. Außerdem hatten zahlreiche christliche Theologen für das Jahr 1666 die Apokalypse vorhergesagt, vor deren Eintreten ein neuer Messias erscheinen sollte (666 ist die Zahl des Tiers in der Offenbarung des Johannes).

Einer minderheitlichen Auslegung des Talmud folgend, begann Zvi, einige der heiligen Pflichten abzuschaffen. Er sei der neue Messias und das alte Gesetz habe damit seine Gültigkeit verloren. 1666 begab er sich – freiwillig oder auf offiziellen Druck aus İzmir – nach Istanbul, wo er auf Befehl des Großwesirs verhaftet wurde. Er wurde zunächst in Istanbul, später in einem Schloss in den Dardanellen inhaftiert, das er in eine Art Königshof verwandelte und als neuen Standort seiner Mission nutzte. Er genoss dabei die Unterstützung der europäischen jüdischen Gemeinden, stieß jedoch unter vielen Rabbinern, die seine Ansprüche ablehnten, auf Widerstand. Sie waren es schließlich, die die osmanischen Behörden vor der Gefahr warnten, die von Zvi für die öffentliche Ordnung ausgehe. So wurde Zvi nach Edirne gebracht, wo der Arzt des Sultans, ein konvertierter Jude, ihm nahelegte, ebenfalls zum Islam überzutreten, um sein Leben zu retten, das nur noch an einem seidenen Faden hing. Im Beisein des Sultans legte Zvi daraufhin sein jüdisches Ornat ab, setzte zum Zeichen seiner Bekehrung einen Turban auf und trug fortan den Namen Aziz Mehmet Efendi. Der Sultan war zufrieden und bot Zvi eine Sinekure im Palast an. Mit ihm konvertierten 300 Familien aus seiner Sekte zum Islam.

Diese Familien bildeten den Kern der Gemeinschaft, deren Mitglieder sich selbst *ma'minim* (hebr. „Gläubige") nannten und später auf Türkisch als *dönmeler* bezeichnet wurden. Zvi und seine Anhänger gaben sich vordergründig den Anschein, gläubige Muslime zu sein. Im Hintergrund praktizierten sie jedoch weiterhin ein Judentum ihrer ganz eigenen Art. Nachdem Zvi beim Singen von Psalmen mit jüdischen Gläubigen ertappt worden war, wurde er in die Verbannung in die albanische Hafenstadt und Piratenhochburg Dulcigno (heute Ulcinj in Montenegro) geschickt, wo er 1676 starb.

*Die Dönme (*dönmeler, *„Gläubige")*

Anhänger von Zvi (s. links) waren seinerzeit in allen großen Städten des Reichs zu finden. In Selânik (Thessaloniki) entstand jedoch eine ganz eigene kryptojüdische Gemeinde, die von allen misstrauisch beäugt wurde: die Dönme. Die Muslime betrachteten sie nicht als Teil der Umma (Gemeinschaft aller Muslime), für die Juden waren sie schlicht als Muslime verkleidete Ketzer. Im Rahmen des Bevölkerungsaustauschs laut Vertrag von Lausanne 1923 (s. S. 187) wurden sie mit allen Muslimen aus Selânik in die Türkei geschickt.

In Selânik hatten die Dönme ihre eigenen Viertel, Moscheen, Einrichtungen und Friedhöfe gehabt. Sie praktizierten die Endogamie (Eheschließung innerhalb der eigenen Gruppe) und waren eine geschlossene Gemeinschaft, die sich minutiös an das Gebot des Schweigens hielt. Über ihre theologischen Ansichten und religiösen Praktiken ist jedoch nur wenig bekannt. Gerüchte sprechen von rituellen Orgien. Die Dönme-Bewegung scheint einen gewissen Synkretismus gekannt zu haben, in dem die Lehren der Kabbala und des Sufismus, denen viele nahestanden, koexistierten.

Die Dönme besaßen große wirtschaftliche Macht und nahmen gegen Ende des Reichs aktiv am politischen Leben teil, vor allem im revolutionären Selânik, wo die Bewegung der Konstitutionalisten ihren Ausgang nahm, die schließlich Abdülhamid II. absetzte. Ihre starke Präsenz unter den Führern der jungtürkischen Partei „Komitee für Einheit und Fortschritt" (Ittihadisten), treibende Kraft der konstitutionellen Revolution, bot Anlass für Verschwörungstheorien, wonach die Dönme das Osmanische Reich und das Kalifat ruinieren wollten und danach trachteten, die Türkische Republik wirtschaftlich und politisch zu beherrschen. Geschürt wurden die Gerüchte dadurch, dass die Dönme das neue laizistische Regime unterstützt hatten, das keine Konfession diskriminierte, und der Gründer der Republik von einem Dönme unterrichtet worden war (s. vorige Doppelseite).

DIE STATUE VON SULTAN ABDÜLAZİZ

④

Die einzige Statue eines Sultan-Kalifen

Beylerbeyi-Palast, Abdullahağa Cad., Beylerbeyi/Üsküdar
Täglich außer Montag und Donnerstag, 8:30–17 Uhr
Metrobus: Boğaziçi Köprüsü

In dem großen Empfangssaal des Sommerpalasts Beylerbeyi steht eine Statue von Sultan Abdülaziz (reg. 1861–1876), die dieser erbauen ließ und 1865 einweihte. Es handelt sich um die einzige existierende Statue eines Sultan-Kalifen; denn menschliche Abbildungen im Islam sind bekanntermaßen umstritten.

Laut Koran gelten Statuen als „Gräuel vom Werk des Satans" (Sure 5:90). Der Kontext lässt darauf schließen, dass es sich um von Polytheisten verehrte Götzenbilder handelte. Ein anderer Koranvers (34:13) besagt: „Sie machten für [Salomon], was er wollte: Paläste, Bildwerke …", ohne ablehnend auf diese „Bildwerke" einzugehen. Die von einer ganzen Reihe von Hadithen angeprangerten menschlichen Abbildungen scheinen auch Bilder einzuschließen, die der Abgötterei

dienen. Dieser Auslegung folgt die Dynastie der Umayyaden (661–750), deren Paläste mit Bildern aller Art geschmückt waren. Unter den Abbasiden (751–1258) führte eine neue extensive Auslegung der Hadithe zu einem Verbot und zur Zerstörung aller Abbildungen lebender Wesen. Hier ist eine Parallele zu dem Bilderstreit zu beobachten, der etwa zu derselben Zeit in den an das Osmanische Reich angrenzenden byzantinischen Provinzen seinen Anfang nahm.

Der erste muslimische Herrscher, der ein Porträt von sich anfertigen ließ, war Osmane. Mehmed der Eroberer (reg. 1451–1481) hatte für sein Porträt (heute National Gallery, London) eigens den venezianischen Maler Gentile Bellini kommen lassen. Niemand wagte es seinerzeit, dem mächtigen Sultan zu widersprechen, in dessen Palast es ohnehin nur so von europäischen und byzantinischen Gelehrten wimmelte. Sein Sohn und Nachfolger Bayezid II. war es schließlich, der die Maler vertreiben und die Gemälde zerstören ließ. Ab dem 16. Jahrhundert finden sich zahlreiche osmanische Miniaturen, auf denen Sultane dargestellt sind.

Auf seiner Reise im Jahr 1867, die erstmals einen osmanischen Sultan in friedlicher Absicht nach Europa führte, hatte Abdülaziz beobachtet, dass die dortigen Monarchen gern Statuen von sich anfertigen ließen. Zurück in der Heimat begann er, das Terrain zu sondieren, und gab zur Verschönerung des Beylerbeyi-Palasts zwei Dutzend gusseiserne Tierstatuen in Auftrag. Schließlich erteilte er dem Bildhauer Fuller den Auftrag, ein Reiterstandbild von ihm anzufertigen, das ihn als Sultan in offiziellem Ornat und dem seinerzeit populären weiten Kapuzenmantel zeigte, den er zum Leidwesen des Protokolls gern auf seinen Ausflügen in die Stadt trug. Die Statue des Sultan-Kalifen löste kaum religiöse Widerstände aus. Man wusste um ihre Existenz, doch da sie sich innerhalb des Palasts befand, war sie ohnehin für die Öffentlichkeit nicht zu sehen. Ferner waren jene Personen, die im Palast ein- und ausgingen, bereits mit der europäischen Lebensart vertraut und kümmerten sich nicht allzu sehr darum, während die Porträts von Sultan Mahmud II. in öffentlichen Amtsstuben kaum dreißig Jahre zuvor in den arabischen Provinzen noch zu heftigen Aufständen geführt hatten. Mahmud hatte von seinen Diplomaten erfahren, dass in den öffentlichen Einrichtungen moderner Königreiche stets ein Bild des Herrschers zu finden war, um die Autorität des Monarchen zu unterstreichen und den Eindruck eines väterlichen Beschützers zu vermitteln. So war diese Maßnahme Teil seines Programms zur Modernisierung und Zentralisierung der Verwaltung, das in den bereits westlicher orientierten Regionen zu hervorragenden Ergebnissen führte. In den extrem konservativen arabischen Provinzen galt eine solche unerhörte, seit Urzeiten verbotene menschliche Darstellung als offenkundiger Beweis für die Gottlosigkeit der Osmanen, derer es sich folglich zu entledigen galt.

DIE ŞAKİRİN-MOSCHEE

⑤

Eine „feminine" Moschee?

Karacaahmet-Friedhof (Karacaahmet Mezarlığı)
Nuhkuyusu Cad. no:2, Barbaros/Üsküdar
Bus: Zeynep Kamil Hst. oder „Dolmuş" (Sammeltaxi) von Kadıköy am Üsküdar-Platz

Die im April 2009 eröffnete Şakirin-Moschee überrascht Gläubige und Besucher gleichermaßen mit ihrer modernen Architektur: fast komplett verglaste Fassaden, eine Kuppel aus Aluminiumverbundstoff (anstelle des in osmanischen Moscheen üblichen Bleis) und sanft geschwungene Treppen. Die Kronleuchter sind mit Leuchtdioden und Glastropfen geschmückt – Symbolen für die göttliche Gnade, die wie Regen auf die Gläubigen herabfällt: Wasser wird im Islam, einer in der Wüste geborenen Religion, mit göttlicher Barmherzigkeit assoziiert. Der Minbar (die Kanzel für die Predigten des Imam) ist mit Blättermotiven verziert und mit einer transparenten Schutzschicht aus Acryl überzogen. Doch auch die Tradition hat hier ihren Platz: Auf der Oberfläche des großen Kronleuchters sind die 99 Namen Allahs sowie die Koransure *Nur* („Licht“) eingraviert.

Doch der Bau überrascht nicht nur durch seine außergewöhnliche Architektur, sondern war auch aus einem anderen Grund nicht unumstritten: Der grundlegende Entwurf stammt zwar von einem Mann – Hüsrev Tayla –, doch die führende Rolle bei der Gestaltung der Inneneinrichtung kam einer Frau zu: Zeynep Fadıllıoğlu. Für die eigentlich eher auf die Planung edler Restaurants oder Londoner bzw. Istanbuler Luxusvillen spezialisierte Architektin war die Ausgestaltung der Moschee eine Premiere. Ihre Arbeit kommentierte sie mit den folgenden Worten: „Ich wollte nicht einfach ein Gebäude errichten, sondern habe mich im Hinblick auf die Andacht und die Gemeinschaft mit Gott bemüht, Emotionen einfließen zu lassen, das Gefühl zu berücksichtigen, das man an diesem Ort empfindet. Vielleicht ist es das, was diese Moschee ‚femininer‘ macht.“

Finanziert wurde der Bau von der Mäzenatenfamilie Şakir. Er ist all jenen gewidmet, die dem Herrn die Gnade erweisen, und enthält einen diskreten Hinweis auf den Namen seiner Stifter (arab. *Shakir* = „der Gott dankt“).

Die Şakirin-Moschee mit ihren zwei 35 Meter hohen Minaretten liegt inmitten eines 10.000 Quadratmeter großen Gartens und bietet auf einer Grundfläche von 3.000 Quadratmetern rund 500 Gläubigen Platz. Mit ihrer Lage am Rand des Karacaahmet-Friedhofs dient sie als „Protokoll“-Moschee für die Beisetzung großer Persönlichkeiten auf der asiatischen Seite Istanbuls.

EIN GRAB FÜR EIN PFERD ⑥

Wünsche für ein Pferd

Karacaahmet-Friedhof (Karacaahmet Mezarlığı)
Links vom Karacaahmet-Mausoleum (Karaca Ahmet Türbesi)
Gündoğumu Cad. (Ecke Nuhkuyusu)
Zeynep Kamil/Üsküdar
Bus: Zeynep Kamil Hst.
Oder „Dolmuş" (Sammeltaxi): vor der Şakirin-Moschee aussteigen

Auf dem Karacaahmet-Friedhof findet man ein großes, ellipsenförmiges Grab, das als letzte Ruhestätte des Pferdes des legendären Karaca Ahmet verehrt wird, Sohn eines turkmenischen Kommandanten aus Chorasan und Scheich des Sufi-Ordens Bektaşi, der im 14. Jahrhundert vor der Eroberung Konstantinopels an diesem Ort sein Konvent als eine Art Vorposten errichten ließ. Er ist Namensgeber des größten Friedhofs von Istanbul und eines der größten weltweit.

Über das Grab des Pferdes spannt sich eine Kuppel, die auf sechs eleganten Granitsäulen ruht und bereits von der Gündoğumu Caddesi aus den Blick auf sich zieht. Nach und nach entstanden im Volksglauben verschiedene Rituale um dieses Grab. In einer Art Kamin werden Kerzen angezündet. Manche Menschen kleben kleine Steine oder Geldstücke an die Säulen, in der Hoffnung, dass ihre Wünsche erhört werden. Früher führte man Kinder, die sich mit dem Laufenlernen Zeit ließen, um das Grab herum. Zudem wurden Gerstenkörner auf die Erde geworfen und ein Schaf geopfert.

Laut manchen Quellen ruht hier dagegen nicht das Pferd von Karaca Ahmet, sondern jenes von Abu d-Darda, einem Gefährten des Propheten Mohammed, der an der ersten Belagerung Konstantinopels beteiligt gewesen war. Sein Kenotaph liegt direkt nebenan, sein wahres Grab befindet sich in Eyüpsultan.

Abgesehen von diesen Glaubenstraditionen, die über die Jahrhunderte entstanden sind, geht die Geschichtsforschung heute davon aus, dass es sich in Wirklichkeit um das Grab von Rum Paşazade Nişanci Hamza handelt, einem Staatsmann des ausgehenden 16. Jahrhunderts. Sein Beiname („Sohn des griechischen Pascha") stellt eine interessante Parallele zu den noch in Resten vorhandenen byzantinischen Säulen in der Umgebung des Grabmals dar. Dessen eigene Säulen scheinen ebenfalls aus älteren Gebäuden entnommen zu sein – ein weiteres Zeichen für den sanften Übergang vom Byzantinischen Reich zum Osmanischen Reich hinsichtlich Architektur und Aristokratie.

Wann die Verehrung als Pferdegrab mit all ihren Ritualen ihren Anfang nahm, liegt heute im Dunkeln. Fest steht, dass es sich gegebenenfalls nicht um das einzige Pferdegrab in Istanbul handelt: Schon Sultan Osman II. (reg. 1618–1621) hatte sein Lieblingspferd im Aynalıkavak-Palast beisetzen lassen. Nachdem dieser aufgegeben wurde, gelangte der Stein des Pferdegrabs in den Topkapı-Palast. Ein anderes Pferdegrab, das Süleyman Paşa (Anfang des 14. Jahrhunderts) zugeordnet wird, befindet sich in Gelibolu (Gallipoli) an den Dardanellen. Das Pferd ruht neben dem Mausoleum seines Herrn.

DER ENGLISCHE FRIEDHOF HAYDARPAŞA

⑦

Ein bewegender, kaum bekannter Ort

Englischer Friedhof von Haydarpaşa (Haydarpaşa İngiliz Mezarlığı)
Gata Haydarpaşa Eğitim Hst. (neben dem Eingang zum Militärkrankenhaus)
Selimiye/Üsküdar
Von der Anlegestelle in Kadıköy aus nach links über die Eisenbahnbrücke gehen und anschließend der Tıbbiye Cad. folgen. An der Ampel links hinunter zum Meer abbiegen
Täglich von 9 Uhr bis Sonnenuntergang
Metro: Kadıköy

Der wenig bekannte englische Friedhof Haydarpaşa liegt verborgen inmitten der Krankenhaus- und Militäranlagen des Istanbuler Viertels Haydarpaşa. Er blickt auf eine bewegte Geschichte zurück und ist mit seinem monumentalen Obelisken am besten von den Schiffen der Kadıköy-Linie aus zu sehen.

Angelegt wurde der Friedhof während des Krimkriegs (1853–1856), in dem das Osmanische Reich mit Großbritannien, Frankreich und Sardinien-Piemont gegen Russland kämpfte. Ursprünglich beerdigte man dort englische Soldaten, die in der nahe gelegenen Selimiye-Kaserne – meist an Cholera – starben. Die Kaserne, die sich im damaligen Scutari (dem heutigen Istanbuler Distrikt Üsküdar) befand, war den Briten als Militärkrankenhaus zur Verfügung gestellt worden. Florence Nightingale sorgte zunächst hier zusammen mit einer Gruppe britischer Krankenschwestern für eine verbesserte Hygiene, und bald war sie auch im Haydarpaşa-Krankenhaus tätig, das direkt an den Friedhof anschließt. Auf ihre Initiative hin erreichte die britische Regierung, dass Sultan Abdülmecid dem Britischen Königreich das heutige Gebiet am Standort des alten Sommerpalasts überließ.

In der Folge wurden auf dem Friedhof Militärangehörige aus dem gesamten Commonwealth bestattet, die im Ersten Weltkrieg fielen, in dem sich das Osmanische Reich (auf der Seite der Mittelmächte) und England (auf der Seite der Entente) als Feinde gegenüberstanden. So fanden auf dem Friedhof eingeäscherte hinduistische Soldaten wie auch muslimische Inder eine letzte Ruhestätte, die hier inmitten christlicher Kreuze mit Rücksicht auf die in ihrer Religion üblichen Traditionen bestattet wurden. Während der Besetzung Istanbuls durch die Entente-Mächte (1918–1922) wurden auf dem Friedhof auch von türkischen Widerstandskämpfern getötete englische Soldaten beerdigt. Im Zweiten Weltkrieg setzte man gefallene englische und amerikanische Soldaten, meist Angehörige der Luftwaffe, auf dem Friedhof Haydarpaşa bei. Verwaltet und instand gehalten wird er von der Commonwealth War Graves Commission mit Sitz im englischen Berkshire.

Sir Edward Barton: ein Engländer, der an der Seite der Osmanen gegen die Katholiken kämpfte

Sir Edward Barton (1533?–1598), ab 1588 Botschafter von Königin Elisabeth I. im Osmanischen Reich, gilt als Begründer der ersten dauerhaften Vertretung der britischen Krone. In seiner Funktion als Botschafter erbat er die Unterstützung der Osmanen im Krieg gegen Spanien. Als glühender Befürworter einer antikatholischen Allianz begleitete er Sultan Mehmed III. auf dessen Feldzug gegen Ungarn und kämpfte 1596 tapfer an der Seite der Osmanen. Um der 1598 in Istanbul ausgebrochenen Pest zu entkommen, begab er sich auf die Prinzeninsel Heybeliada, wo er später starb und auf dem griechischen Friedhof beigesetzt wurde. Sein Grabstein, der in den 1970er-Jahren auf den Haydarpaşa-Friedhof verbracht wurde, trägt das Wappen seiner Familie sowie einige schöne, für türkische Grabsteine typische Zypressenreliefs.

Hobart Pascha: der erste Ausländer, der zum Marschall der osmanischen Armee ernannt wurde

Augustus Charles Hobart-Hampden (1822–1886), Hobart Pascha genannt, führte nach seiner Laufbahn in der englischen Marine das Leben eines Abenteurers und nahm als solcher insbesondere am Amerikanischen Bürgerkrieg teil. 1867 trat er in den Dienst der Osmanen und erhielt im Rang eines Konteradmirals das Kommando über eine Flotte.

Als solcher schlug er erfolgreich den Aufstand auf Kreta (1869) nieder, woraufhin er zum Pascha erhoben wurde. Im Russisch-Türkischen Krieg (1877/78) blockierte er die russischen Handelsplätze am Schwarzen Meer.

1881 wurde er zum Marschall ernannt – und war damit der erste Christ in der osmanischen Armee, dem dieser Titel zuteilwurde. Hobart-Hampden starb 1886 in Mailand, wohin er sich für eine medizinische Behandlung begeben hatte. Sultan Abdülhamid entsandte ein Schiff, um den Leichnam von Hobart Pascha nach Istanbul zu überführen, damit dieser seinem letzten Willen gemäß auf türkischem Boden auf dem Friedhof Haydarpaşa bestattet werden konnte.

DIE HEMDAT-ISRAEL-SYNAGOGE ⑧

Eine einem muslimischen Sultan gewidmete Synagoge

Hemdat-Israel-Synagoge (Hemdat İsrael Sinagogu)
İzzettin Sk. no:61
Yeldeğirmeni, Rasimpaşa/Kadıköy
Besichtigung mit Genehmigung des Oberrabbinats möglich
0212 293 87 94
seheratilla@yahoo.com
turkyahudileri.com
Metro: Kadıköy

Die Hemdat-Israel-Synagoge ist ein Gotteshaus von außergewöhnlicher Schönheit. Der weite, lichtdurchflutete Innenraum ist mit für die Erbauungszeit typischen ornamentalen Fresken geschmückt und verfügt ganz nach sephardischer Tradition über zwei Eingänge: einen im Norden und einen im Süden. Den Mittelpunkt des Raums bildet ein prachtvoller *Ehal,* ein nach Jerusalem ausgerichteter Tora-Schrein, dessen Türen den Übergang vom irdischen zum spirituellen Dasein symbolisieren. Die Synagoge, die ihre Existenz der persönlichen Intervention von Sultan Abdülhamid verdankt, trägt erstaunlicherweise einen Namen, der diskret auf dessen Namen verweist.

In den 1890er-Jahren verlor die kleine jüdische Gemeinde von Kadıköy ihre Synagoge bei einem Brand und wollte daraufhin am Standort der alten Synagoge einen neuen Bau errichten. Mit diesem Vorhaben stieß sie jedoch auf lebhaften Widerstand der griechischen Gemeinde, die in dem Stadtteil die Mehrheit der Bewohner bildete und an dem fraglichen Ort eine Kirche errichten wollte. Sultan Abdülhamid, der über Eliyas Paşa, seinen persönlichen Augenarzt, von der Sache Wind bekommen hatte, entsandte Soldaten aus der Selimiye-Kaserne, um die Unruhen zu beenden, und stellte den Bau der Synagoge durch das *Ferman* (die Verordnung) vom 14. Januar 1896 unter seinen Schutz. Am 3. September 1899 wurde die Synagoge eingeweiht. Die Ansprachen der jüdischen Honoratioren der Stadt wurden in kulturell bedeutsamen Sprachen gehalten: Türkisch, Judenspanisch und Französisch.

Abdülhamid war als Sultan stets bemüht, ein gewisses Gleichgewicht zwischen den verschiedenen Religionsgemeinschaften seines Reichs zu bewahren. Andererseits konnte eine Begünstigung der Juden zum Nachteil der Griechen angesichts der angespannten Beziehungen zwischen der Hohen Pforte und dem Königreich Griechenland, die 1897 in einen Krieg mündeten, auch als indirekte Botschaft verstanden werden. Schließlich wäre es auch möglich, dass die jüdische Gemeinde einzig rechtmäßige Eigentümerin des Grundstücks war und der Sultan schlicht als Schiedsrichter auftrat. Wie dem auch sei: Die Gemeinde zeigte sich ihrem Wohltäter gegenüber äußerst dankbar und brachte ihre Anerkennung im Namen ihrer neuen Synagoge auf subtile Art zum Ausdruck: Hemdat Israel – eine Anspielung auf den Namen des Sultans (-hamid) und gleichzeitig die hebräische Version des arabischen Wortes *hamd* („Lobpreis, Dank").

DIE KIRCHE ZU EHREN DER HEILIGEN EUPHEMIA

9

Der Sitz des Konzils von Chalkedon im Jahr 451

Griechisch-orthodoxe St.-Euphemia-Kirche (Ayia Efimia Rum Ortodoks Kilisesi), *Yasa Cad. no:27 bzw. Mühürdar Cad. no:27, Osmanağa/Kadıköy*
Zur Sonntagsmesse ab 10 Uhr sowie an orthodoxen Feiertagen, insbesondere am Gedenktag der heiligen Euphemia von Chalkedon (16. September)
Metro: Kadıköy

In der 1832 im neobyzantinischen Stil errichteten St.-Euphemia-Kirche kann rechts vom Vestibül ein interessantes Gemälde bewundert werden, das eine Szene aus dem Konzil von Chalkedon im Jahr 451 zeigt. Dargestellt sind 343 Bischöfe in goldenen Roben sowie zwei in Schwarz gewandete Prälaten, die als Anhänger des Monophysitismus (Lehre der einzigen, göttlichen Natur; s. rechts) verbannt wurden und auf ihren Köpfen in griechischer Schrift ihre Namen tragen: Eutyches und Dioskoros, Patriarch von Alexandrien, vom Konzil abgesetzt, von

der koptischen und den anderen monophysitischen Kirchen jedoch als Patriarch anerkannt und heiliggesprochen. Zudem sind die beiden Prälaten mit dem Epitheton „Monophysiten" versehen.

In der Mitte des Gemäldes ist die heilige Euphemia zu sehen, die im Jahr 303 in Chalkedon unter Kaiser Diokletian ihr Martyrium erlitt, weil sie ihrem christlichen Glauben nicht entsagen wollte. Sie spielte während des Konzils eine entscheidende Rolle: Einige Dokumente über die beiden einander gegenüberstehenden Doktrinen des Monophysitismus und des Dyophysitismus (s. unten) wurden in ihr Grab gelegt. Drei Tage später öffnete man das Grab: In ihrer Rechten hielt die Heilige den orthodoxen Text; der monophysitische Text lag, wie auf der Darstellung zu sehen, zu ihren Füßen. Die Heilige hatte also offenbar ihr Lager gewählt.

Die Existenz des Gemäldes in der St.-Euphemia-Kirche ist kein Zufall. Der Legende nach soll das Gotteshaus exakt an dem Ort erbaut worden sein, an dem die gleichnamige alte Kirche stand, in der 451 das Konzils von Chalkedon stattgefunden hatte. Einige Archäologen vertreten jedoch die Meinung, dass die 1555 zerstörte ursprüngliche Kirche eher in Haydarpaşa stand.

Chalkedon ist der frühere Name von Kadıköy.

Das Konzil von Chalkedon

Auf dem im Jahr 451 durch den byzantinischen Kaiser Markian einberufenen vierten ökumenischen Konzil von Chalkedon (nach den Konzilen von Nicäa 325, Konstantinopel 381 und Ephesos 431) legten sich die orthodoxe, die katholische und die protestantische Kirche in einer lange umstrittenen Frage auf die Zwei-Naturen-Lehre (Dyophysitismus) fest: Ihr zufolge ist Jesus Christus sowohl menschlicher als auch göttlicher Natur.

In der Folge des Konzils, das die Lehre des Monophysitismus von Eutyches (wonach Christus nach der Vereinigung von Göttlichem und Menschlichem nur eine einzige, göttliche Natur habe) ablehnte, kam es zu einem der ersten christlichen Schismen (nach jenem der Nestorianer 431), in dem sich die Kirchen in Syrien, Armenien, Ägypten und Äthiopien von der römischen Reichskirche trennten. Zu diesen auch als vorchalkedonensisch bezeichneten Kirchen zählen diejenigen mit armenischer, syrischer, koptischer und abessinischer liturgischer Tradition. Die armenische Kirche, die in Chalkedon nicht mit von der Partie war, schloss sich dem Schisma erst 506 an.

DAS KROKODIL VON KADIKÖY

⑩

Ein Krokodil zum Gedenken an den antiken Geschichtsschreiber Strabon

Fußgängerzone an der Kreuzung Muvakkıthane Cad./Mühürdar Cad.
Caferağa/Kadıköy
Metro: Kadıköy

Den kleinen Platz von Kadıköy ziert seit 2007 ein flacher Gedenkstein mit einem schwerem Marmorsockel, auf dem ein schön gearbeitetes Bronzekrokodil sitzt. Bei der Inschrift handelt es sich um ein direktes Zitat aus dem mehrbändigen Geschichtswerk *Geographika* des griechischen Geschichtsschreibers und Geografen Strabon (Abschnitt XII/Buch 4 – Bithynien): „Hier nun, an der Mündung des Pontos, liegt Chalkedon, eine Pflanzstadt der Megarer, und der Flecken Chrysopolis und der Chalkedonische Tempel; auch liegt innerhalb des Stadtgebiets die leicht über dem Meer gelegene Quelle Azaritia, welche kleine Krokodile nährt."

Chalkedon ist der frühere Name des heutigen Kadıköy, Chrysopolis wurde später zu Skutarion und schließlich zum heutigen Üsküdar. Strabon lebte in hellenistischer Zeit (etwa 58 v. Chr. – 21–25 n. Chr.) und stammte aus Amaseia, dem heutigen Amasya in der Türkei. Seine umfangreichen *Geschichtlichen Anmerkungen* in 43 Bänden sind heute nur noch bruchstückhaft erhalten. In seiner 17-bändigen *Geographika* zeichnet er jedoch ein getreues Bild des antiken Europas am Übergang vom Hellenismus zur Kaiserzeit. In den Abschnitten über die Türkei liefert die *Geographika* mehrere überraschende Informationen. Der Hinweis auf die Krokodile von Chalkedon/Kadıköy führte nach der Einweihung des Denkmals zu lebhaften Diskussionen. Paläontologen vertreten die Meinung, dass in und um Istanbul zu keiner Zeit Krokodile lebten und es sich bei den von Strabon genannten Tieren eher um große Eidechsen gehandelt haben müsse. Was bleibt, ist das heutige Bronzekrokodil, eine schöne und unerwartete Erinnerung an die frühe Geschichte dieses Orts.

DIE HEILIGE QUELLE DES RESTAURANTS KOÇO

(11)

Eine heilige Quelle in einem alten Restaurant

Restaurant Koço, Moda Cad. no:265, Caferağa/Kadıköy
0216 21 391 07 95
Messe immer montags um 9 Uhr
Tram T3 Kadıköy-Moda ab Kadıköy-Platz, Haltestelle „Moda"

Unter dem bei Einheimischen sehr beliebten und auch auf europäischer Seite für seine Mezze und Fischgerichte bekannten Restaurant Koço befindet sich eine heilige Quelle griechischen oder byzantinischen Ursprungs (Agiasma, s. rechts), die der heiligen Katharina gewidmet ist.

1924 entdeckten griechische Fischer am Ende einer Meeresgrotte in Moda, in der sie häufig Zuflucht suchten, eine Süßwasserquelle. Sie beschlossen, an der Stelle ein Agiasma einzurichten. Der Legende nach sollen bei den Arbeiten die Fundamente einer Kirche sowie eine Ikone der heiligen Katharina zum Vorschein gekommen sein, woraufhin die unterirdische Quelle dieser Heiligen gewidmet wurde.

1950 eröffnete Constantin Corondos über dem Agiasma ein Café-Restaurant, das schon bald für die Qualität seiner Speisen und die Großzügigkeit des Inhabers berühmt wurde. Nach dessen Tod übernahmen Griechen von der Insel Imvros (seit 1970 Gökçeada, Geburtsort des aktuellen Patriarchen Bartholomeos I.) das Restaurant. Die Inhaber haben gewechselt, der Servicechef Athanasiou ist noch immer ein Grieche von Imvros, der hier seit 1950 arbeitet. Auch der Küchenchef Halil Bey ist schon lange hier tätig. In Erinnerung an seinen Gründer Constantin trägt das Restaurant trotz mehrerer Inhaberwechsel noch heute den Namen Koço.

Im Koço gehen Frömmigkeit und Schlemmerei Hand in Hand: Der Weg zum Gebet an der Quelle führt durch das Restaurant; um in den Garten des Restaurants zu gelangen, muss man an der Quelle vorbei.

Wie an allen heiligen Quellen von Istanbul ist auch das Agiasma der heiligen Katharina bei Muslimen bekannt, die hier Kerzen anzünden und montags der Messe beiwohnen, die vom Priester der Metropolitankirche von Kadıköy gelesen wird.

Agiasmen

Der Begriff „Agiasma" (türk. *ayazma*) geht auf das griechische *(h)ag(h)ios,* „heilig" zurück. Als Agiasma wird eine heilige Quelle bezeichnet, der in der orthodoxen griechischen Tradition eine therapeutische und spirituelle Wirkung nachgesagt wird. In Istanbul gibt es zahlreiche solcher Quellen, die auch heute noch Besucher anziehen und verschiedenen Straßen oder Wasserläufen ihren Namen gaben. In Üsküdar gibt es sogar eine gleichnamige Moschee (άγιος), an deren Standort sich einst vermutlich ein altes Agiasma befand, worauf nicht zuletzt ihre großen Zisternen hindeuten. Ein Agiasma kann für sich allein stehen oder Teil eines größeren kirchlichen oder klösterlichen Komplexes sein.

Da die griechische Gemeinde von Istanbul heute nicht mehr allzu viele Mitglieder zählt, sind die Kirchen nicht immer geöffnet. Wer ein Agiasma besuchen möchte, tut dies also am besten sonntags zur Feier des Gottesdiensts. Doch Achtung: Aufgrund schwindender Mitgliederzahlen und fehlender Priester wird in einigen Kirchen sonntags keine Messe mehr gelesen. In der Kirche Agios Dimitrios bzw. St.-Demetrios-Kirche (Kuruçeşme), bekannt für ihr Agiasma aus byzantinischer Zeit, liest ein Pope immer samstags die Messe (s. S. 150). Besucher aller Religionen und Glaubensrichtungen erbitten im Gebet Heilung von Krankheit oder Leid oder schlicht geistlichen Rückhalt. Das Wasser des Agiasmas spielt bei allen Ritualen die zentrale Rolle. Es soll körperliche und andere Leiden lindern und kann direkt abgefüllt werden. Das Wasser aus der heiligen Quelle von Balıklı (s. S. 124) ist besonders beliebt.

Manchmal sind Agiasmen am Standort früherer heidnischer Heiligtümer zu finden, was möglicherweise auf die Verehrung von Wassergottheiten wie den Nereiden zurückzuführen ist. Einige Quellen wurden jedoch auch erst später zu heiligen Quellen: In der ersten Hälfte des 19. Jahrhunderts entstand so, unter dem toleranten und sogar wohlwollenden Auge der osmanischen Behörden, eine ganze Reihe neuer Agiasmen. Ungeachtet der Tatsache, dass die mit ihnen verbundenen Rituale kaum mit dem orthodoxen Islam vereinbar zu sein scheinen, waren und sind die muslimischen Türken eifrige Besucher der griechisch-orthodoxen Agiasmen. Eine unterbewusste Reminiszenz an die heiligen Quellen und Flüsse des Schamanismus?

Der nördliche Bosporus

① DER OVID-TURM VON USKUMRUKÖY 244
② DIE POMPEIUSSÄULE 246
③ DAS GRAB VON SARI SALTUK 248
④ DAS MAUSOLEUM VON TELLİ BABA 250
⑤ DAS GRAB VON JOSUA 252
⑥ DER TUNNEL DES YPSILANTIS-PALASTS 254

⑦ DAS GRAB DES MARSCHALLS VON DER GOLTZ *256*

⑧ DAS YALI DER SCHERIFEN VON MEKKA *258*

⑨ BORUSAN CONTEMPORARY *260*

⑩ DER GRUNDRISS DER FESTUNG RUMELİ HİSARI *262*

⑪ EIN BRUNNEN IN FORM EINES KOHLKOPFS *264*

DER OVID-TURM VON USKUMRUKÖY

①

Auf den Spuren des großen römischen Dichters im Exil

Ovid-Turm (Ovidius Kulesi), *Atlas Çiçeği Sk. no:3, Uskumruköy, Küplüce/Üsküdar (europäisches Schwarzmeerufer)*
Mit dem Auto: Fahren Sie nach Sarıyer und folgen Sie den Hinweisschildern in Richtung „Kilyos" und dann weiter nach „Uskumruköy"
ÖPNV: An der letzten Metro-Haltestelle (Hacıosman) aussteigen, von dort aus weiter mit dem Bus oder dem Minibus von Kısırkaya (alle 15 Min.) nach Uskumruköy

Der alte quadratische Turm in der Ortschaft Uskumruköy (wörtl. „Makrelendorf") trägt den Namen „Ovid-Turm" und stammt aus dem 13. oder 14. Jahrhundert. Die großen, sorgfältig aufgeschichteten Steine, die sein Fundament und einen deutlichen Gegensatz zu den vielen kleinen, unregelmäßig aufgeschichteten Steinen darüber bilden, scheinen hingegen von seinen römischen Ursprüngen zu Lebenszeiten des großen Dichters (43 v. Chr.–17 n. Chr.) zu zeugen. Dieser soll in dem von den Byzantinern oder vielleicht den Genuesern zur Überwachung der Schwarzmeermündung wieder aufgebauten Turm inhaftiert gewesen sein.

Der Aufenthalt von Ovid in dieser Gegend auf dem Weg ins Exil im heutigen Rumänien ist belegt. Im Jahr 8 n. Chr. hatte Kaiser Augustus Ovid nach Tomi (heute nördlich von Constanţa) an die Ufer des *Pontos Euxeinos* (des Schwarzen Meers) verbannt. Die Gründe dafür liegen im Dunkeln: War es sein unmoralisches Werk *Die Kunst der Liebe (Ars amatoria)*, in dem er die Geschichte der unehelichen Liaison von Augustus' Tochter Iulia erzählt, oder die Tatsache, dass Ovid Augustus in eindeutiger Situation mit einem Jüngling überraschte? Ovid verbrachte seinen Lebensabend auf einer Insel nahe der Küste, auf der er seine letzten Werke, die *Tristia* und die *Epistulae ex Ponto*, verfasste und auch seine letzte Ruhestätte fand.

DIE POMPEIUSSÄULE

②

Erinnerungen an die Durchreise von Jason und den Argonauten

Pompeiussäule (Pompeius Sütunu)
Rumelifeneri/Sarıyer
Bus 150 ab Metro-Haltestelle Hacıosman

Neben dem Restaurant an der Mole von Rumelifeneri führt ein steiler Pfad auf die Spitze eines Felsens. Hier ragt eine Marmorsäule griechischen Ursprungs in den Himmel auf, die sich einst der römische General Pompeius zu eigen machte.

Die Säule trägt eine Inschrift in lateinischer Sprache und ist mit Bukranien (griech. βουκράνιον, „Rinderschädel") verziert, einem gängigen Motiv der klassischen griechischen Architektur; es erinnert an die Rinderschädel, die einst nach Tieropfern an den Mauern der Tempel zu sehen waren. Die Pompeiussäule scheint das letzte griechische Relikt der Stadt zu sein. Sie ist vollständig erhalten und befindet sich noch immer an ihrem ursprünglichen Standort.

Berühmt wurde der Ort jedoch durch Jason. An der Einmündung des Bosporus in das Schwarze Meer liegen Felsen, die sogenannten Kyaneen (griech. *kyanos*, „dunkelblau"), die den antiken Dichtern zufolge einst im Meer schwammen und von den Göttern dazu bestimmt waren, die Mündung des *Pontos Euxeinos* (des Schwarzen Meers) vor der Neugier weltlicher Blicke zu schützen. Vermutlich geht diese Wahrnehmung auf mehrere stark umbrandete, zackenförmige Felsen zurück. Eine symmetrische Felsengruppe liegt auf asiatischer Seite. Auf der Reise der Argonauten gelang es Jason mithilfe einer List, das Schiff *Argo* zwischen diesen Felsen, die sich bei der Durchfahrt zu schließen drohten, hindurchzunavigieren: Er entsandte zunächst eine Taube, um herauszufinden, wie lange die Felsen geöffnet blieben. Die Taube gelangte mit Müh und Not hindurch, und als sich die Felsen wieder öffneten, ruderten die Argonauten selbst rasch hinterher. Gemäß der Sage hörte die Bewegung der Felsen in diesem Moment auf.

Die Hexe Medea vergiftete während der Verfolgung Jasons eines Tages die Quelle, an der die Argonauten (darunter Theseus, Orpheus, Castor, Pollux und Herkules) ihren Durst stillten. Die Göttinnen Hera und Athene verwandelten die vergiftete Quelle daraufhin in eine therapeutische Quelle, die den Namen *Therapia* erhielt (heute Tarabya).

DAS GRAB VON SARI SALTUK ③

Das Grab eines Heiligen in einem Leuchtturm

Leuchtturm (Rumeli Feneri), *Rumelifeneri/Sarıyer*
Täglich 9–17 Uhr (beim Leuchtturmwärter klingeln)
Bus 150 ab Metro-Haltestelle Hacıosman

Der Leuchtturm von Rumelifeneri wurde in den Jahren 1855/56 erbaut, um während des Krimkriegs (1853–1856) den englischen und französischen Flotten die Durchfahrt in Richtung Krim zu erleichtern. In seinem Inneren beherbergt er das Grab von Sarı Saltuk – besser gesagt, eines der zahlreichen Gräber, die dem Heiligen (s. rechts) im Volksglauben zugesprochen werden.

Der Eingang zur Krypta, in der das Grab liegt, befindet sich rechts von der Treppe hinauf zum Leuchtturm. Das am Kopfende des Sarges des Heiligen eingravierte Datum (1204 der Hidschra, 1789/90 nach julianischem Kalender) widerspricht der Legende, wonach das Grab gefunden wurde, nachdem ein Dorfbewohner dessen genauen Standort im Traum gesehen haben soll. In Wahrheit ist vor dieser Zeit nichts über das Grab bekannt. Der Legende nach blieben die ersten Versuche eines französischen Unternehmens, den Leuchtturm zu errichten, ohne Erfolg. Dieser stürzte ohne erkennbaren Grund ein. Welche Rolle spielte das Grab des Heiligen dabei? Zweifelnd wurde beschlossen, über dem Grab ein kleines Mausoleum zu bauen. Der erneut aufgenommene Bau des Leuchtturms verlief im Anschluss daran reibungslos.

Der Ort Rumelifeneri wurde während der Balkankriege (1912/13) und im Ersten Weltkrieg durch Bombenangriffe verwüstet. Der Leuchtturm als strategisches Ziel ersten Ranges blieb hingegen unberührt. Die Leuchtturmwärter hatten zudem die Angewohnheit, Holzpantinen neben das Grab zu stellen, damit der Heilige seine Waschungen für das Nachtgebet vornehmen konnte. Morgens waren oft die Schuhe nass …

Sarı Saltuk wurde zu einer Art Schutzheiligen der örtlichen Fischer, die vor der Ausfahrt seinen Segen erbaten. Dem Grab sowie der kleinen Quelle neben dem Leuchtturm sagte man therapeutische Wirkung nach – eine interessante Parallele zu dem Grab von Sarı Saltuk in Rumänien, neben dem auf beiden Seiten ebenfalls Brunnen mit therapeutischem Wasser liegen, sowie zu der Biografie des Heiligen (*Saltuknâme,* s. unten), die davon berichtet, dass Sarı Saltuk auf wundersame Weise Wasser aus der Erde sprudeln ließ.

Sarı Saltuk

Sarı Saltuk, ein legendärer Derwisch, der im ausgehenden Mittelalter als Soldat eine bedeutende Rolle bei der Eroberung und Islamisierung Anatoliens und des Balkans spielte, wird vor allem von den heterodoxen Aleviten und Bektaschiten verehrt. Seine kriegerischen Meriten werden meist auf das 13. Jahrhundert datiert; die meisten ihm zugewiesenen Gräber liegen jedoch auf dem Balkan, dessen Eroberung erst zu Beginn des 14. Jahrhunderts begann. Saltuk gehörte zu einer Gruppe Turkmenen, die vom byzantinischen Kaiser Michel VIII. (13. Jahrhundert) damit beauftragt worden waren, die nördlichen Reichsprovinzen zu schützen.

Die 1480 verfasste mythologische Biografie über Sarı Saltuk, das berühmte Werk *Saltuknâme,* gibt für den Heiligen zwölf Grabstellen an. In der Tat hatte Sarı Saltuk bereits zu Lebzeiten vorhergesagt, „Könige und Herrscher würden sich seines Grabes bemächtigen wollen". In seinem Testament verfügte er daher, dass zwölf leere Särge vorbereitet werden sollten. Jeder Herrscher, der einen Sarg erhielt, glaubte darin den Leichnam Sarı Saltuks zu sehen, und setzte ihn in seinem Reich bei. Das *Saltuknâme* nennt Tatarien, die Walachei, Moldau, Russland, Ungarn, Polen, Bosnien und Kroatien als die Länder, die die Särge verlangten. Der echte Leichnam wurde hingegen in Babadag in der rumänischen Dobrudscha bestattet, wenngleich heute mehr als zwölf Orte für sich beanspruchen, das echte Grab zu besitzen, darunter Babaeski (nahe Edirne), İznik (Nicäa), Diyarbakır, Tunceli, Bor (Niğde) und Alaşehir in der Türkei, Ohrid in Mazedonien, Kruja in Albanien und der wunderschöne Derwischkonvent an der Quelle des Flusses Buna in Blagaj in Bosnien-Herzegowina.

Zu den Besuchern der Gräber des Sarı Saltuk zählen sowohl Muslime als auch Christen. Dies zeugt von einem religiösen Synkretismus, der auf dem Balkan und in Anatolien allgegenwärtig ist. In einigen Traditionen des Balkans wird Sarı Saltuk als der heilige Spyridon, Schutzpatron der griechischen Insel Korfu, verehrt.

DAS MAUSOLEUM VON TELLİ BABA

④

Der Heilige mit den Goldfäden

Telli-Baba-Mausoleum (Telli Baba Türbesi), *Karakütük Cad. no:27, Yeni/Sarıyer*
An der Küstenstraße zwischen Sarıyer und Rumelikavağı (nicht: Rumelifeneri!)
Täglich 9–18 Uhr
Bus: Telli Baba

Eng an das steile Ufer des Bosporus geschmiegt, liegt das Mausoleum von Telli Baba. Der Weg zu dem ungewöhnlichen Ort, von dem aus sich ein herrlicher Blick in Richtung Schwarzes Meer bietet, führt über eine schmale Treppe. Der Sarkophag ist mit einer dicken Schicht Goldfäden bedeckt, die Besucher hier abgelegt haben. Er wird vor allem von jungen Mädchen aufgesucht, die von der Heirat träumen, sowie von jungen Paaren, die Telli Baba am Tag ihrer Hochzeit um ein langes Leben, Wohlstand und Glück bitten. Das – aus orthodoxer islamischer Sicht problematische – Ritual besteht darin, einen Goldfaden vom Sarg des Heiligen zu nehmen. Wurde der Wunsch erhört, kehrt der Besucher zurück, um seinen Faden zum Dank wieder abzulegen. Je kürzer der Faden, desto schneller wird der Wunsch erfüllt, so sagt man.

Die Herkunft des Heiligen ist umstritten. Einigen Quellen zufolge war Telli Baba ein Imam in der Armee von Mehmed dem Eroberer namens Abdullah Efendi, der während der Belagerung Konstantinopels sein Martyrium erlitt. Sein Grab soll achtzig Jahre nach der Eroberung auf Hinweis eines kranken und auf wundersame Weise geheilten Mädchens entdeckt worden sein, dem Baba im Traum erschienen war.

Für andere handelt es sich dagegen um eine junge byzantinische Ordensschwester, die sich in einen türkischen Fischer verliebte und ertrank, als sie über das Meer aus dem Kloster fliehen wollte. An ihrem Grab wurden Goldfäden niedergelegt, wie man es mit ihrer Haube getan hätte, wenn ihr die Heirat gelungen wäre. Nach und nach verschwand das Grab unter immer mehr Goldfäden und mit der Zeit wusste niemand mehr, ob sich darunter eine Heilige oder ein Heiliger befand.

Die vier spirituellen Wächter des Bosporus

In der Tradition der Seeleute zählt Telli Baba zu den vier Schutzheiligen, die die Einmündung des Bosporus bewachen und deren Gräber vom Meer aus auf den umliegenden Hügeln gut auszumachen sind. Südlicher Teil: Aziz Mahmud Hüdai (Üsküdar) und Yahya Efendi (Ortaköy). Nördlicher Teil: Telli Baba und Yuşa (Josua) (s. S. 252). Handelt es sich bei den südlichen Wächtern um historisch belegte Personen, so gehen die nördlichen eher auf die antike Tradition zurück.

DAS GRAB VON JOSUA

⑤

Das Rätsel um das Grab des Propheten Josua

Josua-Hügel (Yuşa Tepesi), *Hz. Yuşa Tepesi, Anadolu Kavağı/Beykoz*
Abzweigung von der Doğu Kapısı Cad. (zwischen den Orten Beykoz und Anadolu Kavağı)
Von Beykoz am asiatischen Nordufer des Bosporus ein Taxi nehmen
Anfahrt mit dem Bus möglich, aber langwierig
Oder von Rumeli Kavağı auf europäischer Seite die Fähre nach Anadolu Kavağı nehmen. Dabei bietet sich Gelegenheit, den schönen Ort Anadolu Kavağı und die genuesische Burgruine Yoros kalesi *(die in Wahrheit byzantinisch ist) zu besichtigen. Von dort aus weiter mit dem Taxi zum „Riesengrab"*

Der Yuşa Tepesi ist mit seinen 198 Metern nach dem Camlıca die zweithöchste Erhebung am Bosporus und bietet ein atemberaubendes Panorama: Bei schönem Wetter sieht man im Süden bis zur

historischen Halbinsel von Istanbul, im Norden kann man die Einmündung des Bosporus in das Schwarze Meer mit seinen furchterregenden und zugleich betörenden Weiten erkennen.

Seinen Namen verdankt der Ort einem imposanten Grab mit einer Länge von knapp zehn Metern, dem „Riesengrab" *Hazreti Yuşa Türbesi* (Grabmal des heiligen Josua), bei dem es sich um das Grab des alttestamentarischen Propheten Josua handeln soll. In der Bibel tritt Josua sowohl im 2. Buch Mose (Exodus) als auch im Buch Josua auf. Er wird beschrieben als tapferer Militärchef und feinsinniger Stratege, der seine Männer von Sieg zu Sieg führte. Seinen bedeutendsten Sieg errang er mit der Eroberung Jerichos.

Da Josua im Islam unter dem Namen Yuşa bekannt ist, dient das Grab auch zahlreichen Muslimen als Pilgerort. Im Koran findet Josua implizit Erwähnung: In der Sure *al-Kahf* („die Höhle") ist er der Diener Mose (18:60).

Bisweilen wurde der Ort auch als das Bett des Herkules oder des Riesen Amykos (Sohn des Poseidon) identifiziert, der auf der Reise der Argonauten von Pollux getötet wurde. In der Antike befand sich über dem Grab Josuas ein Zeus-Altar. In byzantinischer Zeit ließ Justinian die heidnische Weihestätte in eine Kirche zu Ehren des heiligen Michael umwandeln. Diese wurde schließlich unter den Osmanen islamisiert und 1755 bzw. 1863/64 um eine Moschee ergänzt.

Jedes Jahr begeben sich Scharen von Pilgern an das Grab, dem wundersame Tugenden zugeschrieben werden, in der Hoffnung auf Heilung. Dass ein Gitterzaun sie vom eigentlichen Heiligtum fernhält, stört sie offenbar nicht.

In der Rabbinerliteratur wird Josua als wahrer Riese beschrieben. Einige Historiker jedoch hegen Zweifel, ob Josua tatsächlich hier bestattet ist. Sie vermuten schlicht eine Namensverwechslung zwischen Jesus und Josua (eine christliche Legende besagt, dass genau an diesem Ort der Teufel versucht habe, Jesus in Versuchung zu führen). Andere Historiker wiederum sind der Auffassung, dass das Missverständnis von einer Verwechslung zwischen dem hebräischen Namen des Propheten Josua *(Jehoshua)* und dem Umstand herrührt, dass der Hügel phönizischen Schiffen als Orientierungspunkt für die Einfahrt in den Bosporus diente und die Seefahrer so gewissermaßen vor den gefährlichen Gewässern dieser Region „rettete" (ebenfalls *jehoshua* auf Hebräisch).

> „Großartig ist's vom ‚Riesengrab' gesehn, / Wie diese Fluten zwischen den Gestaden / Des Bosporus, indes wir trocken stehn, / Europa hier, dort Asien peitschend baden"
> (Lord Byron in *Don Juan*, 1819).

DER TUNNEL DES YPSILANTIS-PALASTS

6

Ein Spuk-Yalı aus der Zeit des griechischen Aufstands

Französisches Gymnasium Pierre Loti (Lycée Français Pierre Loti d'Istanbul)
Haydar Aliyev Cad. no:128, Tarabya/Sarıyer
Besichtigungstermin vereinbaren unter 0212 299 94 00 oder per E-Mail an secret@pierreloti.k12.tr
Bus: Marmara Üniversitesi (andere Möglichkeit: Metro bis Endhaltestelle Hacıosman und weiter mit dem „Dolmuş" [Sammeltaxi])

Nur das große, rosa gestrichene Gebäude an der Küstenstraße bei Kireçburnu ist von dem prachtvollen alten Yalı (einer für diese Gegend typischen Sommerresidenz mit Bootsanlegestelle) übrig geblieben, das einst im Besitz der Familie Ypsilantis stand. Einige Mitglieder der Familie – einflussreiche Phanarioten, die von den adligen byzantinischen Komnenen abstammen sollen – erlangten durch ihre Rolle während des griechischen Aufstands Berühmtheit.

Der sprachkundige Alexander Ypsilantis (1726–1806) durchlief eine brillante Karriere als Groß-Dragoman (offizieller Dolmetscher) der Hohen Pforte. Später wurde er zum Woiwoden (Gouverneur der autonomen Fürstentümer) von Moldau und der Walachei ernannt, wo er eine Verschwörung gegen das Osmanische Reich anzettelte, die später im griechischen Aufstand mündete. Im Russisch-Türkischen Krieg geriet er 1787 in osmanische Gefangenschaft. Er wurde begnadigt und erhielt seine früheren Funktionen zurück, kam jedoch der Festnahme wegen Hochverrats und dem Tod im Gefängnis durch seinen Rücktritt zuvor.

Sein Sohn Konstantin übernahm seinen Posten als Groß-Dragoman und Woiwode der Walachei. Als er vom General und französischen Botschafter Sebastiani 1806 abgesetzt wurde, floh er ins russische Exil. Seinem Sohn, der ebenfalls Alexander hieß, kam später eine entscheidende Rolle in der nationalistischen griechischen Bewegung und allgemein der Erhebung des Balkans zu. Sultan Selim III. ließ sich von Sebastianis Idee, gemeinsame Sache mit Napoleon zu machen, hinreißen und schenkte dem illustren Militär und Diplomaten 1807 das Yalı zur Nutzung als Sommerresidenz des französischen Botschafters. Das Yalı war ständig dem vom Schwarzen Meer wehenden Nordostwind (Poyraz) ausgesetzt, und das Hauptgebäude wurde 1913 bei einem Brand stark beschädigt. Bei den heutigen Bauten, die auf die Mitte des 19. Jahrhunderts datiert werden können, handelt es sich um Nebengebäude, die dem Ersten Sekretär und den Dragomanen der Botschaft als Büroräume dienten.

Es geht das Gerücht, dass der Geist von Alexander Ypsilantis in den Gärten und Räumen seines alten Palasts spukt. Von den Gebäuden, die einen fantastischen Ausblick auf den Bosporus und das Schwarze Meer bieten, geht ein melancholischer Charme aus.

In einem meerseitig gelegenen Winkel des Gartens ist der Tunnel zu erkennen, über den einst Waffen und die geheime Korrespondenz der Ypsilantis den Palast verließen (s. Foto).

Ein Stück weiter die Straße nach Norden hinauf bietet sich in Kireçburnu die Gelegenheit, links traditionelle Backwaren (*Tarihi Kireçburnu Fırını*) oder rechts am Meer in dem für seine außergewöhnlichen Vorspeisen bekannten Restaurant Set Fisch und Meeresfrüchte zu genießen.

DAS GRAB DES MARSCHALLS VON DER GOLTZ

7

Die Zeit der harmonischen Koexistenz von Islam und Christentum

Deutscher Soldatenfriedhof in Tarabya, Sommerresidenz des deutschen Botschafters (Almanya Sefareti Tarabya Yazlık Rezidansı)
Yeniköy Cad. no:88, Tarabya/Sarıyer
Montag bis Freitag 8–15 Uhr (am Wochenende geschlossen)
Kontakt über das deutsche Generalkonsulat
0212 334 61 39 / 0212 299 26 61
info@istanbul.diplo.de

Auf dem deutschen Soldatenfriedhof in Tarabya liegt das Grab des preußischen Generals Colmar von der Goltz, der unter osmanischer Fahne diente. Interessant an der Ruhestätte ist das mit einem kleinen teutonischen Kreuz versehene große steinerne Kreuz, das von einem bronzenen Blätterkranz umrankt wird, auf dem mit Halbmond und Stern die Symbole der türkischen Flagge thronen. Am Fuß des Kreuzes befindet sich eine osmanische Inschrift. Eine solche Vermischung christlicher und muslimischer Symbole findet man selten; sie ist aber ein Zeichen dafür, dass die Religionen einander nicht immer, wie gern in Vorurteilen verbreitet, feindlich gegenüberstanden.

Colmar Freiherr von der Goltz (1843–1916) trat 1883 in die osmanische Armee ein, um sie zu reorganisieren. Zurück in Deutschland und 1911 zum Generalfeldmarschall befördert, wurde er wiederum in den osmanischen Generalstab entsandt, um dort das Heereskommando in Mesopotamien zu übernehmen. Er starb während der Belagerung von Kut (wo er britische Truppen eingeschlossen hatte, die sich schließlich in Scharen seinem Nachfolger Halil Paşa ergaben) an Typhus. Die Bronzegirlande ist „dem Müschir [Marschall des Osmanischen Reichs] von der Goltz" als Zeichen der Anerkennung seiner Dienste für die Türkei gewidmet. Ein diskretes und konfessionell neutrales Gebet wünscht ihm ewige Ruhe.

IN DER UMGEBUNG

Der Obelisk für Graf von Moltke

Ein imposanter Obelisk auf demselben Friedhof ist Helmuth Graf von Moltke gewidmet, einem preußischen Offizier, der auf Ersuchen von Sultan Mahmud II. in den 1830er-Jahren als Militärberater in das Osmanische Reich kam. Zurück in Preußen durchlief Moltke eine steile Karriere und wurde 1857 zum Generalstabschef ernannt. Er gilt als Architekt des preußischen Sieges gegen Frankreich im Jahr 1870, der den Weg für die deutsche Einigung 1871 ebnete. Mit seinen *Briefen über Zustände und Begebenheiten in der Türkei aus den Jahren 1835 bis 1839* erlangte er literarische Berühmtheit. Als großer Intellektueller verfolgte er Pläne für einen zweiten Feldzug auf Paris, wo sich starker Widerstand zu formieren drohte. In Istanbul lebte Moltke bei einem armenischen Bürokraten, dessen großes dunkelrotes Holzhaus am Meer auf wundersame Weise die Zeit überdauert hat (Arnavutkoy Cad. no:5 in Kuruceşme).

Der Großneffe von Helmuth von Moltke, Helmuth James Graf von Moltke, kam gegen Ende des Zweiten Weltkriegs nach Istanbul, um mit den Westalliierten im Rahmen einer Verschwörung gegen Hitler geheime Verhandlungen zu führen.

DAS YALI DER SCHERIFEN VON MEKKA

8

Auf den Spuren von Lawrence von Arabien

Yalı der Scherifen (Şerifler Yalısı), *Emirgan Mektebi Sk. no:7, Emirgan/Sarıyer*
Besichtigung über den „Verband der historischen Städte" (Tarihi Kentler Birliği)
0212 323 31 32
info@tarihikentlerbirligi.org
Bus: Emirgân/Çınaraltı

Das Yalı der Scherifen *(Şerifler Yalısı),* einst Wohnsitz der arabischen Dynastie der Scherifen von Mekka, beherbergt heute den Sitz des „Verbands der historischen Städte" *(Tarihi Kentler Birliği),* Mitglied des auf den Schutz architektonischer Kulturdenkmäler spezialisierten europäischen Verbands der historischen Städte.

Nach vorheriger Anmeldung kann der prachtvolle Palast am Ufer des Bosporus besichtigt werden, der gegen Ende des 18. Jahrhunderts von Anton Ignaz Melling (1763–1831) erbaut wurde, einem Elsässer, der achtzehn Jahre als Architekt, Juwelier, Modeschöpfer, Maler und Kunststecher im Dienst der Osmanen stand. 1803 veröffentlichte Melling in Paris *Die malerische Reise von Konstantinopel und die Banken des Bosporus,* woraufhin er auf Empfehlung von Talleyrand zum Landschaftsmaler von Kaiserin Joséphine ernannt wurde.

Im Jahr 1894 kaufte Şerif* Abdullah Paşa, Emir von Mekka, das Yalı. Nach dem Tod des Propheten Mohammed war der Schutz der Heiligen Stätten des Islam seinen Nachfolgern anvertraut worden, und die „Scherifen von Mekka" wurden zu den Wächtern der Stadt. Auch nach der Eroberung der Heiligen Stätten des Islam durch das Osmanische Reich nahmen sie diese Funktion über den aus ihren Reihen bestimmten Emir von Mekka zumindest nominell wahr. Gegen Ende des 19. Jahrhunderts gestaltete sich die Situation der Scherifen von Mekka angesichts nationalistischer Tendenzen, die das Reich zu zersetzen begannen, zunehmend prekär. Um sich ihrer Loyalität zu vergewissern, sprach Sultan Abdulhamid II. eine „Einladung" nach Istanbul aus, überhäufte sie mit Ehrerbietungen, Geschenken – und nötigte sie zu einer Art Zwangsaufenthalt unter dem strengen Auge seiner Geheimpolizei.

Auch Hussein ibn Ali, 1853 in Istanbul geboren, lebte so im Yalı der Scherifen, bis er in der Arabischen Revolte aktiv wurde. 1908 wurde er Großscherif von Mekka, mitten in der Revolution der Jungtürken, deren ungezügelter türkischer Nationalismus ihn in die Arme des arabischen Nationalismus trieb. Zu Beginn des Ersten Weltkriegs hielt Hussein der Hohen Pforte zum Schein die Treue. Gleichzeitig begann er, geheime Verhandlungen mit den Engländern zu führen, von denen er die Anerkennung eines arabischen Kalifats und eines arabischen Staats mit ihm als König forderte. Die Arabische Revolte gegen das Osmanische Reich nahm 1916 – mit Unterstützung des britischen Geheimagenten „Lawrence von Arabien" – ihren Anfang.

Doch es lief nicht nach Plan. Frustriert von den Mandaten, mit denen die Siegermächte Frankreich und Großbritannien die arabischen Gebiete untereinander aufteilten, rief sich Hussein 1924 zum Kalifen aus, zwei Tage nach Abschaffung des Kalifats durch das türkische Parlament. Die Saudis verwehrten Husseins Kalifat die Anerkennung und nahmen die Heiligen Stätten des Islam ein. Von den Briten im Stich gelassen, floh Hussein nach Zypern, bevor er sich in dem von seinem Sohn Abdullah regierten Königreich Jordanien niederließ. 1931 starb er in Amman. Sein Leichnam wurde nach Jerusalem überführt und auf dem Ölberg bestattet.

* *Şerif/Scherif: Nachkomme des Propheten Mohammed*

BORUSAN CONTEMPORARY ⑨

Ein Museum für moderne Kunst, in dem alte Geister spuken

Palais von Yusuf Ziya Paşa (Yusuf Ziya Paşa [Perili] Köşkü/Yalısı)
Balta Limanı Hisar Cad. no:5, Rumelihisarı/Sarıyer
Bus: Rumelihisarı
Besichtigung der Kunstsammlung: Samstag und Sonntag 10–20 Uhr
borusancontemporary.com/anasayfa.aspx

Der im Stahl-, Logistik- und Energiesektor tätige Industriekonzern Borusan folgt einem in der Unternehmenswelt seltenen Ansatz: Seit 2011 öffnet seine im Palais von Yusuf Ziya Paşa (*Perili Köşk,* s. unten) gelegene Firmenzentrale am Wochenende ihre Türen für Besucher. Freitagabends werden die Schreibtische geräumt, um Platz für ausgewählte zeitgenössische Kunstausstellungen zu schaffen. Das Museum verfügt über ein Café, einen „Artstore" sowie über Terrassen, die einen sehr schönen Ausblick über den Bosporus bieten.

Der Perili Köşk – *die Villa der Feen*

Der *Perili Köşk* („verzaubertes Haus", „Haus der Feen") wurde 1910 für Yusuf Ziya Paşa erbaut, einen Adjutanten des Khediven von Ägypten, damals Vasallenstaat des Osmanischen Reichs.
Während des Ersten Weltkriegs wurden die Bauarbeiten unterbrochen und das zweite und dritte Stockwerk blieb jahrelang unbewohnt, was Anlass für zahlreiche Legenden in Zusammenhang mit der ersten Frau von Yusuf Ziya Paşa gab: Diese war von atemberaubender Schönheit und seiner Meinung nach wohl ein wenig zu empfänglich für den Charme junger Offiziere, sodass ihr Mann sich gezwungen sah, sie im Haus einzusperren. Die unfreiwillige Einsiedlerin, im Türkischen beschrieben als „schön wie eine Fee", zog jedoch weiter junge Galane in ihren Bann. Der kriegsmüde Yusuf Paşa brachte sie nach Ägypten, wo sie schließlich starb. Gemäß ihrem Testament wurden Steine aus dem Turm des Gebäudes für den Bau ihres Grabes in Ägypten verwendet.
Yusuf Ziya Paşa heiratete in zweiter Ehe Nebiye Hanım und wohnte mit ihr bis zu seinem Tod 1926 in seinem Palais. Seine drei Töchter lebten dort bis 1993.
In den 1990er-/2000er-Jahren ließ Borusan das Palais aufwendig sanieren; Reproduktionen der Originalsteine wurden in England in Auftrag gegeben. Doch bei den Arbeiten gab es Schwierigkeiten, denn die abergläubischen Arbeiter aus dem tiefsten Anatolien unterbrachen ihre Arbeit immer wieder aus Angst vor den vielen Geistern, die in dem Gebäude herumspukten, in dem noch ein Klavier und ein Spiegel aus Zeiten des Paschas und seiner ersten Frau verblieben waren. Der Legende nach soll man beim Blick in den Spiegel die erste Frau des Paschas gesehen haben …

DER GRUNDRISS DER FESTUNG RUMELİ HİSARI ⑩

Der Grundriss einer Festung, der von oben gelesen „Mohammed" auf Arabisch ergibt

Rumeli Hisarı („Rumelische Festung")
Yahya Kemal Cad. no:42, Rumelihisarı/Sarıyer
Bus: Rumelihisarı

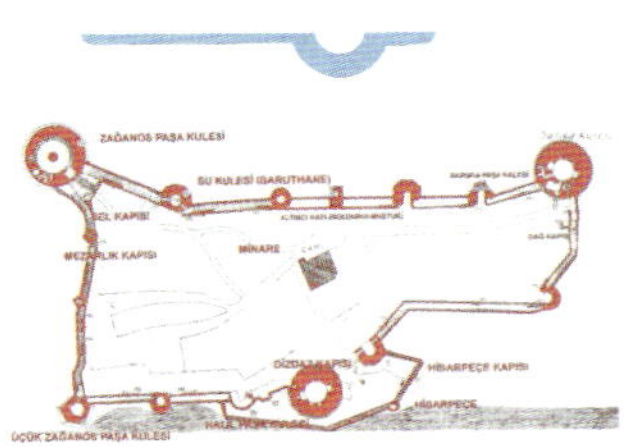

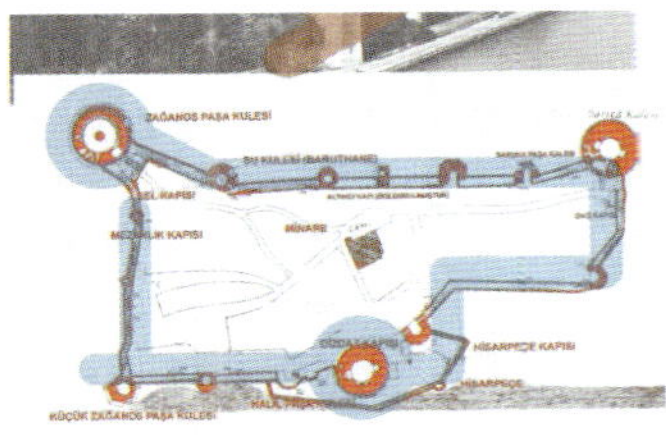

Die Festung Rumeli Hisarı wurde von Mehmed dem Eroberer am Vorabend der Belagerung Konstantinopels 1453 erbaut, um der umschlossenen Stadt die militärischen Versorgungswege aus den Genueser Kolonien auf der Krim oder im Kaiserreich Trapezunt an der südöstlichen Schwarzmeerküste abzuschneiden.

Um den aus militärischen Gründen sehr schnell errichteten Bau rankt sich eine Legende, die unmittelbar mit der Legende um die Gründung Karthagos verbunden ist. Evliya Çelebi (1611–1682) zufolge, dem Autor des wunderbaren Reise- und Geschichtsbuchs *Seyahatname* (s. S. 114), befand sich an der Stelle des heutigen Befestigungsanlage einst ein byzantinisches Kloster. Eines Tages habe der heimlich zum Islam konvertierte Abt des Klosters dem Sultan vorhergesagt, dass er Konstantinopel erobern würde, und legte ihm nahe, am Bosporus eine Festung zu errichten.

Dem Rat des Abts folgend, erbat der Sultan vom byzantinischen Kaiser die Genehmigung für den Bau eines Jagdpavillons. Diese wurde ihm unter der Bedingung gewährt, dass die Fläche des Pavillons jene einer Kuhhaut nicht übersteige. Der raffinierte Abt schlug dem Sultan daraufhin vor, die Haut einer Kuh in feine Streifen zu schneiden diese zu einem Band zu legen und die Festung auf der so umrissenen Fläche zu errichten. Den Grundriss der Festung entwarf der Abt so, dass sich von oben gelesen der Name „Mohammed/Mehmed" in kufischer (arabischer) Schrift ergab, ein zweifacher Verweis: einmal auf den Propheten Mohammed, der die Eroberung Konstantinopels (in einem Hadith) vorhersagte, einmal auf den Sultan des gleichen Namens. Nach Fertigstellung des Baus beschuldigte der Kaiser Mehmed, den Pakt gebrochen zu haben. Der Sultan übersandte ihm die in Streifen geschnittene Kuhhaut, forderte ihn auf, die Fläche der Festungsmauer nachzumessen, und versprach ihm, alle überstehenden Teile abzureißen – was jedoch nicht nötig war.

Fand Mehmed der Eroberer, der die antiken Autoren lesen konnte, vielleicht auch Inspiration in einer anderen Legende, die zu demselben Thema kursiert? Als die phönizische Prinzessin Dido im 9. Jahrhundert v. Chr. auf dem Gebiet des heutigen Tunesiens eine Kolonie gründen wollte, versprach ihr der Numidierkönig Iarbas so viel Land, wie sie mit einer Kuhhaut umspannen könne. Dido ließ daraufhin eine Kuhhaut in feine Streifen schneiden und legte diese aneinander. Auf dem so umrissenen Stück Land entstand später die Stadt Karthago.

Mit Vergils Worten, der es in seinem Epos *Aeneis* beschreibt: *„Endlich landeten sie, wo du jetzt die gewaltigen Mauern siehst und die eben erstehende Burg des neuen Karthago, da von dem Grund so viel sie gekauft – man nennt mit der Tat ihn Byrsa –, so viel ein Stierfell wohl zu umspannen vermöchte."* (1/365)

EIN BRUNNEN IN FORM EINES KOHLKOPFS ⑪

Die Erinnerung an die Wettkämpfe der „Kohlköpfe“

Vor dem Polizeirevier
Çengelköy Halk Cad. no:12, Çengelköy/Üsküdar
Bus: Çengelköy

In Çengelköy steht vor dem Polizeirevier in der Halk Caddesi eine kleine Säule, die als Brunnen dient und obenauf eine interessante, kohlkopfförmige Kugel trägt.

Es handelt sich dabei um eine der Gedenksäulen, die von dem Sportverein der „Kohlköpfe" *(Lahancı)* anlässlich der Wettkämpfe gegen die Rivalen von den *Bamyacı* („Team der Okraschoten") errichtet wurden (s. unten und S. 76). Diese Wettkämpfe fanden meistens im Garten des Topkapı-Palasts statt. Manchmal wurden sie jedoch auch andernorts am Bosporus ausgetragen – beispielsweise hier, wie dieser Kohl-Brunnen zeigt.

IN DER UMGEBUNG

Ein ähnlicher Bau befindet sich etwas weiter nördlich auf dem Platz hinter der Bushaltestelle von Paşabahçe. Den quadratischen Brunnen, auf dem obenauf ebenfalls ein Kohlkopf thront, zieren zudem jedoch Halbmond und Stern, die als Symbole ab 1844 auf der osmanischen Flagge und noch heute, wenngleich in per Gesetz von 1936 leicht abgeänderter Form, auf der Flagge der türkischen Republik zu finden sind.

Weitere Informationen zum historischen Wettstreit zwischen den *Lahancı* und den *Bamyacı,* s. S. 76.

Prinzeninseln

① DIE UNTERWASSERRUINEN DES KLOSTERS VON VORDONİSİ 268

② DAS KLOSTER DER METAMORPHOSE DES ERLÖSERS 270

③ DIE ZELLE DES PATRIARCHEN METHODIOS 272

④ EIN ALCHEMISTISCHES SYMBOL 274

⑤ DAS GRABMAL DER FAMILIE KANGELARİS 276

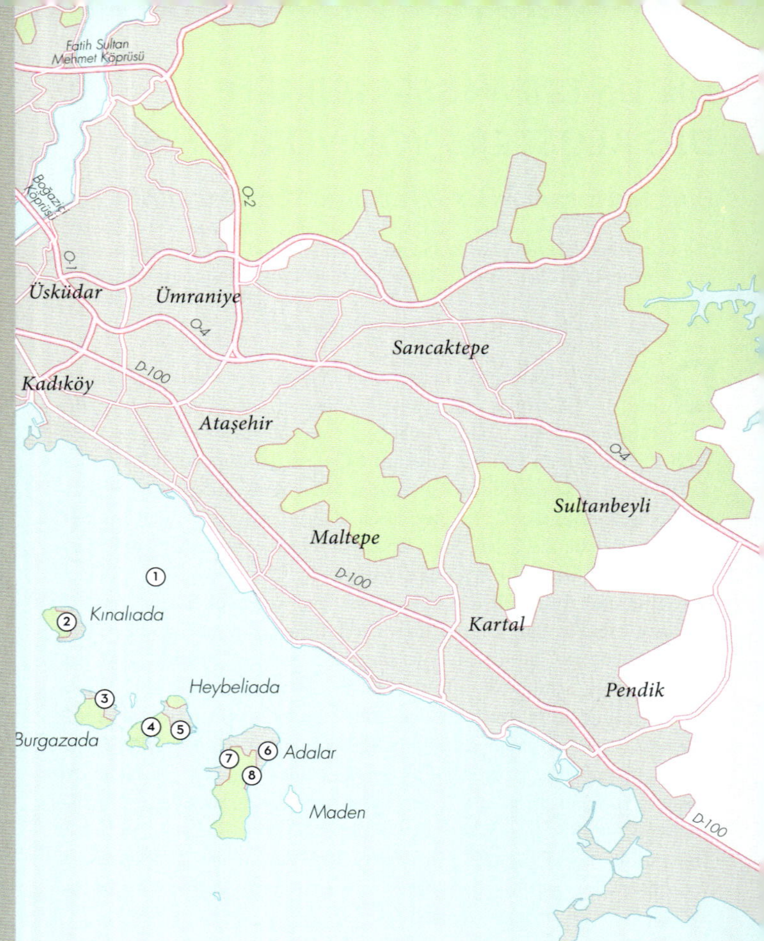

⑥ DAS RUSSISCHE DENKMAL IM ST.-NIKOLAUS-KLOSTER *280*

⑦ DAS GRIECHISCHE WAISENHAUS VON BÜYÜKADA *282*

⑧ DIE FREIMAURERSYMBOLE AM SOMMERHAUS DER FAMILIE SABUNCAKİS *284*

DIE UNTERWASSERRUINEN DES KLOSTERS VON VORDONİSİ

①

Eine Insel, vom Meer verschluckt durch ein Erdbeben

Zwischen Kınalıada und dem Bootsanleger von Bostancı, gekennzeichnet durch zwei Leuchttürme. Die Fährlinie Bostancı–Kınalıada fährt nahe an Vordonisi vorbei. Ebenfalls zu sehen ist die versunkene Insel von den Fähren aus, die Sirkeci bzw. Kabataş mit den Prinzeninseln verbinden.

Die wenigen Felsen, die heute noch den Namen Vordonisi tragen, sind die Überreste einer einst bewohnten Insel, die Anfang des 11. Jahrhunderts bei einem Erdbeben vom Meer verschluckt wurde. Früher wusste man um die einstige Existenz der Insel durch Fischer, die von den „Klosterfelsen" sprachen, aber auch durch die byzantinische Religionsgeschichte. Auf alten Karten war zusätzlich zu den neun Inseln vor der asiatischen Küste Istanbuls noch eine zehnte verzeichnet: Vordonisi, die etwa in der Mitte zwischen der Küste und den Prinzeninseln (*Prens Adaları,* offiziell als Distrikt: *Adalar*) lag.

Nach einer ersten Erkundung 1965 unternahmen Taucher 2004 einen Tauchgang, bei dem sie Ruinen entdeckten, die sich exakt mit der Religionsgeschichte von Byzanz decken. Unter einer dicken Schicht aus Algen und Muscheln fanden sie die Ruinen des Klosters, in dem der Patriarch Photios seinen Lebensabend verbrachte, sowie mehrere Mosaiken. Eine zweite Überraschung gab es beim Vergleich der Pläne des Klosters von Vordonisi mit jenen des Klosters von Satyros in Küçükyalı am gegenüberliegenden Ufer, nahe dem Bryas-Palast, den Kaiser Theophilus (reg. 829–842) einst nach dem Vorbild des Kalifenpalasts der Abbasiden von Bagdad hatte erbauen lassen: Beide Grundrisse erwiesen sich als nahezu identisch.

Heute widmen sich nicht nur Historiker der Insel, sondern auch Seismologen, die versuchen, aus dem Untergang von Vordonisi Lehren für

die Zukunft zu ziehen. Die nordanatolische Verwerfung verläuft südlich der Prinzeninseln. Sie ist vermutlich für den Untergang der Insel verantwortlich. Die Bemühungen sind nicht unberechtigt, wenn man an das verheerende Erdbeben von Gölcük am Ostufer des Marmarameers zurückdenkt, das 1999 viele Tausend Menschen das Leben kostete.

Das Kloster von Vordonisi

Das Kloster von Vordonisi wurde von Photios I. erbaut, der nach der Absetzung von Ignatios I. im Jahr 858 zum Patriarchen ernannt wurde. Er blieb zunächst im Amt, obwohl Papst Nikolaus I. ihn absetzte und exkommunizierte (vielleicht wegen der Kontroverse um den *„filioque"*-Zusatz zum Glaubensbekenntnis, wahrscheinlicher jedoch wegen eines Rechtsstreits, die slawischen Diözesen betreffend), wurde dann jedoch 867 durch Kaiser Basileios tatsächlich abgesetzt, der den Thron bestieg, nachdem er seinen Vorgänger hatte ermorden lassen. Auf dem Konzil von Konstantinopel (869/70) wurde Photios mit dem Anathema belegt, das heißt verurteilt und aus der kirchlichen Gemeinschaft ausgeschlossen.

Zu seinem Nachfolger bestimmte man erneut Ignatios I. Der Sohn von Kaiser Michael I. Rhangabes war eine interessante Persönlichkeit. Nach dem Sturz seines Vaters 813 war er zwangsweise kastriert worden, um mögliche Ambitionen auf den Thron zunichte zu machen (denn dieser war Eunuchen versagt). Als Mönch gelangte Ignatios auf die Prinzeninseln, wo er mehrere Klöster gründete. Er wurde von der orthodoxen Kirche heiliggesprochen und als Heiliger auch von der katholischen Kirche anerkannt.

Bei seiner ersten Ernennung zum Patriarchen von Konstantinopel hatte seine Kastration aufgrund von Verboten im kanonischen Recht für einige Probleme gesorgt. Von 873 bis 877 errichtete Ignatios, zum zweiten Mal Patriarch, am Standort eines Satyr-Tempels nahe dem heutigen Stadtteil Küçükyalı einen dem heiligen Michael geweihten Bau, der nach der alten Toponymie den Namen „Kloster von Satyros" erhielt.

Zu dieser Zeit lebte Photios zurückgezogen in dem von ihm gegründeten Kloster von Vordonisi, bevor Basileios ihm seinen Sohn Leo zur Ausbildung anvertraute. Als Ignatios starb, wurde Photios erneut Patriarch. Er verbesserte die Beziehungen zur römischen Kirche, fiel jedoch unter dem neuen Kaiser Leo VI. in Ungnade und musste erneut ins Exil nach Vordonisi, wo er schließlich 893 starb. Wie Ignatios wurde auch Photios später heiliggesprochen. Die Insel Vordonisi überlebte ihn nur um wenige Jahrzehnte: Sie versank bei einem Erdbeben im Jahr 1010 im Meer.

DAS KLOSTER DER METAMORPHOSE DES ERLÖSERS

②

Verkannte Wunder

Kloster der Metamorphose (Dönüşüm Manastırı), *Klosterhügel* (Manastır Tepesi), *Kınalıada (Proti)/Adalar*
Messe freitags 9:30 Uhr. Eintritt frei
An den übrigen Tagen Besichtigung auf Nachfrage beim Pförtner möglich
Boots- oder Seabus-Abfahrtzeiten unter www.ido.com.tr (Informationen auch auf Englisch. Wechsel zwischen Winter- und Sommerfahrplan beachten!)

Im Süden von Kınalıada, der ersten der Prinzeninseln von Istanbul aus (daher auch ihr griechischer Name *Proti*, „die Erste"), liegt auf einem Hügel das Kloster der Metamorphose des Erlösers. Nur wenige wissen, dass es besichtigt werden kann und dass sich der Besuch durchaus lohnt. Denn das Kloster beherbergt feine postbyzantinische Ikonen sowie Kalligrafien in einer Mischung aus Griechisch und Türkisch/Karamanlıca (einem türkischen Dialekt, der von türkischsprachigen orthodoxen Christen in Anatolien gesprochen und mithilfe des griechischen Alphabets verschriftlicht wird).

Auf dem rechten Flügel der Ikonostase zeigt eine schöne byzantinische Ikone mit leichtem Renaissance-Einfluss eine Metamorphose bzw. Transfiguration*. Die Gesichter der Apostel sind sehr ausdrucksstark gestaltet. Zu ihrer Rechten befindet sich eine imposante Darstellung Johannes des Täufers.

Im Garten findet man griechische Grabsteine aus osmanischer Zeit, die Fassade der Kirche zieren schöne griechische und zum Teil in Karamanlıca verfasste Kalligrafien. Der Wohltäter des Klosters, dessen Statue und Grab am Eingang liegen, trägt ebenfalls einen karamanlıca-türkisch anmutenden Namen: Siniossoglou.

Zu osmanischer Zeit war das Kloster in Betrieb. 1804 wurde es zum Schlachtfeld zwischen den Truppen der Flotte des englischen Admirals Duckworth und den Türken. Heute ist das Hauptgebäude des Klosters im Winter ungenutzt, im Sommer verwandelt es sich in eine Schule für Kinder der griechischen Gemeinschaft Istanbuls. Mehrere byzantinische Zisternen wurden verschlossen, damit die Kinder nicht hineinstürzen.

* *Transfiguration (Verklärung des Herrn): Ereignis, bei dem Jesus mit seinen Jüngern Petrus, Jakobus und Johannes auf einen Berg steigt und dort verklärt wird: „Sein Antlitz strahlte wie die Sonne und seine Kleider wurden weiß wie das Licht." (Mt 17,1–8). Neben ihm stehen die Propheten Elija und Mose. Die Kirche feiert das Fest der Verklärung am 6. August.*

Kaiser Leo V., genannt der Armenier, wurde im Kloster bestattet, nachdem er am Weihnachtsabend 820, inmitten des Bilderstreits, in der Hagia Sophia ermordet worden war. Sein in Stücke geschlagener Körper wurde von seinen vier Söhnen, die alle kastriert worden waren, um jegliche Ambitionen auf den Thron zunichte zu machen, wieder zusammengefügt und bestattet.

Kınalıada bedeutet Insel (*ada*) der Henna (*kına*), ein Hinweis auf die eisenhaltige und daher rote Erde der Insel.

Wo liegt das Grab von Kaiser Romanos Diogenes?

Einigen Quellen zufolge soll sich in dem Kloster das Grab von Kaiser Romanos IV. Diogenes befinden, dem byzantinischen Kaiser, der von den Seldschuken in der Schlacht bei Manzikert 1071 (türk. *Malazgirt*) am Vansee besiegt wurde. Die Schlacht markierte den Beginn der türkischen Vorherrschaft in Anatolien und den Anfang vom Ende für Byzanz.

Zurück in Konstantinopel, wurde Romanos IV. Diogenes von seinem Schwiegersohn Michael VII. Dukas abgesetzt. Seine Mutter, Kaiserin Eudokia, schickte er ins Exil, seinen Schwiegervater ließ er blenden und in einem Kloster auf Kınalıada einsperren, wo er schon bald darauf an einer Blutvergiftung starb.

Die genaue Lage des Grabs von Romanos IV. Diogenes ist nicht bekannt. Unter der hölzernen Ikonostase sind aber schöne byzantinische Mosaiken zu erkennen – vermutlich wurde also die aktuelle Kirche im 19. Jahrhundert direkt auf der alten Kirche errichtet.

DIE ZELLE DES PATRIARCHEN METHODIOS

③

Die Zelle eines Opfers des byzantinischen Bilderstreits

Kirche Johannes des Täufers (Ayios İoannis Kilisesi / Agios Ioannis Prodromos)
Takımağa Meydanı Sokağı no:19
Burgazada (Antigoni)/Adalar
0216 381 1401
Sonntags (im Sommer Gottesdienst um 10 Uhr) und an orthodoxen Feiertagen
Boots- oder Seabus-Abfahrtzeiten unter www.ido.com.tr (Informationen auch auf Englisch. Wechsel zwischen Winter- und Sommerfahrplan beachten!)

In der Krypta der orthodoxen Kirche Johannes des Täufers auf der Insel Burgazada (griech. *Agios Ioannis Prodromos,* „heiliger Johannes der Wegbereiter") befindet sich eine gemauerte Zelle, die eindrücklich zeigt, mit welcher Heftigkeit der Byzantinische Bilderstreit im 8. und 9. Jahrhundert geführt wurde. Der Zutritt erfolgt links hinter dem Eingang, wo eine schmale Treppe in einen winzigen Raum führt, dessen Decke so niedrig ist, dass aufrechtes Stehen nicht möglich ist. Hier lebten einst zunächst drei Gefangene, dann zwei …

Der bedeutendste Gefangene war der Patriarch Methodios, einer der Protagonisten des Bilderstreits, der seinerzeit die Gesellschaft und insbesondere die Theologenwelt spaltete. Dabei ging es um die Frage, ob Heiligendarstellungen verehrt werden dürften. Die Kontroverse, die zunehmend politisch wurde, führte zu zahlreichen Konflikten zwischen dem Kaiser und den Religionsführern, denen es schwerfiel, sich auf eine einheitliche Linie zu verständigen. Die Ikonoklasten (Gegner der Bilderverehrung) begannen, Darstellungen aller Art zu zerstören, weshalb heute nur selten byzantinische Ikonen aus der Zeit vor dem 9. Jahrhundert zu finden sind.

Als wieder einmal die Ikonoklasten die Oberhand hatten, wurde Methodios der Beichtvater, Patriarch von Konstantinopel und überzeugter Ikonodule (Bilderverehrer), gegeißelt, gefoltert und in einer Grabkapelle auf der Insel Antigoni (Burgazada) inhaftiert. Dort verbrachte er sieben lange Jahre gemeinsam mit zwei Wegelagerern, die ihm als Gesellschafter zugedacht wurden. Als einer von ihnen starb, ließ man seinen Leichnam zum weiteren Leidwesen des ehrwürdigen Prälaten in der Zelle verwesen. Methodios wurde schließlich von Kaiser Theophilus befreit und führte 842 den Bilderkult wieder ein.

Die in neobyzantinischem Stil erbaute heutige Kirche Johannes des Täufers geht auf Entwürfe des Architekten Dimadis zurück, der auch für das heutige Gebäude der Großen Schule der Nation von Phanar (heute Fener) verantwortlich zeichnete (s. S. 92). Am Eingang der Kirche ist eine Löschwasserpumpe aufgestellt, die einst von der Feuerwehr der Gemeinde genutzt wurde.

Anfang der 2000er-Jahre verbreitete sich das Gerücht, dass es in der Kirche spuke: In Sommernächten seien zu einer bestimmten Uhrzeit unerklärliche Geräusche zu hören. Nach und nach kamen immer mehr Menschen, um den Spuk mit eigenen Ohren zu hören – der jedoch, wie man schließlich herausfand, schlicht auf Vögel zurückzuführen war.

EIN ALCHEMISTISCHES SYMBOL ④

Das einzige alchemistische Symbol von ganz Istanbul?

Brunneneinfassung im griechisch-orthodoxen Seminar (Rum Ortodoks Ruhban Okulu), *Ümit Tepesi („Hügel der Hoffnung"), Heybeliada (Chalki)/Adalar*
Täglich 8:30–16:30 Uhr

Geht man auf der Insel Heybeliada (griech. *Chalki*) rechts neben dem Eingang zur Kapelle des orthodoxen Seminars von Chalki *(Ruhban Okulu)* die Mauer entlang, so stößt man in der Mitte des Gartens auf einen Brunnen, dessen Einfassung zwei Inschriften in Karamanlıca (einem griechisch-türkischen Dialekt) und Armenisch enthält. Die Inschriften sind auf das Jahr 1792 datiert und besagen, dass der Brunnen eine Schenkung des Bankiers Hadschi Nicolas aus dem ostanatolischen Eğin sei. Experten zufolge war Hadschi Nicolas vermutlich Teil der heute nicht mehr bestehenden Gemeinschaft der Hayhorom, Armeniern, die der griechisch-orthodoxen Kirche angehörten. In der Mitte der Inschrift befindet sich ein Zeichen, bei dem es sich um das einzige sichtbare alchemistische Symbol von ganz Istanbul handeln soll.

Für den Alchemisten Johann Christoph Sommerhoff (1701) verwies das Symbol auf einen *lapis magnes* (Magnetstein). Andere Alchemisten sahen in ihm das hermetische Symbol für Arsenik, abgeleitet aus dem magischen Siegel des Saturn.

Die Alchemie war in Byzanz und der muslimischen Welt (der Begriff selbst soll vom Arabischen *al-kimiya* – der Lehre des Metallgießens – abstammen) weit verbreitet. Dennoch ist die Präsenz des Symbols an dieser Stelle zumindest ungewöhnlich. War Hadschi Nicolas ein Anhänger der Alchemie?

Die Ursprünge der Alchemie

Die meisten religiösen Orden des Mittelalters und der Renaissance betrachteten die Alchemie (aus dem Koptischen *Allah-Chêmia,* „göttliche Chemie") als Kunst des Heiligen Geistes bzw. königliche Kunst der göttlichen Schöpfung der Welt und des Menschen. Sie stand in Zusammenhang mit der katholisch-orthodoxen Doktrin. Die Adepten der Alchemie unterteilen ihre Kunst in zwei Hauptaspekte: *die spirituelle Alchemie,* in der alle verunreinigten Bestandteile des Körpers durch Extraktion abgetrennt werden, um reine Quintessenzen zu erhalten *(Pfad der Büßer),* und die *naturwissenschaftliche Alchemie,* die im Labor das alchemistische Universum der Umformung unreiner Elemente der Natur in Edelmetalle wie Silber und Gold reproduziert *(Pfad der Philosophen).* Diese beiden alchemistischen Praktiken gehen für gewöhnlich Hand in Hand und führen auf den *Pfad der Demütigen,* auf dem sich der Mensch demütig vor der Größe des im Laboratorium (lat. *labor + oratorium*) reproduzierten Universums verneigt: Die Alchemie der Seele im Inneren findet im Labor ihren äußerlichen Ausdruck. Wer sich der Alchemie im Labor einzig auf der Suche nach Silber und Gold widmet und dabei die wesentlichen Aspekte der Läuterung der Seele vernachlässigt, scheitert und wird zu einem Scharlatan. Er verfügt vielleicht über eine erweiterte Kultur, jedoch sicher nicht über die erforderlichen moralischen Qualitäten. Um kein Scharlatan (und von der Kirche verurteilter Ketzer) zu werden, muss der Adept Geist und Herz, Kultur und Moral, Buße und Demut in Einklang bringen und zu einem echten Philosophen werden.

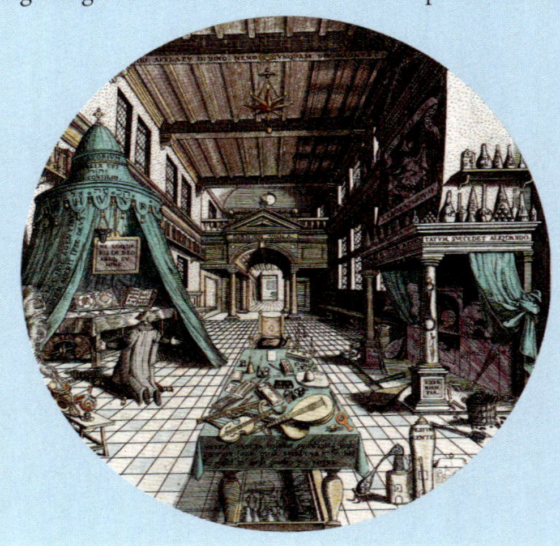

DAS GRABMAL DER FAMILIE KANGELARİS

⑤

Ein Mann, der seine Frau ermordete und doch an ihrer Seite ruht …

Garten des Klosters St. Georg (Aya Yorgi Manastırı)
Oruç Reis Sk. no:27, Heybeliada (Chalki)/Adalar
Sonntags und an orthodoxen Feiertagen
Hochfest des Klosters: 23. August
Das Mausoleum ist auch von der Straße aus zu sehen, ohne dass man den Garten betreten muss.

Das Grabmal der Eheleute Kangelaris im Garten des St.-Georg-Klosters liegt inmitten eines zerfallenen achteckigen Pavillons und weist die Form eines an der Spitze gekappten Obelisken auf.

Spyridon Kangelaris, Konsul von Großbritannien in Kios (heute: Gemlik) am südöstlichen Ufer des Marmarameers war unsterblich in seine wunderschöne Frau Sevasti verliebt. Aus Eifersucht tötete er sie im Jahr 1865. Vermutlich aufgrund seiner diplomatischen Immunität blieb er auf freiem Fuß und konnte 1866 diese Grabstelle mit ihrem Obelisken aus eigens eingeführtem Carrara-Marmor errichten. Hier entzündete er im Gedenken an seine Frau Kerzen, bis er ihr fünf Jahre später nachfolgte.

An der südlichen Fassade, gegenüber dem Eingang, befindet sich ein Relief, das die Verstorbene wie folgt beschreibt: „Eine intelligente, fromme, schöne Frau, Lebensgefährtin für ihren Mann, gute, einfühlsame Mutter für ihre Kinder, großmütig gegenüber Armen, barmherzig, geboren 1817 in Istanbul als Tochter einer adligen Familie. Ihr Tod 1865 auf Heybeliada ist Anlass für ewige Trauer und bittere Tränen …“.

Das als Relief gearbeitete Porträt der Eheleute an der Vorderseite ist umrahmt von Mohnblumen (Symbolen der ewigen Ruhe) und Lorbeer. Eine Inschrift besagt: „Die Blume ist verwelkt, die Saat verstreut, doch das Wort Gottes lebt fort, Jahrhundert um Jahrhundert.“ Auf der nach Westen weisenden Seite erkennt man ein Symbol für die Nacht, ein Teller, aus dem Feuer entspringt (Symbol für die Hoffnung), ein Phönix als Verheißung der Auferstehung und ein Pelikan zum Zeichen der mütterlichen Liebe und des Opfers (nach einem altem Glauben, wonach er seine Jungen mit seinem eigenen Blut fütterte). An der nördlichen Seite ist Hypnos, der Gott des Schlafes, zu sehen.

In dem benachbarten Marine-Gymnasium geht die Legende um, dass die Verstorbene (*Sarıkız* – „das blonde Mädchen“) manchmal in Winternächten durch die Schlafsäle wandele und Schüler wieder zudecke, denen die Bettdecke heruntergerutscht ist.

IN DER UMGEBUNG

Oberhalb des Durchgangs der Ikonostase in der Klosterkirche befindet sich eine der seltenen Darstellungen von Jesus in einem Davidstern (eine weitere ist im Basler Münster in der Schweiz zu sehen). Neben dem Umstand, dass der Sechsstern kein allein jüdisches Symbol ist (s. S. 26), verweist der Davidstern nach Monseigneur Nektarios, Hegumen des Klosters und Vertreter des griechischen Patriarchats von Jerusalem beim Patriarchat von Konstantinopel, auch auf das griechische Wort David, das mit dem Buchstaben Delta (D bzw. Δ) beginnt und endet. Zwei versetzt übereinandergelegte Deltas bilden den Davidstern. In der Genealogie nach Matthäus und Lukas ist Jesus Nachfahre Davids, der in Jerusalem über sein Reich herrschte. Das Kloster St. Georg ist ein *Metochi* (eine klösterliche Vertretung) des Patriarchats von Jerusalem.

DAS RUSSISCHE DENKMAL IM ST.-NIKOLAUS-KLOSTER

⑥

Ein zauberhafter Ort

St.-Nikolaus-Kloster (Aya Nikola Manastırı / Selvili Batmış Manastırı)
Karacabey Mevkii Yolu no:17 (Abzweigung von der Yılmaz Türk Cad.)
Büyükada-Maden (Prinkipo)/Adalar
0216 382 61 12

Das imposante, an der Ostküste von Büyükada inmitten von Tannen gelegene St.-Nikolaus-Kloster (griech. *Agios Nikolaos* / türk. *Aya Nikola*) ist ein zauberhafter Ort, der einst Sitz einer großen Ordensgemeinschaft war. Von ihr ist heute nur noch ein einziger sympathischer Mönch vom Berg Athos (Griechenland) übrig geblieben, der seinen philosophischen Vornamen Sokrates gegen den mönchischen Namen Bartholomäus eingetauscht hat.

Im Garten erhebt sich ein marmorner Obelisk in den Himmel, auf dem oben ein russisch-orthodoxes Kreuz thront, das an die russischen Soldaten erinnert, die im Krimkrieg (1853–1856) gefangen genommen und auf Büyükada inhaftiert wurden, wo sie schließlich starben.

Interessant ist, dass das Relief des Doppeladlers, das den Obelisken einst als politisches Symbol zierte, von Unbekannten zu Beginn des Ersten Weltkriegs mit Aufkommen der Feindseligkeiten zwischen dem Osmanischen Reich und dem Russischen Kaiserreich zerstört wurde, während das Grabmal selbst aus Respekt vor der Religion und den Verstorbenen unberührt blieb.

Ebenfalls bemerkenswert ist der Umstand, dass etwa zur selben Zeit das russische Denkmal des heiligen Stephanus *(Ayastefanos)* in Yeşilköy, einem Vorort von Istanbul, den die siegreiche russische Armee 1878 erreichte, zerstört wurde. (Die Zerstörung des Denkmals ist Thema des ersten in der Türkei gedrehten Films, *Ayaştefanos'daki Rus Abidesinin Yıkılışı*, dt. *Die Zerstörung des russischen Denkmals in San Stefano*, 1914.)

Ein weiteres Denkmal zu Ehren russischer Soldaten befindet sich auf der Insel Heybeliada (griech. *Chalki*).

Ein versunkener Kirchturm?

Das St.-Nikolaus-Kloster wird auch das „verschluckte" oder „versunkene" Kloster genannt. Einer Erklärung nach soll der ursprüngliche Bau aus dem 14. Jahrhundert bei dem Erdbeben von 1509 von der Erde verschluckt worden sein. Eine zweite Hypothese lautet, dass das zweite Kloster aus osmanischer Zeit samt Kirchturm bei dem Erdbeben von 1894 im Meer versank.

Wenn man den Fischern der Insel glaubt, ist bei Sturm noch heute aus den Tiefen des Marmarameers das Glockengeläut des dort ruhenden Kirchturms zu hören.

Das heutige Gebäude wurde nach dem Erdbeben von 1894 von einem Bankier namens Stefanovic erbaut. Ein Teil der Materialien soll vom orthodoxen Seminar auf Heybeliada (s. S. 274) stammen.

Obgleich das St.-Nikolaus-Kloster auf Büyükada liegt, untersteht es nicht dem Erzbischof der Prinzeninseln, sondern direkt dem Ökumenischen Patriarchat.

DAS GRIECHISCHE WAISENHAUS VON BÜYÜKADA ⑦

Das größte Holzgebäude der Welt?

Griechisches Waisenhaus Prinkipo (Prinkipo Rum Yetimhanesi)
Aşıklar Yolu Sk., Büyükada-Nizam (Prinkipo)/Adalar
Innenbesichtigung aus Sicherheitsgründen verboten
Besichtigung des Gartens auf Nachfrage beim Pförtner möglich

Das griechische Waisenhaus auf der Insel Büyükada (griechischer Name: *Prinkipo*) ist ein imposantes Holzgebäude an der Südflanke des Christus-Hügels *(Hristos Tepesi).* Der Weg führt nach der Ankunft

an der Anlegestelle nicht rechts entlang der Hauptstraße (Çankaya Caddesi), sondern geradeaus die steil ansteigende Kadıyoran Yokuşu („die Steige, die den Richter ermüdet") hinauf. Das Waisenhaus liegt am romantischen Aşıklar Yolu („Weg der Verliebten") und ist bereits vom Schiff aus zu sehen. Es beeindruckt durch seine schiere Größe: Es soll das größte Holzgebäude der Welt sein.

Errichtet wurde das Gebäude im Jahr 1898 von der Compagnie Internationale des Grands Hôtels (CIGH) d'Europe nach Entwürfen des Architekten Vallaury als Luxushotel und Casino. Der seinerzeit herrschende Sultan-Kalif Abdülhamid II. war wenig erfreut, als er davon erfuhr, und untersagte die Eröffnung dieses weithin sichtbaren Orts des Verderbens inmitten des Marmarameers. Auch die Hotelidee wurde schnell wieder verworfen; ohne Casino wäre ein Luxushotel nicht rentabel gewesen.

Der berühmte türkische Schriftsteller Ahmet Rasim kam als Erster auf den Gedanken, das Gebäude in ein Waisenhaus umzuwandeln. Die reiche Griechin Helene Zarifi kaufte den Holzbau und schenkte ihn dem griechischen Patriarchat unter der Bedingung, ihn fortan als Waisenhaus zu nutzen.

Das Waisenhaus wurde 1903 durch Patriarch Joachim III. eröffnet. Der Sultan übermittelte zur Gratulation ein Telegramm, ließ 146 Goldstücke an die griechischen Waisenkinder verteilen und gewährte ihnen 7,5 Okka (10 Kilogramm) Fleisch pro Tag.

Im Ersten Weltkrieg bezog die Militärschule von Kuleli in dem Waisenhaus Lager; die Waisenkinder siedelten in die griechische Handelsschule von Heybeliada *(Chalki)* über. Der sehr deutschlandfreundliche Kriegsminister Enver Paşa beherbergte in dem Gebäude sogar seine preußischen Freunde. Nach der Niederlage Deutschlands und des Osmanischen Reichs wurde es von den britischen Besatzungskräften zunächst zur Unterbringung russischer Aristokraten genutzt und 1920 an die griechischen Waisen zurückgegeben. Im Zuge des in den 1950er-Jahren entbrannten Zypernkonflikts verschlechterten sich die türkisch-griechischen Beziehungen, und 1964 wurde das Waisenhaus „aufgrund eines Verstoßes gegen die Brandschutzvorschriften" geschlossen. 2005 zog das Patriarchat vor den Europäischen Gerichtshof für Menschenrechte, der seine Eigentumsrechte 2008 bestätigte.

Blacque Bey Köşkü, das Herrenhaus von Edouard Blaque, einem im Dienst der Hohen Pforte stehenden französischen Diplomaten und Journalisten, auf Büyükada wurde nach dessen Tod von Ahmet İzzet Paşa, graue Eminenz Abdülhamids II., gekauft. Heute ist es auch als *Arap İzzet Paşa Köşkü* bekannt.

DIE FREIMAURERSYMBOLE AM SOMMERHAUS DER FAMILIE SABUNCAKİS

(8)

Ein griechischer Geschäftsmann und Freimaurer

Sommerhaus der Familie Sabuncakis (Sabuncakis Köşkü)
Yılmaz Türk Cad. no:23, Büyükada-Maden (Prinkipo)/Adalar
Keine Besichtigung

Das 1904 für den griechischen Geschäftsmann George Sabuncakis und seine Familie als Sommerresidenz erbaute Herrenhaus Sabuncakis Köşkü weist in seinem Fassadendekor eine Reihe von Freimaurersymbolen auf, die auf die Mitgliedschaft des Hausherrn in

dem Orden verweisen: Winkelmaß und Zirkel über der Eingangstür, das Auge der Vorsehung im Giebeldreieck sowie verschiedene Symbole entlang des goldenen Reliefs oberhalb des Giebeldreiecks, wie beispielsweise ein Akazienzweig (zur Erinnerung an den Tempelbaumeister Hiram, dessen drei Gesellen und spätere Mörder auf seinem Grab einen Akazienzweig niederlegten) und eine Biene (Symbol für die Arbeit in der Loge, das auch auf der Freimaurerschürze zu finden ist).

Die Familie Sabuncakis stammte ursprünglich aus Kreta, wo die Vorfahren, wie der Name sagt, als Seifenfabrikanten tätig waren und später Blumen züchteten, aus denen sie die Essenzen für ihre Seifen gewannen. Nach ihrer Emigration nach Istanbul in den 1870er-Jahren gelangte die Familie mit Blumengeschäften zu Wohlstand, deren Filialen sogar in Selânik (Thessaloniki) zu finden waren. Der Handel lief gut, die noch junge Republik benötigte viele Blumen für die Girlanden ihres Zeremoniells. Die Firma Sabuncakis genoss bedeutende Privilegien: Auf persönliche Anweisung Atatürks gestand man ihnen einen Spezialwagen im Express von Istanbul nach Ankara sowie ein Gebäude im Zentrum der neuen Hauptstadt zu.

Über dem zentralen achteckigen Salon erhob sich eine Holzkuppel als Symbol für den Himmel, auf der mehrere anerkannte Gottheiten der ägyptischen, assyrisch-phönizischen, griechisch-römischen und hinduistischen Mythologie dargestellt waren. Der Komplex wurde bei einem Brand 1971 zerstört.

Heute wird das Gebäude im Viertel aufgrund seiner Bauweise und seiner Symbole nur „das Haus an der Brücke“, „das Haus mit dem Auge“ oder „das Haus mit den Bienen“ genannt.

Die Akazie: Symbol der Freimaurer für die Unsterblichkeit

Der Akazienzweig dient den Freimaurern als Universalsymbol für ihre Meister, die freimaurerische Initiation und die Unsterblichkeit. Diese wird im Zustand der Unschuld und Reinheit erlangt, den die alten Dorer und Ionier *Akákia* nannten. Das Wort *Akazie* stammt vom Griechischen ἀκή *(aké),* was so viel bedeutet wie „Spitze, mit spitzem Ende“, und den Ursprung des Wortes λάκε *(lanké),* „Lanze“, bildet. Die alte Bezeichnung des dornigen Gewächses lautete *Akantha,* „Pflanze mit Dornen“: *Akanthus, Akazie* und folglich *akákia,* abgeleitet von *aké.* Die Dornen stehen dabei für die schmerzlichen Prüfungen, die der Initiierte auf seinem Weg zum Grad des Vollkommenen Meisters bestehen muss.

REGISTER

11 verschollene Tage von Agatha Christie. Auf Spurensuche im Pera Palace 174
100 Jahre für die Rückzahlung der Schulden des Osmanischen Reichs 57
Adler des großen Basars 40
Agiasma der Heiligen Maria von Vefa 106
Agiasmen 241
Akazie 285
Albanien, Istanbul, das Osmanische Reich und die Türkei 43
Alchemistisches Symbol 274
Almosenstein der İmrahor-Moschee 216
Ali Paşa 25
Altes Genueser Kapitulationsgericht 202
Autokephale Türkisch-Orthodoxe Patriarchat 187
Basil Zaharoff 162
Basil Zaharoff in *Tim und Struppi – Der Arumbaya-Fetisch* 161
Bleidach des Tophane-Brunnens 184
Borusan Contemporary 260
Boza, ein umstrittenes Getränk 109
Büro des Direktors des Kabataş-Gymasiums 148
Brunnen am Four Seasons Hotel 68
Brunnen der Henker 72
Brunnen in Form eines Kohlkopfs 264
Byzantinische Kette des Militärmuseums 158
Byzantinische Milion 62
Cervantes und der Bau der Kılıç-Ali-Paşa-Moschee 182
Davidsterne der Atik-Ali-Paşa-Moschee 24
„Die Straße, die die Engel meiden" 51
Dönme 223
Durchbohrter Stein der Taksiarhis-Kirche 90
Eingangsportal der Kirche Surp Hreşdagabet 86
Eisenbahnmuseum 48
Englischer Friedhof Haydarpaşa 230
Erhöhte Mauer des Yıldız-Parks 142
„Falls nötig, fährt ihr sie sogar über meinen Rücken!" 49
Fischmuseum 126
Flachrelief an der Arnavut Han 42
Flachrelief der Hand Mohammeds 96
Flügel von Maria Callas 170
Freimaurersymbole am Sommerhaus der Familie Sabuncakis 284
Freimaurersymbole an der Fassade der Landwirtschaftsbank 212
Freimaurersymbole am griechischen Gymnasium Fener 92
Fresken der unterirdischen Kirche der Bodrum-Moschee 36
Friedhof der Karaiten 154
Für Kinder, die Schwierigkeiten mit dem Lesen und Schreiben haben ... 119
Gänse: vom Ersten zum Zweiten Rom 129
Garten des armenischen Patriarchats 30
Gänsebrunnen von Kazlıçeşme 128
Gedenktafel der Kirche Santa Maria Draperis 177
Gedenktafel an der Voyvoda Han 198
Gedenktafel zu Ehren des Kaisers von Österreich-Ungarn 208
Gedenktafel zu Ehren von Basil Zaharoff 160
Geheime Grab des Großwesirs İbrahim Paşa 211
Geheimnisse der Karawanserei Büyük Valide Han 44
Geweihtes Wasser des Heiligen Therapon 54
Glas von Mustafa Kemal Atatürk 108
Grab des Marschalls von der Goltz 256
Grab eines Apostels 102
Grab für ein Pferd 228
Grab von Bekri Mustafa 12
Grab von Hagop IV. 168
Grab von Josua 252
Grab von Koyun Dede 210
Grab von Köpekçi Hasan Baba 82
Grab von Laleli Baba 16
Grab von Sarı Saltuk 248
Grabmal der Familie Kangelaris 276
Grabstätte von Bardakçi Baba 132
Grabsteine der Henker 80
Graf von Bonneval 191
Graffitis der Janitscharen 50
Griechisches Waisenhaus von Büyükada 282
Gruft der Familie Camondo 156
Grundriss der Festung Rumeli Hisarı 262
Hammam des Çırağan-Palasts 144
Heilige Quelle der St.-Demetrios-Kirche 150
Heilige Quelle des Restaurants Koço 240
Heilige Quelle von Balıklı 124
Hemdat-Israel-Synagoge 234
Herkunft des Begriffs „Milion" 15, 63
Hobart Pascha 233
Hyazinthen der Moschee 119
Hypogäum beim Silivrikapı 122
„Ich habe drei Moscheen erbaut ..." 17
„Ich will dein Reich nicht, das du gegen einen Furz zu tauschen bereit bist." 17
Ikone der Madonna Hodegetria von Caffa 194
Ikonostase mit dem apokryphen Wunder der Jungfrau Maria 84
Innenbesichtigung des Feuerwachturms von Beyazıt 22
Italiener in Istanbul 141
Janitscharen 52
Jean-Jacques Rousseau und die Vampire 199
Juden in der Türkei 89
Kapitulationsgerichte 205
Karaitisches Judentum 154
Katholischer Friedhof von Pangaltı 157
Kazlıçeşme: das alte Gerberviertel 129
Keule im Silivrikapı 120
Kılıç Ali 182
Kirche zu Ehren der Heiligen Euphemia 236
Kirkor Ağaton Paşa 31
„Klavier spielen wie ein guter Muslim, der ein Almosen spendet" 217
Kleine Geschichte der aramäischen Sprache 165

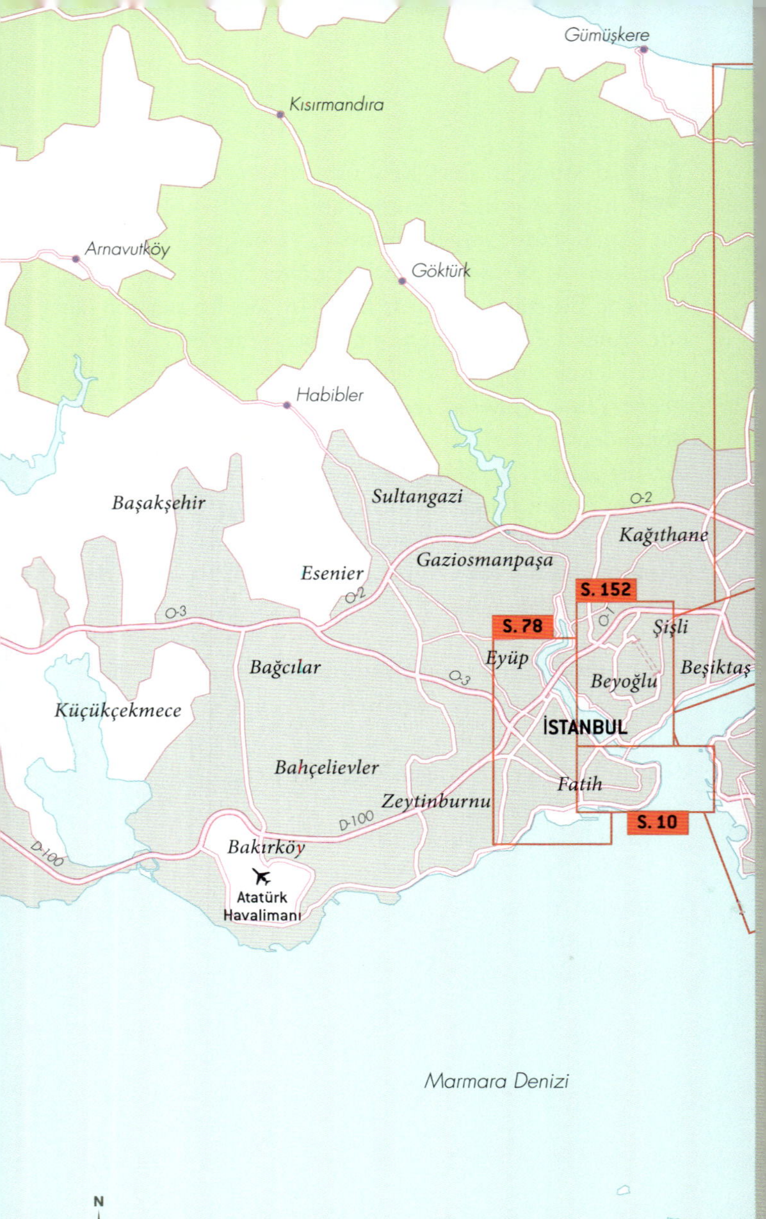

Gümüşkere
Kısırmandıra
Arnavutköy
Göktürk
Habibler
Başakşehir
Sultangazi
O-2
Kağıthane
Gaziosmanpaşa
Esenier
O-2
O-3
S. 152
S. 78
O-1
Şişli
Eyüp
Bağcılar
O-3
Beşiktaş
Beyoğlu
Küçükçekmece
İSTANBUL
Bahçelievler
Fatih
Zeytinburnu
D-100
S. 10
D-100
Bakırköy
Atatürk
Havalimanı
Marmara Denizi
N
0
5
10 km

Die Arbeit an dem Reiseführer *Verborgenes Istanbul* hat uns große Freude bereitet. Wir hoffen, dass wir Ihnen damit ungewöhnliche, verborgene oder eher unbekannte Winkel der Stadt näherbringen können. Manche Einträge sind mit historischen Anmerkungen oder Anekdoten versehen, die dabei helfen, die Stadt in ihrer Vielschichtigkeit zu verstehen.
Verborgenes Istanbul lenkt die Aufmerksamkeit der Reisenden auf die vielen kleinen Details, an denen wir Tag für Tag achtlos vorbeigehen. Wir laden Sie ein, sich mit offenen Augen durch die urbane Landschaft zu bewegen und dieser Stadt, wenn Sie hier leben, mit ebenso viel Neugier und Interesse zu begegnen, wie Sie das auf Reisen in fremden Städten tun ...

Über Anmerkungen zu diesem Reiseführer und seinem Inhalt sowie Informationen zu Orten, die darin nicht aufgeführt sind, freuen wir uns sehr. Wir bemühen uns, diese in künftigen Auflagen zu integrieren.

Kontaktieren Sie uns:
E-Mail: info@jonglezverlag.com
Jonglez Verlag
Paul-Lincke-Ufer 39
10999 Berlin

Die Journalistin **Letizia Missir Mamachi de Lusignan** stammt aus einer sehr alten byzantinischen Familie; mehrere ihrer Vorfahren waren unter den ersten Dragomanen der Hohen Pforte, und Aalrich II. von Lusignan, auf den auch ihr Stammbaum zurückgeht, war zwischen 1194 und 1205 König von Zypern und Jerusalem. Gemeinsam mit Melih Ozsöz veröffentlichte sie 2009 im Istanbuler Verlag IKV ein Buch über die Türkei und Europa.

Emre Öktem, geboren in Istanbul, ist Inhaber einer Professur für Völkerrecht an der Galatasaray-Universität und lehrt zudem an der Universität Freiburg (Schweiz) und der Türkischen Militärakademie Kara Harp Okulu. In zahlreichen Büchern und Artikeln bezieht er Stellung zu Themen wie Menschenrechte, Religionsfreiheit, Rechte von Minderheiten, Recht in bewaffneten Konflikten und Rechtsgeschichte im Osmanischen Reich. Er ist zudem Autor von Essays über den interreligiösen Dialog, in dem er sich aktiv engagiert. Neben seiner Lehr- und Publikationstätigkeit war Emre Öktem für die Organisation für Sicherheit und Zusammenarbeit in Europa (OSZE) sowie für türkische Gerichte und im Rahmen internationaler Investitionsschiedsgerichtsverfahren als Sachverständiger tätig.

Mesut Tufan, Jahrgang 1953, verbrachte seine Kindheit und Jugend in Istanbul. Nach Abschluss seines Studiums in Paris arbeitete Mesut Tufan als Fotograf, Dokumentarfilmer sowie Kolumnist für Radio France Internationale und veröffentlichte Beiträge im Courrier International. Seit 2006 zurück in Istanbul fotografiert, schreibt, präsentiert und publiziert er in der Türkei und weltweit. Als Spezialist für die Geschichte und die Kultur des Balkans, des Mittleren Ostens und des Kaukasus setzt er sich in verschiedenen Programmen aktiv für die kulturelle und künstlerische Aussöhnung – vor allem auf dem Balkan sowie zwischen der Türkei und Armenien – ein.

VERBORGENES

ISTANBUL

Emre Öktem

Fotos von Letizia Missir Mamachi de Lusignan und Mesut Tufan

JONGLEZ VERLAG

Reiseführer